天津社会科学院 2018 年度后期出版资助项目

天津市宣传文化"五个一批"人才培养项目

天津社会科学院
日本研究丛书

日 本
商家家训

Japanese Businessmen's
Family Instruction

程永明 著

社会科学文献出版社
SOCIAL SCIENCES ACADEMIC PRESS (CHINA)

目 录

CONTENTS

第一章
绪　论

第一节　选题意义

江户时代是日本历史上的一个重要时期。和平的社会环境、兵农分离政策的施行以及武士的城居，在带来城市繁荣的同时也大大促进了商品经济的发展。以大阪、江户、京都为中心的商品经济网络的形成，以三井、住友、鸿池等为代表的大商家的出现，不仅标志着江户时代日本的商品经济已经发展到了一定的水平，而且为明治维新后日本经济的迅速发展奠定了良好的基础。因而，国内外学者在探讨近代日本经济发展的原因时，往往将目光集中到近世时期的商品经济以及从事商业活动的主体——商人上。

由江户时代的商人群体制定的大量家训留传至今，是了解近世社会与商人伦理的珍贵资料。但遗憾的是，商人家训尚未引起国内学者的足够重视。笔者选取足以体现商人精神和经营理念的商家家训作为研究对象，主要有如下学术意义和现实意义。

一　了解近世商人伦理及其社会

就内容而言，商家家训既有近世初期商家家业开拓者创业心迹的表露，也有中期家业中兴者治家守业的规章制度，更有后期由于社会形势转变而总结的经验性训诫。无论何者，商家的目的都是使家业得以传承和延续，使子女能成大器并适应社会的需求和变化。因此，家训制定者通过多种表现方式和写作手法，将自己对家业的认知、对人生的态度、对世事的体察以及对经营管理心得的凝练等，毫无保留地尽显于家训之中。家训制定者希望子孙后辈能从家训中了解家业的传承和发展对于商家的重要性，领悟作为经商者的人生观及商人伦理，继承和发扬自己在以往经商活动中有益的成功经验，吸取失败的教训，从而使商家家业得以稳健、持续地发展，而不至于在险恶的社会环境、激烈的商业竞争和复杂的人际关系中败下阵来。因此，研究商家家训对于探讨商人的精神世界，了解商家的经营理念具有重要的价值。

商家家训既是对家庭成员及子孙后代的训诫，也是生动的商人发家史和当时社会的商业经济发展史。商家家训的制定者及其劝诫约束的对象，都是从事商业经营活动的商人及其家属，不同历史时期制定的商家家训反映了不同类型商人群体的发展历程。从活跃于战国末期至江户初期，主要从事海外贸易和酿造业的岛井宗室、神屋宗湛，到主要通过利用幕府的种种特权从事商业经营活动的茶屋四郎次郎、后藤庄三郎光次等"御用商人"，再到后来广泛开展多种商业经营活动的三井、鸿池、住友、奈良屋茂左卫门等新兴商人，不同类型的商人群体制定的家训，反映了不同历史时期商人产生、发展乃至消亡的过程。通过商人之口、商人之笔，讲述商家对家庭成员及子孙后代的训诫，可以从中窥知商家经营的成败得失，较之利用其他材料来研究商人、商人社会，更有说服力，也更具可信性。

此外，商家家训中有诸多内容涉及经营环境、经营管理等，因此根据家训制定的年代，可以了解当时的时代特征，尤其是商业发展的主要特征。如岛井宗室和角仓了以制定的家训反映了战国末期豪商从事海外贸易的情景。德川幕府成立后，直至18世纪初期，随着士、农、工、商四民身份等级制度的确立，商家家训中强调尊重武家的各种法度、严守身份之类的规定开始逐渐增多。江户中后期，许多商家家训中出现的对雇用人员的规定以及禁止借款给大名的规定，则反映了商家经营规模扩大、商人势力抬头，而武士的生活却日益困窘的状况。从商家家训这一视角入手，无论是对于了解日本商业经济发展的历史脉络还是了解日本近世社会史，都具有重要的学术价值。

二 深化对日本企业文化的研究

历史证明，企业精神的形成与民族传统文化具有非常紧密的关系。主要表现为价值理念与行为规范的企业精神，只有从民族传统文化精神的土壤中汲取充足的养分，才能根深叶茂。家训作为传统文化的一种表现形式，具有很强的传承性和延展性。日本近现代企业精神的形成虽然与汲取外来文化的养分不无关系，但从根本上说，它仍然是在日本传统文化这块土壤中被孕育出来的。商家家训不论是在内容还是形式上，都与近现代企业文化有着很深的渊源。之所以得出上述观点，主要基于两点。其一是日本近现代的许多企业，诸如三井、住友、白木屋等，都是在近世商家经营的基础上发展起来的，而且他们在近世时期已经制定出各自的家训。现今上述企业的企业精神、经营理念与近世时期的商家家训是一脉相承的。其二是商家家训中所体现的讲求诚信、提倡节俭、注重和睦、善待用人之类的经营理念，在近现代日本企业文化中都得到了充分的再现。不仅如此，近现代企业所实行的终身雇佣制、年功序列制、企业内教育培训制度等，都可从近世商家的雇佣管理体制中探究到根源。因此，研究商家家训中的经营理念和经营管理制度，探求商家在近代转型期的成败，追寻日本式经营、日本近现代企业文化的历史渊源，无疑都具有重要的意义。

三 比较中日商人家族文化差异

中日两国的商人在前近代有相似的处境：传统的重农抑商意识束缚商人的成长，闭关锁国状态抑制商品经济的发展，儒家思想主导商人经营，等等。在存在上述相似之处的同时，中日两国前近代商人也表现出诸多明显的差异。以两国的家族结构为例，日本的身份制度促进了商人身份的稳定，而中国的科举制度则使中国商人社会具有更强的流动性。类似的差异在一定程度上导致两国商人在近代走上了两条不同的发展道路。认识和探求这种差异以及出现这些差异的原因，显然要比只看到两者间的相似性更为重要。

近世商家家训涉及的商业店铺，有许多依然活跃于现今日本的企业界和商业界，有的甚至已经发展成为著名的跨国集团。中国明清时期的商业也比较发达，时有徽商、晋商等号称十大商帮的商人群体活跃于各个商业领域，商绩斐然，影响甚大。但发展至近代，这些商人群体大多没有延续下来，至今仍活跃在企业界或商业界的百年老字号也所剩不多。之前基本处于同一起跑线的中日两国前近代商人，最终的结果却相去甚远。除日本社会一直没有大的动荡，稳定的社会环境有利于商业经营的发展，而中国近代以来备受列强宰割，战乱不断外，这种现象还有没有另外的原因存在呢？对商家家训的研究，也启发了笔者对这一问题的思考。在一定程度上对中日两国前近代商人的差异，尤其是家族文化的异同进行比较分析并对其产生的原因进行探究，这也是笔者择定该选题作为研究对象的初衷之一。

四　有助于推动商业道德的建设

在发展经济的同时，一方面要注重物质财富的建设与积累，另一方面也要看到精神文明对经济发展的推动作用。在当今社会，需要注重精神文明的建设，更需要发展与国家经济相适应的经济伦理与商业道德，以促进企业的健康发展。如果企业文化不能适应社会的发展与时代的需要，肩负不起应承担的社会责任。就企业层面而言，其经营是难以长久、持续发展下去的；而就社会层面而言，其也难以创造出更加丰富的物质财富和精神财富。

在价值观日趋多元的当今社会，无论是中国还是日本，在某种程度上，都存在商业道德缺失的现象。尤其是随着中国改革开放的持续深入和市场经济的不断发展，"一切向钱看"的功利主义文化氛围依然较为浓厚。一些企业缺乏应有的社会责任感，追求利润似乎成了其唯一的目标，种种不良的商业现象和不正常的企业行为，使人们愈来愈迫切地感到需要重建商业道德和经济伦理。

近世商人能在封建体制的束缚下得以持续发展，甚至称雄商界数百年，说明其经营理念、经营管理制度有合理的成分存在，而这些都被作为商家的基本精神凝结于家训之中。尽管中国的企业与日本近世商家处于不同国度、不同历史时代，但二者商业经营的"内核"却是相同的，仍可从中汲取有益的经验。尤其是商家家训中的子弟教育、善待用人、合议制度以及提倡俭约、重视信誉等思想，对中国新时代商业道德的建设仍颇有启示。通过对日本商家家训的研究，以对中国当今商业道德建设有所建白，也是本书的现实意义所在。

五　对当今家庭教育问题的启迪

家庭是社会的细胞，家庭的稳定、和谐是整个社会安定繁荣的基础，而父母对未成年子女的教育问题又是关乎家庭稳定、和谐的重中之重。近年来，随着独生子女的增多以及人们物质生活水平的不断提高，在家庭道德方面出现了许多令人担忧的现象。例如，子女在家庭中只知索取而不知回报；对家庭、父母漠不关心，家庭的荣誉感和责任心不断下降；在社会上只讲权利，不讲义务；只顾眼前的利益，缺乏远大的理想和抱负，对于自己的将来和前途没有很好的规划和打算，只求得过且过；等等。更为严重的是，在青少年中，逃学、厌学甚至走上犯罪道路的事例也颇令人担忧。伦理道德中出现的"滑坡现象"，说明我们在家庭道德教育方面存在一定的问题。对此我们不能掉以轻心，应该将正确的人生观教育作为家庭教育的根本任务，同时还应做到与学校教育、社会教育相结合，共同完成对青少年科学人生观的指导和塑造。

商家家训中的处世之道和对子女的教育管理，对于当前家庭教育也有可借鉴之处。虽然今日的家庭生活与近世商人的家庭生活绝非可同日而语，但是，处世哲学与道德伦理教育，同样是人类社会文明的一种积累，是人类社会生活中的一种基本生活准则，是"数百年来人们就知道的，数千年来在一切处世格言上反复谈到的、起码的公共生活规则"①。商家家训中推崇的处世方式及其对子女教育的实践，在今天看来，也具有一定的合理性。在对传统家训的处世之道进行扬弃，以为当代中国的家庭教育服务时，需要我们根据时代的特点，坚持"古为今用""它为我用"的原则，

---

① 《列宁选集》（第3卷），人民出版社，1995，第247页。

认真探索二者的契合点，以发挥其对现实的镜鉴作用。

当然，对商家家训的研究与探讨，在具有如上积极的学术意义与现实意义的同时，我们也必须看到，由于时代的局限，它也存在消极、保守的一面。本书的目的虽不是对商家家训进行褒贬评价，但力求在研究过程中，运用历史唯物主义的观点对商家家训进行分析，剔其糟粕，汲其精华，使人们能通过家训这一窗口对近世商人有一个较为全面、客观的了解。

1979 年，第一劝银经营中心（现今瑞穗综合研究所）编撰了资料集《家训》一书。该书主要汇总了近世时期商家的诸多家训，并对之进行解读。该书在谈到编撰该资料集的目的时，曾写过这样一段话："在价值观日趋多样化且渐近迷茫的今天，是企业经营者面临的最为困难的时期。社会强烈要求企业应负起该负的社会责任，企业面临确立新的商业伦理、新的企业伦理等问题。古语有云：'温故而知新'，倘若迷茫或碰壁，不妨'回归原点'。当此多难之时，治国、齐家、祈愿家业的繁荣，这些先人具有历史感且睿智的教诲，不正是所谓的'原点'吗?"① 回归原点，就是重新审视并重温企业的经营理念。无论是日本现代企业的"社训"还是近代企业的"家宪"，其起源都是日本的商家家训。因此，对商家家训的制定、内容等进行研究，总结日本近世商人的经营智慧与管理心得，正是回归企业经营的"原点"。

第二节　研究现状

一　日本学界的相关研究现状

由于家训本身的适用范围大多是家族内部，一般不外传示人，因此，要利用商家家训展开研究工作，就必须走访各地的乡土资料馆、博物馆乃至存留至今的各个商家，寻访和收集相关的家训资料。幸而日本学者对商家家训进行了广泛收集和系统整理，并多有结集出版者，这为笔者系统而

---

① 第一勧銀経営センター『家訓』、中経出版、1979、序。

全面地研究日本商家家训提供了资料上的便利。

日本对商家家训的收集和整理工作始于何时，已无从可考。但有关资料显示，活跃于江户时代后期、明治初期的伊势国（今三重县）商人诸户清六，在晚年时曾遍访全国富商，了解商家家训的制定情况，并认真做了笔记①。虽然诸户清六了解其他商家家训的目的是对自家家训的制定作参考之用，但确实对商家家训的了解和收集做了较多工作。明治维新后，诸多豪商、名门开始制定家训，并多以"家宪"相称。可以想象，许多明治维新后兴起的豪商、名门等已对商家家训做过一些收集和整理工作，以作参考借鉴。从现有资料来看，日本近代以来曾出现过三次较为集中的对家训的收集与整理工作。

第一次是在大正时期。该时期垄断资本主义空前繁荣，日本借第一次世界大战之机大发战争财，许多新兴商业者应运而生，制定家宪的风潮也随之兴起。有关人士专门成立"家宪制定会"，对日本的历代家训、家宪开始较为系统地收集和整理。当时的日本政府为适应战争和经济发展之需，逐步强化国家主义教育体制。受其影响，该时期制定的家训以及整理的家训资料集，都不同程度地带有歌颂国体、支持战争的色彩。由北原种忠编集的《家宪正鉴》②便是这一时期对日本家训资料进行收集与整理的集大成者。对于缘何要制定家训，北原种忠在自序中指出：其一，可以"探究本邦固有之族制，明晓一家组织之基准"；其二，第一次世界大战爆发，促进了日本海运业的发展，以经营工商为业的富商剧增，然"守成治产之法为巩固一家之基础"，故时下紧要者必须"严正一家之组织，规立家格之所在"，此乃制定家宪的主要目的；其三，制定家宪，之所以要参考和研究近世时期的家训、店则，主要是因其"实质丰富且具有真价"③。不难看出，北原种忠编集《家宪正鉴》的主要目的是为当时的新兴企业家制定家宪提供参考。该资料集对"家宪制定会"调查的诸多名门、世家的

---

① 吉田豊『商家の家訓』、徳間書店、1973、254 頁。第一勧銀経営センター『家訓』、中経出版、1979、417 頁。
② 北原種忠『家憲正鑑』、家憲制定会、1917。
③ 北原種忠『家憲正鑑』、家憲制定会、1917、自序 1～3 頁。

家宪做了整理，将历史上的豪商、大儒及名士的大多家训网罗于内，并对每一家宪所涉及的商业的发展历程做了较为详尽的阐述，其中大部分属于商家家训。

第二次是在 20 世纪 70 年代。日本在 20 世纪五六十年代实现了经济高速增长，但企业片面追求利润和环境保护政策不健全，造成了一系列环境污染问题，对居民生活的安全也造成了严重威胁，全社会开始对企业应担负的社会责任提出怀疑。以此为背景，不少机构及学者又将目光投注到对传统家训的收集与整理上，以促使人们对商业道德及企业行为进行必要的反思。京都府编集的《老铺和家训》① 对京都府内著名的百年老铺的家训进行了整理，内容涉及家训、店则、奉公人制度、别家等十四个方面，同时对老铺的经营理念进行了研究和评价。因此，它不仅是一部资料集，也具有一定的研究性和参考价值。此外，吉田丰编集的《商家家训》② 也是一部商家家训资料集，该书收录了江户时代初期至明治初年的商家家训、遗训、店则、教训书共二十四篇，共由两部分组成，一部分为由各商家独自撰写的家训，另一部分为由商人撰写并作为商家一般的教育读物而广为流传的"教训书"。该家训集的主要特点有：一是涉及商家较多，较为有名的商家家训基本被囊括其中；二是每一个商家家训前都对该商家的基本发展情况及该家训的制定情况做了简要解释，以反映该商家及其家训制定的基本概况；三是为方便阅读和理解，全部家训都附有现代日语译文。但其缺点是收录的家训多为节选，难以窥其全貌。与该书不同的是，第一劝银经营中心编集的《家训》③ 共收录家训五十四篇，其中武家家训十五篇，商家家训三十九篇。该家训集最大的特点是将多篇家训全文收录，可使读者对其有全面的了解。

第三次是在 20 世纪 80 年代。该时期在商家家训资料整理方面的最大成果便是由组本社编的《商卖繁盛大鉴》（共 24 卷），该资料集的整理和

① 京都府『老舗と家訓』、京都府、1970。
② 吉田豊『商家の家訓』、徳間書店、1973。
③ 第一勧銀経営センター『家訓』、中経出版、1979。

编纂工作由日本历史学、经营学等方面的许多知名学者共同完成①，乃是日本目前关于商家家训最为全面、详尽的资料集，不仅图文并茂，而且对各商家家训予以全文收录，并对制定家训的各商家成立的时代背景、家训制定的基本情况做了说明。该资料集是研究商家家训的珍贵史料，对研究商人发家史、经营理念史都具有非常重要的参考价值。此外，须知正和的《日本的家训》② 也是在该时期出版的一部资料集。该书摘取了数则武家家训、商家家训以及现代企业的社训、社是，并对一些重点内容做了较为详细的注释。此外，对日本家训的发展史进行简单回顾和梳理，也是该书的特点之一。

日本学界关于商家家训的研究成果也颇为丰硕，从以下三个方面对收集和阅读的论著做简要介绍。

第一，从商人意识、经营理念的角度对商家家训进行研究。最具代表性的是宫本又次所著的《近世商人意识的研究——家训、店则与日本商人道》③。该著作共分两部分，第一部分是关于商人意识的研究，宫本又次首先从社会史的视角，分消极面（奉公、体面、分限）和积极面（始末、算用、才觉）对近世商人意识进行了分析和研究，在此基础上，将近世商人意识同武士意识、百姓意识、职人意识进行了比较研究。第二部分是对家训和店则的研究，宫本又次在考察和收集了大量家训和店则的基础上，对大阪、近江、伊势等地域的商人群体制定的家训和店则进行了分析与研究。需要指出的是，宫本又次创作该著作的时代，恰好是日本即将发动太平洋战争、近卫新体制运动及法西斯统治体制建立的时期。当时日本建立了镇压和统治各界人民群众的"报国会"，其中包括各产业界成立的"产业报国会"（后全国的产业报国会被合并为"大日本产业报国会"），在工人中大肆鼓吹"劳资一体""企业一家"，以此强化日本的法西斯统治体制。宫本在撰写该书时，也有"引导"和"激励"当时的工商业者无私地

---

① 该资料集由宫本又次、土屋乔雄、晖峻康隆、奈良本辰也、石井良助、西山松之助担任监修，由足立政男、吉田丰等编撰。

② 须知正和『日本の家訓』、日本文芸社、1985。

③ 宫本又次『近世商人意識の研究』、有斐閣、1941。

服从于统制经济的意图。宫本在序言中谈到写作该书的目的时说:"为建立经济新体制,完善高度国防国家的临战态势",应"从根本上实现对产业人的改造","从新的视角来论述、强调商业道德和经济伦理"①。也正因如此,宫本又次的研究受到了当时政府的高度重视和大力支持,他所承担的课题"我国近世的商人道"还曾于1941年得到了日本文部省精神科学研究奖励费的资助。

尽管宫本又次的研究带有明显的"时代"特征,但对日本学界产生了重大影响。此后虽然出现了一些论著与论文,但在研究近世商人意识方面,多采用宫本的观点而无出其右者。

第二,从商人、商业史的角度对商家家训进行研究。坂田吉雄的《町人及其社会史的考察》②探讨了家训的历史影响,尤对商家家训中关于用人的管理着墨为多。石井良助在《商人与商品贸易》③中对其收藏的《家法书》以及《规定书》(主要是店则)的基本内容进行了分析。竹中靖一、川上雅的《日本商业史》④也对商家家训和店则以及商家精神有所涉及。

近世时期的商人,从地域角度而言,可以分为京都商人、大阪商人、近江商人、名古屋商人、江户商人等。日本学界在对上述地域商人进行研究时,也都不同程度地对商家家训进行了研究与探讨。

作道洋太郎在其《江户时代的商家经营》和《江户时代家训的特点——探求其现代意义》⑤两文中,对大阪商人制定的家训进行了分析,并对其特点进行了综合归纳:强调以本家为中心;禁止经营新的事业,要专心于家业;重视被视为大阪商法三大德目的"始末""算用""才觉";重视合议制度;在强调终身雇佣、年功序列和温情主义的经营家族主义思想的同时,也重视能力主义;等等。足立政男的《京都老铺的经营理

① 宫本又次『近世商人意識の研究』、有斐閣、1941、序3～4頁。
② 坂田吉雄『町人—その社会史的考察』、清水弘文堂、1968。
③ 石井良助『商人と商取引』、自治日報社出版局、1971。
④ 竹中靖一、川上雅『日本商業史』、ミネルウァ書房、1968。
⑤ 作道洋太郎「江戸時代の商家経営」、『日本経営史講座』(第1巻)、转引自日本経済新聞社、1977、50～84頁。作道洋太郎「江戸時代における家訓の特質—その現代意義を求めて—」、转引自竹中靖一、宮本又次『経営理念の系譜—その国際比較』、東洋文化社、1979、123～135頁。

念——以老铺的家训为中心》① 认为，强调家业永续、正直正路、精进勤勉、倡导俭约和主张持续稳定发展是京都众多老铺的主要经营理念。此外，京都府编纂的《老铺和家训》也对京都老铺的家训进行了论述。由于近江商人的经营颇具特色，在日本各地域商人群体中占有重要的地位，因此日本学界关于近江商人的研究成果较为丰富。如江头恒治著《近江商人》②、小仓荣一郎编《近江商人的理念》③、上村雅洋著《近江商人的经营史》④ 以及末永国纪著《近江商人》⑤ 等，都在一定程度上对近江商人制定的家训、店则进行了研究和论述。

第三，从经营史的角度对商家家训进行研究。宫本又次在其另一部代表作《近世日本经营史论考》⑥ 中对商家家训也有所涉及。在该著作中，宫本在继续沿用自己对近世商人意识所具有的"奉公""体面""分限"的消极面和"始末""算用""才觉"的积极面这一观点的同时，从多角度运用比较的方法，探究了石门心学和商家家训的关系，认为石门心学的主要内容和基本精神反映了当时商人的意识，后期石门心学对商家的家训、店则产生了很大的影响，现在许多传世的商家家训、店则大部分是在石门心学影响下制定的，其根本理念是从石门心学中汲取的。

此外，森川英正的《日本型经营的源流》⑦、堀江保藏的《日本经营史中"家"的研究》⑧、间宏的《日本的经营系谱》⑨、宫本又郎等的《日本经营史——日本型企业经营的发展》⑩、荒田弘司的《江户时代商家家训所见之现代企业经营——企业作为社会公器的作用》⑪ 都从经营史的角度对

---

① 足立政男「京都における老舗の経営理念—老舗の家訓を通して見た—」、转引自竹中靖一、宫本又次『経営理念の系譜—その国際比較』、東洋文化社、1979、87～120頁。
② 江頭恒治『近江商人』、弘文堂、1959。
③ 小倉栄一郎『近江商人の理念』、サンライズ出版、1991。
④ 上村雅洋『近江商人の経営史』、清文堂、2000。
⑤ 末永国紀『近江商人』、中央公論新社、2000。
⑥ 宫本又次『近世日本経営史論考』、東洋文化社、1979。
⑦ 森川英正『日本型経営の源流』、東洋経済新報社、1977。
⑧ 堀江保藏『日本経営史における「家」の研究』、臨川書店、1984。
⑨ 間宏『日本的経営の系譜』、文真堂、1989。
⑩ 宫本又郎など『日本経営史—日本型企業経営の発展』、有斐閣、1995。
⑪ 荒田弘司「江戸時代の商家の家訓に学ぶ現代の企業経営—社会の公器としての企業の役割－」、『産業経営研究』第25号、2003。

商家家训有所研究。

综上所述，日本学界对商家家训的资料整理与研究主要具有如下特点。一是商家家训作为研究近世商人思想、商业经营必备的基本史料，日本学界在商家家训的收集、整理和结集出版方面做了大量工作，为资料的保存和继续传承做出了可贵的贡献。二是涉及领域广泛。日本学界从商人、商业、经营理念、经营史以及家族制度等不同角度对商家家训进行了研究。三是个案研究成果居多。日本学界往往是较为孤立地对某个具体商家家训进行剖析，而很少将家训这一日本传统文化的表现形式作为整体，将其放在大的历史环境中考察其影响因素及社会作用。这也充分说明了中日两国在进行学术研究时采用的研究方法不同，日本学界重资料、重个案，虽有不少资料为研究提供了便利，但是缺乏对家训功能、影响因素、社会作用的总体把握。

二　中西学界的有关研究现状

近年来，随着商业道德以及商业伦理等问题被关注，学界也将目光投向了对日本商家家训的研究。中国学界对日本商家家训的相关研究论著主要集中在如下五个方面。

第一，对日本商家家训的相关研究成果。李卓的《日本商家家训及其基本精神》①是笔者所见的国内较早专门论述商家家训的文章。该文章对商家家训的源流、发展史及基本精神做了论述，认为商家家训既受武家家训的影响，又反映了庶民社会的家族制度和家业观念，在日本的家训中颇具代表性。同时，该文章还指出，近代以来，日本企业制定的社训、社则是在继承和模仿家训、家宪的基础上形成的，其称呼虽不同，但实质的功能完全相同。张一的《日本家训思想研究》②对日本的家与家的伦理思想，以及包括商家在内的各阶层的家训及其思想进行了论述，并将商家家训概括出以家业的存续为核心、注重实用主义、重视勤俭持家三个特点。此外，李卓在一些学术论文中也涉及了对商家家训的研究。如

---

① 李卓：《日本商家家训及其基本精神》，《现代日本经济》1997年第2期。
② 张一：《日本家训思想研究》，硕士学位论文，延边大学政治与公共管理学院，2016。

《日本家训浅论》①《从家训看日本人的节俭传统》②《日本家训的基本特征》③ 等。

第二，对町人伦理的相关研究成果。北京大学刘金才的《町人伦理思想研究——日本近代化动因新论》④ 是国内第一部阐述町人伦理思想的专著。刘金才在论述町人伦理时，多次使用了商人家训、店规等资料，尤其是对《岛井宗室遗书》《町人囊》《町人考见录》有较为详细的论述，对本书颇有启发。此外，张志娟的《日本商家家训中町人的价值观和伦理精神》⑤ 从日本商人家训的概念谈起，对商家家训的发展与町人阶级的价值观和伦理精神的关系进行了论述，该论文认为日本近代化道路的步伐之快有其偶然性和必然性，而日本町人阶级的价值观和伦理精神的发展可以成为其中一个因素。日本的商人凭借自身对家业经营的执着，从前代人的经验教训以及自身的体验中归纳总结，形成了流传至今并对现代社会影响深刻的商家家训，使町人阶级的价值观和伦理精神得到了延续。

第三，对日本家族制度的研究成果。其中较为详细的论述是李卓的《家族制度与日本的近代化》⑥，该著作从日本家族的规范的角度对商家家训进行了论述。艾千又的《家训在日本家族经营组织中的社会功能》⑦ 从家训的概念界定入手，着重从家训的文化功能、家训与现代经营两大方面对家训在日本家族经营组织中的社会功能进行了论述。此外，还有李卓的《家督继承制与近代日本经济的发展》⑧，侯庆轩、王巍巍的《日本的家论理与现代化》⑨ 两本书，其在研究日本的家族观、家族经营与企业的关系

① 李卓：《日本家训浅论》，《南开学报》2002 年增刊。
② 李卓：《从家训看日本人的节俭传统》，《日本学刊》2006 年第 4 期。
③ 李卓：《日本家训的基本特征》，《山西大学学报》（哲学社会科学版）2009 年第 1 期。
④ 刘金才：《町人伦理思想研究——日本近代化动因新论》，北京大学出版社，2001。
⑤ 张志娟：《日本商家家训中町人的价值观和伦理精神》，《科技信息》2010 年第 29 期。
⑥ 李卓：《家族制度与日本的近代化》，天津人民出版社，1997。
⑦ 艾千又：《家训在日本家族经营组织中的社会功能》，硕士学位论文，云南师范大学，2015。
⑧ 李卓：《家督继承制与近代日本经济的发展》，《世界历史》1996 年第 4 期。
⑨ 侯庆轩、王巍巍：《日本的家论理与现代化》，吉林人民出版社，1998。

时，也对商家家训和企业社训多有论述。

第四，对日本商业伦理、企业经营的相关研究成果。李躬圃的《从〈继承愚思录〉看日本业主家族经营传统思想》① 一文以日本广岛大学一名教授发现的近世中期一药店老板猫屋荣藏所做的家训《继承愚思录》为个案，从斥奢尚俭思想、产业继承与家族整体利益思想、忧患意识与敬业思想三个方面对商家家族经营思想进行了分析。李卓的《日本企业"家运"不衰的奥秘》② 以及《近代日本家族主义经营的原型——德川时代的商家经营》③ 等研究成果从家族制度的角度对商家家训、近代财阀家宪进行了研究。

尚爻的《日本企业经营理念的历史考察》④ 以近世（以江户期为主）、近代（从明治维新到二战结束）、战后（二战结束至 20 世纪 70 年代）、当代（20 世纪 70 年代至今）四个时间带为主轴，以商家家训，财阀家宪，企业社是、社训为中心，系统地考察了日本企业经营理念的历史，最后从经营理念角度探索日本企业的长寿之道。另外，尚爻在《日本企业长寿之道的文化解读》⑤ 一文中以家训家宪、社是社训为背景资料，指出从家训到社训的伦理自律、和合观与集团主义、忠顺观与归属意识、守成观与传承责任等是日本企业的长寿秘诀。关璐璐的《日本近江商人的经营理念：以伊藤忠商事初期经营理念"商业即菩萨业"为例》⑥ 指出，伊藤忠兵卫将商业与佛教思想结合，实现了卖家与买家利益的统一，并且通过信用体系的构建，卖家与买家达到了共荣共存的状态。在政治环境和法律环境不完善的情况下，伊藤忠兵卫利用当时的文化环境，通过构建买家与卖家之间的良好关系，努力创造出良好的经济环境，从而更好地解决三者之间的

---

① 李躬圃：《从〈继承愚思录〉看日本业主家族经营传统思想》，《历史研究》1994 年第 3 期。

② 李卓：《日本企业"家运"不衰的奥秘》，《现代日本经济》1995 年第 3 期。

③ 李卓：《近代日本家族主义经营的原型——德川时代的商家经营》，《现代日本经济》1998 年第 4 期。

④ 尚爻：《日本企业经营理念的历史考察》，博士学位论文，南开大学世界历史，2012。

⑤ 尚爻：《日本企业长寿之道的文化解读》，《日本问题研究》2012 年第 1 期。

⑥ 关璐璐：《日本近江商人的经营理念：以伊藤忠商事初期经营理念"商业即菩萨业"为例》，硕士学位论文，山西大学日语语言文学，2016。

动态平衡问题。

此外，还有罗声的《从"货郎"到日本零售巨头 250 岁永旺的家训》①、李征的《从家训到社是与社训——日本企业精神的独特体现》②、邓凌志的《浅论日本江户时期的商业伦理思想变迁》③、肖译曼的《探寻日本长寿企业之生存智慧》④ 等。

第五，对中日两国家训的比较研究。目前，我国对中日两国前近代商人家训的比较研究成果还较少。李卓在其专著《中日家族制度比较研究》⑤中，从家训的分类、内容之侧重及其在近代后的延续等方面对中日两国家训进行了比较研究，在论述中有诸多涉及两国商人家训的比较研究之处，其思路对本书颇有启迪。许译兮的《中日家训比较》⑥ 从文雅规整与直白随意、教子成材与延续家业、家庭伦理与社会责任、道德追求与实际功用等四个方面对中日家训进行了比较研究，同时还指出，从日本家训中可以看到大量与中国儒家思想精神息息相通的训诫，但这些表面类似的理念背后的实际意义与我们所熟悉的千差万别。

范超杰的《从经营方面看晋商和近江商人的异同》⑦ 对同处封建时期的中国晋商和日本近江商人在经营方面的异同进行了比较研究，指出近江商人多信神佛，重规则道德。近江商人沉淀出许多道德规则和行事哲学，作为店铺的店规和家训而代代相传。申改敏的《中日两国古代家训的比较研究》⑧ 从中日两国古代家训的发展史入手，从写作目的、内容范围、教育功能、存在阶层、撰写风格以及训诫对象等方面比较了二者异同。文章最后指出，日本古代家训是对我国古代家训积极借鉴和忠实模仿的结果，

---

① 罗声：《从"货郎"到日本零售巨头 250 岁永旺的家训》，《英才》2010 年第 5 期。

② 李征：《从家训到社是与社训——日本企业精神的独特体现》，《中外企业文化》1997 年第 3 期。

③ 邓凌志：《浅论日本江户时期的商业伦理思想变迁》，《湖南农机》2007 年第 5 期。

④ 肖译曼：《探寻日本长寿企业之生存智慧》，《现代企业文化》2010 年第 Z1 期。

⑤ 李卓：《中日家族制度比较研究》，人民出版社，2004。

⑥ 许译兮：《中日家训比较》，《日语学习与研究》2009 年第 6 期。

⑦ 范超杰：《从经营方面看晋商和近江商人的异同》，硕士学位论文，山西大学日本语言文学，2014。

⑧ 申改敏：《中日两国古代家训的比较研究》，硕士学位论文，陕西师范大学教育史专业，2013。

但并非"照相"式的翻版，日本古代家训在其发展过程中也注入了日本本土所特有的元素和强大的生命力，才使得中日古代家训在近现代的发展有天壤之别。李春艳、杨威的《传统儒家思想对日本家训的影响及意义》①一文认为，从表象上看，日本家训与中国家训有诸多相似之处，但实质上二者的发展路向是不同的。一方面，日本家训同中国家训一样，均深受传统儒家思想的影响；另一方面，日本家训又对传统儒家思想进行了异化，走上与中国家训截然不同的发展道路。

西方学者对日本商家家训的研究也有一些成果。美国学者 John G. Roberts 的 *Mitsui：three centuries of japanese buscness* 于 1922 年被译成日文出版，题为『三井：日本における 経済と 政治の三百年』②，翻译成中文为《三井：日本经济与政治的三百年》。作者通过介绍三井家族的历史，阐述了近世以来日本经济的发展，书中使用了不少三井家族的家训资料。由德国学者 Johannes Hirschmeier 和日本学者由井常彦合著的《日本的经营发展——近代化和企业经营》是在已出版的英文版基础上修订而成的。在该著作中，作者认为家训在商人社会得以普及是在德川吉宗抑制奢华消费的政策下，商人开始由"革新者转变为顺从、克制的模范市民"，由"攻击型"转向"防卫型"③的情况下出现的。同时，作者还认为商家家训极好地体现了近世商家的人生观和经营理念。

贝拉（Robert N. Bellah）的《德川宗教：现代日本的文化渊源》④一书出版后，在学界产生了很大影响。她运用韦伯的社会学观点，试图从宗教伦理与政治、经济的关系这一角度探究和解释德川时代的文化是如何有助于日本的现代化发展这一问题的。该著作对商家家训略有涉及。贝拉认为，"制定家规的习惯源于武士"，"直至江户时代，这一习惯才在商人中

① 李春艳、杨威：《传统儒家思想对日本家训的影响及意义》，《继续教育研究》2018 年第 8 期。
② 『三井：日本における 経済と 政治の三百年』、ダイヤモンド 社、1922 年初刊、1976 年復刊。
③ 〔德〕Johannes Hirschmeier、由井常彦『日本の経営発展』、東洋経済新報社、1977、46 頁。
④ 〔美〕贝拉：《德川宗教：现代日本的文化渊源》，王晓山、戴茸译，三联书店，1998。

变得普遍起来，它被认为是标志那一时代特征的身份伦理形成的总过程的一部分"①。贝拉通过对商家家训的分析，阐述了奉公与国家、职业、家族的关系，对商家的义利观和社会公益思想进行了阐述。

总之，对商家家训的发展、表现形式、内容中体现的伦理思想及经营理念等进行全面而系统的研究得到的成果在国内尚不多见，对两国前近代商人家训进行比较研究的成果更是较少。因此，无论是从商业史的角度，还是从家训的研究角度，抑或是从中日前近代商人比较研究的角度来看，对商家家训的研究都不失为一个有意义而全新的研究课题。

第三节　研究方法及基本研究思路

一　理论及研究方法

本书以辩证唯物主义和历史唯物主义为指导，援用历史学、伦理学、经营学等理论，对商家家训的产生、发展、延续及其所反映的时代背景，以及商家的经营组织、经营制度、伦理思想等做了历史的考察和研究，具体如下。

一是运用分析与综合的研究方法。本书的研究对象是商家家训，因此首先对商家家训的相关资料进行收集、汇总和分析，这是本书论述的基础。在此基础上，结合商人群体的发展以及当时社会，尤其是商业发展，对家训的内容从家族制度、经营理念及经营管理三个方面进行综合分析，以研究商家家训的基本特征。上述所有研究都是在对商家家训文献进行分析、综合的基础上展开的。

二是运用系统论的研究方法。经济基础决定上层建筑，社会存在决定社会意识，社会环境通过一定的机制和载体反映某一个人、社会阶层、社会群体的思想意识。商家家训作为日本传统文化的载体，反映了商人阶层的思想意识，它是日本家训文化、传统家族制度、商人阶层发展到一定阶

---

① 〔美〕贝拉：《德川宗教：现代日本的文化渊源》，王晓山、戴茸译，三联书店，1998，第150页。

段的产物,并体现了许多家训、家族制度、商人阶层的特征。与此相对,某一个人、社会阶层、社会群体的思想意识反过来也会作用于社会环境,商家家训在一定程度上也对日本家族制度、商人教育、商人的经营理念及商人意识产生了影响。换言之,商家家训与其产生、发展的社会环境之间的影响是相互的。因此,本书在写作过程中,本着一个基本思路,就是运用系统论的研究方法,将商家家训作为一个子系统,而将日本传统文化、日本家族制度和家训得以产生、发展的社会环境作为一个大系统,探讨商家家训与社会环境之间的相互关联和影响。

三是运用比较研究的方法。以家训治家的传统源于中国,中国的商人虽多制定有家训,但日本商家家训有其自身的特点。本书在论述中贯穿了比较研究的方法,尤其是对两国商人家训中所体现的商人组织、商人伦理进行了比较研究,并对差距产生的原因进行了思考和分析。

二 基本研究思路

第一章绪论对本书的选题意义、中外学者的研究现状做了总结和归纳,最后对本书的研究方法、基本思路以及创新与不足进行了分析。

第二章是对商家家训的概述。首先从商家家训产生、发展、变化的时代背景着手,将其放在大的历史背景下去把握,研究日本传统家训、日本传统家族制度及当时的社会环境对商家家训的制定及内容的影响。其次是关于商家家训发展的阶段划分,将其分为初始、发展、调整以及普及四个发展阶段,并对每一阶段具有代表性的商家家训做了较为详细的阐述。最后对商家家训的制定、贯彻、修改情况及其类型做了分析和归纳。

第三章至第五章是对商家家训内容的分析与研究。第三章从日本家族伦理、家族规范及精神信仰三方面论述商家家训中所体现的家族制度的主要特征;第四章从家业至上、经营道德、经营谋略三方面探讨商家家训中所体现的商人的经营理念;第五章从经营体制、雇佣管理、经营及管理方式三方面论述商家家训中所体现的商家的经营管理方法。笔者在上述三章对商家家训内容进行分析的同时,还用一定的篇幅对中日两国商人家训中的异同做了比较研究。

第六章是对近代企业家宪、现代企业社训的研究。近代企业家宪、现代企业社训是商家家训在近现代的延伸。本章主要对近代的家族主义经营与企业家宪、战后日本企业文化的发展及现代企业社训的特点及意义做了论述，并对商家家训、近代企业家宪、现代企业社训三者之间的联系与区别做了分析。

第七章是对商家家训的整体评价。从核心功能重在家业、训诫对象超越家族、实用主义色彩浓厚以及教育方式灵活多样四个方面对商家家训的基本特征进行了总结，同时从利于家族稳定、规范商业经营、推动社会教育三个角度对商家家训的历史作用进行了评价，并对其存在的负面影响做了客观的分析和总结。最后，对前近代中日两国的商人意识做了比较分析。

三 创新与不足

本书从解读商家家训资料入手，对商家家训产生的历史背景、过程、主要内容、基本特征、历史作用以及在近现代的演变进行了较为系统的研究和探讨。在各位前辈和学者已有的研究成果基础上，本书主要在以下几个方面做了一些尝试。

第一是选题。关于商家家训的研究，日本学界对某个或某些商家家训内容研究的成果颇多，但是在全面、总体把握上较欠缺。国内对于商家家训的研究只是在近几年才受到学界的关注，且相关研究也不够系统。本书将商家家训作为一个整体来研究，对商家家训的产生背景、发展历史、类型分析、主要特征予以探讨，并从商家家训中所体现的家族制度、经营理念及经营管理三个方面对其主要内容进行了综合分析与研究。综上，本书选题本身具有一定新意。

第二是通过对商家家训的研究，提出商家制定家训的根本目的在于维持和发展家业。即无论是家训的制定与贯彻还是家训内容本身，无论是针对家族成员还是店铺的用人，无论是言辞恳切的谆谆教诲还是带有强制性的规定和具体的惩罚措施，都是围绕家业进行的。本书从多角度、多方面对商家家训制定这一根本目的进行了实际论证。

第三是微观与宏观的结合。本书并没有将论述的范围局限于商家家训产生和发展的江户时代，也没有局限于研究商家家训内容本身，而是运用发展的观点，采取微观与宏观相结合的方法，对其具体表现形式、类型、主要内容予以分析和研究，同时将商家家训放在历史的长河中去探讨其地位和作用。本书认为，商家家训是在武家家训的影响和渗透下产生的，并且对近现代的企业经营理念产生了直接的影响。因此，本书在研究过程中，不仅对商家家训产生的历史背景及其作用进行了探讨，而且根据商家家训在近现代的演变，对近代企业家宪和现代企业社训也进行了研究。

第四是比较研究方法的运用。中日两国前近代商人虽然都制定了家训，但由于社会制度、社会结构及思想意识的不同，其制定的家训也表现出诸多的差异。本书虽是对日本商家家训的研究，但在研究思想意识时，始终有一个参照物，那就是中国前近代的商人家训。因此，本书对于两国前近代商人家训中所表现出的差异以及产生的原因也相应地进行了一些分析与探讨。

第二章

日本商家家训概述

日本比较早的商家家训是战国末期至江户时代初期博多豪商岛井宗室（1539～1615 年）于 1610 年（庆长十年）制定的《岛井宗室遗书》。自《岛井宗室遗书》制定直至明治维新，商家家训经历了 250 余年的发展历史①，从商家家训产生、发展的时间来看，大致与江户时代相始终。本章要叙述的是商家家训产生和发展的时代背景，经历的发展阶段，以及家训制定情况及类型。

第一节　日本商家家训的源流及时代背景

一个事物的出现，必然有其产生和发展的时代背景。商家家训也不例外，它是为了满足当时社会环境的需要而出现的。商家家训是商人治家以及从事商业经营实践的产物，也是对当时政治、经济、文化的能动反映。因此，商家家训的制定、发展阶段乃至内容必然受当时社会的政治、经济、文化等环境因素的影响，从而带有时代的烙印。本节把商家家训作为一个小系统，放在历史和当时社会的大系统中，以探讨商家家训得以产生和发展的背景及影响因素。

一　日本家训发展的概况

商家家训是日本家训的重要组成部分。对商家家训进行研究，有必要

---

① 由于明治维新以后的财阀、新兴企业家制定的家训大都被称作"家宪"，已不再以"家训"相称，故而本书所涉及的商家家训是指江户时代初期直至明治维新这一时期商人家族制定的家训。

先了解日本家训的演变历程。按照家训内容以及制定者的不同，可将日本家训发展史划分为三个时期。

第一个时期是从奈良时代到平安时代，是日本家训的萌芽期。日本最早的家训是由吉备真备所著，成书于奈良时代的《私教类聚》①。吉备真备官至朝廷右大臣，曾作为遣唐使到过中国，并在中国生活了20余年。他通晓儒学、天文、兵学等多门学问。《私教类聚》是其在晚年时所著，内容主要以儒家思想和佛教思想为中心，力陈忠孝之道，并多引用《论语》《史记》《礼记》等中国经典古籍中的内容。吉备在写作《私教类聚》时，还曾参考了中国北齐时期颜之推的《颜氏家训》。在中国，"六朝颜之推家法最正，相传最远"②，被后人视为家训的始祖之作，对后世产生了深远的影响。自吉备真备《私教类聚》成书起，日本人便承袭了中国人以家训治家的传统。

平安时代的家训主要以皇族和贵族对子孙的训诫为主。比较有名的有宇多天皇在897年（宽平九年）让位于醍醐天皇时，总结自己的政治经验而写成的《宽平御遗诫》。平安时代中后期的家训主要有菅原道真的《菅家遗训》（一说是伪书）以及右大臣藤原师辅的《九条殿遗诫》等。平安时代家训的特点，一是数量少，二是尚未形成体系，其内容主要是一些从事政务的心得。这些特点的形成与平安时代中后期天皇势力衰落、贵族专权的社会状况有着直接的关系。

第二个时期是从镰仓幕府创立到安土桃山时代结束。这一时期是日本家训的发展时期，以武家家训、家法的制定及发展为特征。镰仓幕府成立后，掌握了政权的武士纷纷效仿贵族社会的传统，即制定家训。当时武家社会的组织是在一党、一族的旗帜下，由主从关系与血缘关系（或模拟血缘关系）构成的集团。增强族的意识，约束家臣，是武家制定家训的主要目的，也是为了改变武士疏于文道的形象，提高自身修养。这一时期的武

---

① 吉备真备的《私教类聚》是日本最早的家训，该家训中的观点参见以下文献。须知正和『日本の家訓』、日本文芸社、1985、18頁。木屋進『家訓入門』、日本文芸社、1973、20頁。

② 袁表：《庭帏杂录》（下），转引自张艳国等《家训集览》，湖北教育出版社，1996，前言，第10页。

家家训往往不拘形式，有的是郑重的书状，有的是遗言或谈话记录。现存
最早的武家家训是《北条重时家训》。该家训主要由《六波罗殿家训》与
《极乐寺殿御消息》两部分组成，前者是北条重时专为训诫已就任幕府重
职的长男北条长时所作，即作为朝廷大臣和一家之长的处世训；后者是对
家族所有成员，包括家臣、用人在内的道德训诫。《北条重时家训》作为
该时期家训的代表而流传甚广。

镰仓幕府末期至室町时期，总领制家族体制处于瓦解之中，社会动荡
不安，武士家族内部纷争不断。这一时期的武家家训一改前期内容表达抽
象、佛教色彩浓厚的特点，呈现明显的现实主义倾向。家训的核心内容是
对家族成员、家臣的道德训诫，以达到维护家的利益的目的。斯波义将的
《竹马抄》、今川贞世（了俊）的《愚息仲秋制词条》以及伊势贞亲的
《为愚息教训》是这一时期家训的主要代表。战国时代，各地处于割据状
态，战国大名取代原来的守护大名，确立了对各国的统治，战国大名的家
训也随之发展成为各国的法律，被称为"分国法"。这是日本家训的进一
步发展，反映出战国大名统治时的家族特征。分国法中较为著名的有朝
仓敏景的《朝仓敏景十七条》、北条早云的《早云寺殿二十一条》。此外，
《大内家壁书》《毛利元就遗诫》《武田信玄家法》等也是这一时期家训的
代表。这些分国法还在江户时代进一步发展为各藩的藩法。不论是家训，
还是家法，都以维持"家"（大名领国即扩大了的"家"）为根本目的。
由于置身乱世，武家赖以生存的是武力，时时刻刻离不开战斗。因此，大
名的家训虽也倡导人伦、礼仪，但更多的内容还是带有现实、武断的
色彩。

第三个时期是江户时代，是家训发展的鼎盛时期。江户时代国家统
一，社会趋于安定，家训的风格也为之一变。在幕藩体制下，大名、武士
的治绩得到幕府的承认，保持领国统治和所获俸禄的安稳，实现"家"的
安宁和延续，成为其生活的中心。因此，武家家训中体现出明显的治国安
民思想，对家族成员和家臣品行的要求超过了对"弓马之道"的强调。随
着幕藩体制的巩固和严格的主从关系的确立，武家家训进一步规范化和具
体化，在内容上多突出统治意识、强调身份等级制度等。在主从关系方

面，由于朱子学被视为幕府的官学，故该时期的武家家训深受朱子学影响。臣下忠诚于主人，无条件地奉公，成为武士的行动准则。《德川家康之家宪与遗训》和仙台藩主伊达政宗的《伊达政宗之遗训》、福冈藩主黑田长政的《黑田长政掟则》等都是这一时期武家家训的代表。

江户时代的武家家训在逐渐完善、系统化的同时，以家训治家的传统也扩展至庶民阶层，同时由于庶民教育的发展，一些农民及商人家庭也开始制定家训。主要的农家家训有下野国河内郡下浦生村名主田村仁左卫门的《农业心得》、丹波国船井郡保井谷村山内重右卫门的《子孙教训》、越后岩船郡豪农渡边家的《家之掟》等。农家家训的制定者多为经营规模较大、较为富裕的上层农民，家训所关注的重点在于农业知识和技术的传承。另外，随着江户时代商品经济的不断发展，商人成为新兴的社会力量。在严格的身份制度束缚下，他们对得来不易的家业格外珍重，延续家业的强烈愿望丝毫不亚于武士家族，因此武家社会以家训治家的传统被商家广为接受。故商家家训的产生及发展，是日本家训发展史，也是江户时代家训的一大特点。

分别处于"四民"两端的武士与商人，虽是统治与被统治的关系，但"以忠、孝等儒家观念为最主要道德规范的武士道德，自然会影响商人的道德意识"①。因此，商家不仅模仿了武家制定家训的形式，也吸收了武士伦理道德的一些内容，在处理主从关系、强调奉公意识及注重家业观等方面与武家有许多共同之处，同时又反映了庶民阶层自身的家族观念、伦理思想及经营理念，在日本家训发展史上极具代表性。

二 传统家族制度的发展

家族制度是一定社会条件下家族形态、家族功能、家族关系、家族伦理道德及其社会影响的总和②。日本是一个注重家族传统的国家，在大化改新之前，日本一直以氏为社会的基本单位，单一或数个氏集中在一起构成村。大化改新后，随着编户造籍制度的实行，日本制定了新的地方制

---

① 王家骅：《儒家思想与日本文化》，浙江人民出版社，1990，第303页。
② 李卓：《家族制度与日本的近代化》，天津人民出版社，1997，第1页。

度，把处于分裂中的氏作为户置于里的管辖之下。公元715年，日本改里为乡，故称为乡户。乡户是律令时代的主要家族形态，也是见于法制文书中的最初的家族形态①。大化改新之后，以班田授受为核心的"公地公民"制成为中央集权制的经济基础，但由于"人口的增加与可班土地有限的矛盾，以及班田农民负担过重，造成脱籍和浮浪民增加，使得班田制实施不到百年就无法适应生产力的发展与人口增长的需要"②。从8世纪中期开始，国家鼓励垦荒，并承认垦田私有。在此过程中，乡户内各个小家庭（房户）之间的经济利益日益明显。房户逐渐脱离乡户而独立，并发展为小土地所有者——名主。这些名主为了保护自己的土地，将其奉献给豪族，地方豪族为寻求保护又将之奉献给中央豪族，在这个被称作"寄进"的土地所有权上移的过程中，名主成为贵族的领民，庄园领主土地所有制由此产生。

庄园领主制的形成，造就了一个新的社会阶层——武士。随着武士作用的增强，逐渐形成了一支新的武装力量，进而超越单一的庄园，逐渐发展为武士团，并最终发展至武士政权的建立。镰仓幕府时期的武士集团以"族"为单位，既是镰仓幕府时期的社会组织，也是当时的家族组织。其族长被称为"总领"，统领族人及家臣。总领制家族具有以下几方面的特点：一是总领代表的族的利益是最高的，其他小家庭居于从属于族的地位；二是总领制家族内的成员既包括具有血缘关系的人，也包括因收养而加入族内的成员；三是总领与族人之间为主从关系，但未必都是父子关系，一般是亲子关系与模拟亲子关系的集合，通常这种关系可以延续至子孙后代。

总领制是镰仓幕府时期御家人制的基础。御家人即将军的家臣，御家人与将军之间是基于儒家的"忠""信""义"等思想结成的主从关系。将军承认御家人的土地所有权，并保障其经济利益，而御家人要以守卫皇宫、幕府所在地，以及战时率族人出征、为将军作战等"奉公"行为为回报。由于当时在继嗣方面实行嫡长子继承制，而在财产方面实行诸子分割

① 李卓：《家族制度与日本的近代化》，天津人民出版社，1997，第20页。
② 李卓：《日本近现代社会史》，世界知识出版社，2010，第62页。

继承制，于是逐渐出现了诸子不服从总领管辖，总领无法维持正常统制的局面，并最终导致总领制家族的瓦解。可见，"由于总领制家族的存在，御家人制从一开始就建立在无法克服的矛盾之上"①，这一矛盾也是从镰仓幕府后期到江户幕府建立的数百年间日本内乱频仍、社会长期动荡不安的根源所在。

德川幕府建立后，继续实行织丰时代的兵农分离政策。一方面使单婚家庭逐渐独立，并进一步使武士脱离土地成为职业军人，对其有功者所赐之俸禄也不再是土地，而是将土地折合成一定数量的米谷。另一方面又通过幕藩体制，将武士及其家族紧紧束缚于各大名（藩）统制之下，武士要想保住自己的俸禄，就必须率领本家族人员为将军或隶属于将军的各藩奉公，从而确立了被称为"家"的新的家族制度。这种制度具有以下几方面的特点。

第一，以父权家长制为核心。顾名思义，父权家长制就是父亲在家族中具有绝对的权力，与其他家族成员是一种主从关系。由于当时的日本非常注重祖先崇拜，故而作为父亲的家长也被视为祖先的化身，并享有主祭权。作为父亲的家长所拥有的权力有主婚权、财产处分权、卖子权、决定子女的居住地权、教令权与惩戒权等②。但值得注意的是，作为父亲的家长，其权力是相对的，受家的利益的制约。在"家"制度下，家长只是家业的一个"托管者"，发挥的也只是"接力棒"的作用。这种对家长权力与地位的认识，对商家产生了重要影响。近江八幡商人伴蒿蹊在家训中强调的"吾即祖先之手代"③ 即形象而简明地概括了上述观念。"家"对家长的制约最直接的体现就是隐居制度④的存在，即家长的权力并不是终身拥有的。当家长难以胜任其职时，便会由有能力的继承人取而代之。由于

---

① 李卓：《中日家族制度比较研究》，人民出版社，2004，第65页。
② 李卓：《家族制度与日本的近代化》，天津人民出版社，1997，第58~60页。
③ 「主従心得草」、转引自吉田丰『商家の家訓』、德間书店、1973、331页。
④ 隐居制度：源于中国古代士大夫阶级辞官退隐、偏居乡野的一种风气。大化改新后，日本吸收了中国的官吏致仕制度，并使隐居最终成为一种制度被确立下来。进入幕府时期以后，武家社会模仿原来的官僚致仕传统，令因各种因素不能胜任统率一家职责的家长，将权力让给年富力强或有才能的继承人，这也称为隐居。这种制度至室町时期已在武家社会制度化，在近世时期，这种隐居制度影响至包括商家在内的庶民阶层，战后被废除。

隐居制度由武士阶层普及至庶民阶层，因此商家家训中也多有关于隐居的规定。

第二，实行嫡子继承家长权力并继承大部分财产，次子等继承小部分财产的继承制度。从战国时代开始，各大名为了强化家长权，防止家族内部分崩离析，逐渐开始对既有继承制度进行改革，以长子单独继承取代诸子对财产的继承，从而使家督继承制得以确立。德川幕府建立后，制定了一套严格的主从关系体系，为了维护和巩固这种主从关系，必须有与之相适应的继承制度做保证。由于家督继承制在经济上维护了家业的完整，在政治上巩固了幕藩体制的统治基础，故德川幕府也将以家督继承制为核心的家制度视为其统治的重要支柱。商家作为以商业经营为主体活动的社会阶层，尤其看重家业的重要性和延续性。因此，家督继承制在商家家训中表现得尤为突出，对继承人的选择、继承人的职责和义务、财产的继承、对有不轨行为的继承人的处理等都有详细的规定。

第三，模拟血缘关系。在日本人的观念中，家是超越血缘关系存在的，家业继承人可不必拘泥于是否有血缘关系，外人也能以模拟的血缘关系进入家族，主要体现在以下两个方面。其一是养子制度。受家制度的影响，日本人非常重视家的延续。故日本人在无子嗣或子嗣无能、难以继承家业的情况下，为了保证家业、家名的延续，常常收养孩子。养子与家长之间形成的是一种模拟的父子关系、血缘关系。养子制度是日本人为了保全家业而采取的一种补救措施，其目的是使家业不至于后继无人。其二是没有血缘关系的人可以进入家族，从而成为家族的一员，这一点更是主要体现在商家中。由于家业经营规模的扩大，所雇用人也可进入商家并被视为家族成员，这种关系体现为主从关系和模拟血缘关系的结合，其作用远远超过了雇佣关系或契约关系。

无论是养子制度，还是将用人视为家族成员，其中涉及的都是一种模拟的血缘关系，目的都是家业的繁荣与发展，而这也正是许多商家制定家训，尤其是店则型家训的重要原因。

三　近世时期的社会状况

战国时代，日本纷乱割据，混战不休，严重破坏了农业生产，加重了农民的负担。织田信长（1534～1582年）和丰臣秀吉（1536～1598年）凭借经济和军事优势，加速对战国诸大名进行征服，逐步实现了全日本的统一。在织田信长统治时期，推行"兵农分离"的政策，将领国内的名主、武士编入自己的家臣团内。丰臣秀吉沿袭并加强了这一政策，于1588年（天正十六年）发布《刀狩令》，没收民间所有的长刀、腰刀、弓箭、长枪、步枪及其他武器。1591年（天正十九年），通过发布《身份统制令》，进一步明确了身份制，禁止农民转变为武士，强制其耕作，将农民紧紧地束缚在土地上，同时规定手工业者和商人也不得变更职业。武士则失去了土地，被集中在大名城下，成为职业军人。至此，以武士为统治阶级，农、工、商为被统治阶级的"四民"封建等级制宣告确立。

德川家康建立江户幕府后，确立了幕藩制统治体制，身份制度更加严格。"人们依各自的身份而发挥职责，即武士服军役，农民纳年贡服劳役，手工业者和商人从事技术劳动和劳力等作为国家的成员，集团的一员而被定位。"[1] 这种身份意识逐渐渗透至商人家庭的日常行为方式中，同时几乎贯穿于所有的商家家训中，要求商家成员在衣、食、住、行乃至言行举止等各个方面都要严守身份，这是商家家训的主要内容之一。可以说，商家家训正是商人在这种社会地位上，既无奈又欲抗争的矛盾心理的真实写照，制定详细的规范来约束商家成员的言行，以符合其身份，也是商家制定家训的一个主要原因。

从经济方面来看，近世时期日本的社会生产形态是一种封建的小农经济。16世纪末期，在日本1600万人口中，84%以上是农民。通过丰臣秀吉检地[2]和兵农分离政策，幕藩完全控制了广大农村，从此农村中的基本生产关系成为领主对农民直接的剥削关系。在商品经济领域，在室町时代之前，日本的商业还只限于在各地域内部自给自足经济圈中的小规模流通，经营活动也主要是为上层社会提供特需品、舶来品，以及从事军需物资的运输或集结等。中世时期，各地关所林立，严重阻碍了商品经济的发

---

[1] 大石学『江戸時代への接近』、東京堂、2000、6頁。

[2] 丰臣秀吉检地，又称太阁检地。文禄3年（1594年），丰臣秀吉规定了全国划一的土地制度，不仅统一了土地丈量单位的标准，而且统一了土地的等级标准及相应的产量标准。

展，也使得商人意识难以在全国统一形成，自然也不会有全国范围内商家盛行制定家训的情况出现。真正意义上的商业和商人出现并逐渐在社会上具有一定的发言权的时间，乃是全国性的物资和货币大量流通的战国末期到江户时代。

由于室町幕府的衰落，战国大名取代了此前的守护大名，登上了历史舞台。以此为契机，植根于地域经济的豪商开始出现。安土桃山时代，由于织田信长和丰臣秀吉采取了鼓励商业、手工业发展的政策，将商工业者从以往寺社、庄园领主的隶属中解放出来。也正是在这一时期，许多豪商从造酒和高利贷等行业开始涉足商业经营并逐渐积累巨额财富，有的更是通过直接参与日本与中国明朝、欧洲、东南亚各国的贸易而大发其财。德川幕府建立初期，为获得贸易利润，充实财力，继续采取对工商业的开放政策，鼓励海外贸易，尤其是和中国、朝鲜及南洋、西方各国的贸易。其后，随着禁教和锁国的开始，日本的海外贸易规模大大缩小。因此，早期的商家家训都或多或少反映了这一时期海外贸易的状况。

1615 年（元和元年），德川幕府公布了"一国一城令"，幕藩领主将武士集中到幕府和藩都的城堡周围——"城下町"，并把商人和手工业者都聚集到城下，使城市的规模进一步扩大，形成了以大阪、江户、京都为首的城市消费中心。在德川时代中期，不仅行商依然活跃于全国范围内，而且"在乡商人"（农村商人）逐渐兴起，他们以批发行的方式控制农民的生产，与城市商人争夺商业利益，从而使得城市商人、行商、地方商人基本上形成了全国性的商业网络。与此同时，货币金融也开始活跃起来，出现了大量的"两替商"（货币兑换商人），他们以大商户为对象，办理贷款、存款、票据和汇兑等业务，再加上以幕藩领主为对象的"藏屋敷""挂屋""札差"① 等，构成了全国的信贷系统。随着商业的繁盛，商人逐

---

① 藏屋敷是江户时代幕府、大名、旗本等在大阪等大城市中设立的兼有仓库的营业机构，用于保管、出纳、贩卖租米、禄米和其他物品等，设藏元、挂屋等职。17 世纪中叶后，藏屋敷由商人代管，并经营借贷。问屋是指批发行或批发商。挂屋是指大阪金融业者，代幕府征税，保管、出纳、运输各藩的租米、物资兼代理财务、借贷等业务。札差是指为幕藩及武士保管、贩卖租米兼营贷款汇兑的大商人。"札"是代表粟证的牌子，"差"是指将牌子插在米袋里。这种营业形式一度形成特权商行会制。

渐成为新兴的社会力量，他们拥有可观的经济财富，其经济实力正如太宰春台所言，"金银之富，悉为商人所藏"①。到了德川时代后期，商品经济更加发达，商业甚至渗透至农村，商人逐渐控制了手工业者和农民。对于商人阶层的兴起和发展，商家家训中也多有反映，商家家训中关于设立分店、商业应对、用人管理以及金融信贷等规定，都从侧面充分反映了当时商品经济的发展状况。

与之相反的是，幕府及各藩的经济状况却每况愈下、入不敷出，许多中下级武士不得不求助于商人。商品经济对农村的渗透及物价上涨，最终导致幕府及各藩的财政危机。面对上述情况，幕府及各藩开始通过各种政策和手段来抑制商人势力的抬头和遏制武士阶层的进一步贫困。一方面，多次颁布俭约令，强调节俭、抑制奢侈。另一方面，为救济武士，幕府甚至于 1719 年（享保四年）公布法令，宣布不管是旗本还是御家人向高利贷商人借款的诉讼，都让其相互协商解决。这种法令的出台对商人来说是一个很大的打击，不少商人由于借款给大名、武士且无法收回而破产倒闭。因此，引以为戒以及禁止借款给大名的规定在商家家训中不胜枚举。

从思想文化角度来看，德川家康及其后继者为维护德川氏的统治，一方面加紧制定和完善各种法制，实行依法治国，另一方面则"欲以诗书之泽，销兵革之气"，实行思想控制。朱子学受到幕府的赏识和推崇，成为维护幕藩体制的官学。此后，历代将军都致力于儒学的宣传，第四代将军德川家纲在保科正之的辅助下，采取了一些措施，鼓吹"仁政""忠孝"。第五代将军德川纲吉是江户时代诸将军中学问最卓著的一个。他建立了汤岛圣堂，不但自己钻研儒学，还亲自向大名、旗本宣讲，这在日本历史上是很少见的。纲吉法政的原则以儒家的"忠""孝"思想为指导，要求人们遵纪守法。1682 年，全国主要场所都树立了"忠孝碑"，上刻七条戒规，第一条就是"奖励忠孝，夫妇、兄弟、亲属和睦相处"，"若有不忠、不孝者，当处重罪"。第六代将军德川家宣（1662～1712 年）也是儒家思想的虔诚信奉者，他与大儒新井白石（1657～1725 年）结为挚友，并从白石攻

---

① 太宰春台：《经济录》卷 5，转引自吴廷璆《日本史》，南开大学出版社，1994，第 258 页。

读《春秋》《礼记》《孝经》《周易》《资治通鉴》《通鉴纲目》等，甚为勤奋。他任将军后用封建的道德纲纪重整士风。在幕府的提倡下，各藩藩主如保科正之（1611～1672年）、池田光政（1609～1682年）以及德川光国（1628～1700年）等也大兴儒学。他们聘儒者、刊儒书、设藩校，大力宣扬儒学。水户藩藩主德川光国还招聘大批儒者，以程朱理学的"大义名分"思想为指导，编纂了历史巨著《大日本史》①。儒学之所以受到幕府的推崇，主要是因为它的理论满足了幕府统治的需要，利于幕府对广大民众的统治。

德川幕府对以朱子学为主的儒家伦理思想的宣传还体现在教育方面。德川时代的社会相对稳定，各行业获得了生存发展的较好环境，士农工商各阶层的活动也较中世时期更为活跃。社会活动的增多导致人们对知识的需求扩大，加之幕府倡行儒学，遂使各种文化教育机构得到了较快的发展和普及，在德川时代形成了社会各阶层积极办学、教育机构多元化的文教复兴局面。

以往幕府的教育政策都是以将军为首、以武士阶层为中心实施，但在德川时代，尤其是吉宗时代，对庶民普及儒学，从而使封建秩序得以进一步安定。例如，在汤岛的圣堂（今东京都文京区）和八重洲河岸（东京都千代田区）的高仓屋敷进行的儒学讲义，都向庶民开放。各类私塾、寺子屋、藩校等教育机构数量众多，而且办学形式多样，适应了各阶层民众的教育需求。至德川时代中后期，私塾更加发达，且逐渐具有了中等教育机构的性质，开始向庶民阶层普及，不问其身份出身，只要自愿均可入学，故多有商人子弟就读于私塾、寺子屋等。

随着商品经济的发展，町人思想和町人文化活跃，逐渐出现了针对商业经营、商人子弟教育的私塾。说起最具代表性者，首推"怀德堂"。"怀德堂"由中井甃庵和三宅石庵于1724年（享保九年）在大阪尼崎一丁目（今大阪市东区今桥四丁目）创立，1726年成为幕府公认的学术机构。大阪的"怀德堂"与江户的"会辅堂"并称为庶民教育的双壁。"怀德堂"

---

① 《大日本史》卷397，纪传体史书。奉水户藩主德川光国编纂，于1906年完成。以大义名分的史学观点记述了日本神代至后小松天皇时期的历史。

的授课内容主要有朱子学、国学、国史，并不限于何种学派，而是以商人所需的道德修养教育为出发点。"怀德堂"的教育主张商人营利的正当化，注重实用性和实践性。其授课方式也比较灵活，第二代塾主于 1726 年制定的学则"怀德堂壁书三条"① 中规定，商人即便在听讲中也可因事中途退席，充分显示了其教学形式的灵活性，很适合商人的职业特点。专门针对商人的教育机构，除"怀德堂"外，还有于文化十四年（1817 年）由丰后国日田商人广濑淡窗开设的汉学私塾——"咸宜园"。"咸宜园"独创了提倡能力主义的教育法——"三夺九级月旦法"②。"三夺"即超越和克服年龄、学历、阶级的限制，尤其是在阶级层面，主张"夺其君所授之阶级，混于卑贱之中，以月旦高下论尊卑"。此外，较之身份，"咸宜园"更重视每月一次评定学习成果的"月旦评"。"九级"则是将教育课程分为九级，各级又分上下两级。这种不重身份、倡导能力主义的做法，无疑深受处于四民之末的商人阶层的欢迎。

据不完全统计，德川时代末期，城市商人的识字率高达 80%③。1848～1860 年，江户一般小商店主以上的家庭，其子女更是几乎 100% 上了学④。商人教育的发展，不仅满足了伴随商品经济发展而出现的商人对于知识的需求，促进了近世商人教养的提高，而且为明治维新后的日本企业经营储蓄了后备力量。与此同时，商人教育的发展、识字率的提高，为商家制定家训创造了条件，众多家训形式多样、引经据典、文字优美，有些家训甚至不亚于一部优秀的文学作品。

在德川时代，不仅存在为数颇多的商人教育机构，而且还涌现出众多论述教育思想的学者。他们或是著书立说，或是开堂设讲，不仅为德川时代的教育普及发挥了不可估量的作用，而且由于许多教育思想出现于商人思想发展和活跃的时期，故他们会论及商人教育问题。这对提高商人的思想意识、推广商业教育都起到了不可忽视的作用。

---

① 国民教育研究所『近代日本教育小史』、東京草土文化、1985、36 頁。
② 三好信浩『日本教育史』、福村出版社、1993、73～74 頁。
③ 艾琳·塔伯:《日本的人口》，普林斯顿大学出版社，1958，第 28 页。
④ 海後勝雄など『近代教育史』（第 1 卷）、東京誠文堂新光社、1951、318 頁。

德川时代是武家居统治地位的时代，由于德川初期商业还远未充分发展起来，因而这一时期的教育思想多强调对武士阶层或为政者子弟的教育。"学校为教授人道之所也。治国平天下以正心为本，是为政之第一要务。"① 即便有提及包括商人阶层在内的庶民教育，也主张"一般教民之道与教士之道不同"②，强调庶民教育应与武士教育区别对待。值得注意的是，同样处于德川时代前期的阳明学派的主要代表人物中江藤树提出了"人人通过学习皆可成为圣人"的教育思想，可谓"教育平等观的思想萌芽"③。

17 世纪后期，商品经济发展，特别是商人势力的增长，不仅冲击着封建社会的经济和政治，而且在思想上震撼着当时的社会，在很大程度上促成了日本教育思想的变化。明显的变化就是强调一切人平等自由的观念有所加强。贝原益轩在《初学训》中提出了"天地之间，人人皆我兄弟"的命题；室鸠巢则进一步论述了"人本无贵贱之分"，"人生于天地之间，身体相同，知觉无异"的思想，不仅如此，在《不亡钞·育子之事》中，室鸠巢在叙述武士子弟的教育后特别指出，"农工商诸人一般也应遵照此旨有所取舍"④。这些思想不仅为商人接受教育提供了理论基础，而且对启发商人才智、推动商业教育，发挥了不可忽视的作用。17 世纪后期的著名小说家、俳谐诗人，同时也是一位很有影响力的商人学者——井原西鹤（1642～1693 年），也通过文学的形式肯定了商人及其商业活动的价值。西鹤原名平山藤五，初号鹤永，后改为西鹤，出生于大阪的商人家庭，十五岁开始学习俳谐，中年后开始撰写小说，其小说的特点是笔锋锐利、写实性强，著有《好色一代男》《好色五人女》等书。西鹤晚年开始将目光转向商人，并陆续刊行了记录商人生活的《日本永代藏》（1688 年）、《万千废文字》（1690～1691 年）、《世间胸算用》（1692 年）等。在上述商人文学作品中，尤以《日本永代藏》最具代表性。该作品可以说是一部德川时

① 熊沢藩山「大学或問」、转引自『日本経済叢書』卷一、日本経済叢書刊行会、1914、103 頁。
② 笠井助治『近世藩校の総合的研究』、吉川弘文館、1982、183 頁。
③ 杨孔炽：《日本教育现代化的历史基础》，福建教育出版社，1998，第 77 页。
④ 長田新『日本教育史』、御茶水書房、1982、78～84 頁。

代的豪商列传，其中网罗了三十五位新兴豪商富有冒险与独创精神的成功实例及其荣枯盛衰的经商生涯，还总结了诸如"致富丸"①（此"致富丸"是西鹤为商人开具的一副致富药方，即"早起 5 两，家业 20 两，夜作 8两，勤俭 10 两，机智 7 两"）等经商策略和致富诀窍。由于井原西鹤开创了以文学形式描写经济世界及商人社会的新体裁，超越了时代和阶级，因此其普及之广是其他教育手段所难以比及的，对当时的商人教育产生了很大影响。

　　18 世纪末至 19 世纪初是包括商人教育在内的平民教育大为发展的时期，该时期的平民教育除表现为寺子屋的数量及接受教育的平民人数有所增加外，另一突出的表现便是"心学"教化运动的出现和发展。"心学"是由商人学者石田梅岩（1685～1744 年）于 18 世纪 20 年代末开创的、面向平民的、通俗的生活哲学。石田梅岩出生于一个农民家庭，自十岁起即在商家做丁稚奉公，开始了作为商人的实践活动。他具有日本传统神道的素养，又深谙佛教和儒学知识，开创了独特的实践性商人哲学。1729 年，梅岩在京都车屋町开办讲习所，他根据自己从商的亲身经历，形象生动地向学习者传布经商之道。其主要著作《都鄙问答》时至今日，仍不失为日本经营学的经典之作。梅岩明确地站在商人的立场，强调商业对于社会的重要性；他认为不应鄙视商业，经商有助于天下，是有公益性质的。他还试图提高商人的社会地位，要求对商人与武士阶级平等对待，"士农工商，治天下之助也。若无四民，则无助"，"士乃有位之臣，农人乃草莽之臣，商工乃市井之臣"②。针对武士阶层的"武士道"思想，梅岩提出了"营利，乃商人之道"③的"商人道"思想，首次提议将商人思想作为一门学问认识和研究。他的思想深深影响了商人的实践活动，提高了商人的自信心和自觉性。在他逝世后的近一个世纪里，其创建的"石门心学"经其弟子手岛堵庵、中泽道二等人之手，得到了很大的发展。德川时代后期的不少商家家训是由石门心学学者制定或参与制定的。特别是他强调的上下秩

① 「日本永代藏」卷三、转引自組本社『商売繁盛大鑑』卷六、同朋舎、1984、146 頁。
② 『日本思想大系・42・石門心学』、岩波書店、1979、471 頁。
③ 加田哲二『武士の困窮と町人の勃興』、小川書店、1961、135 頁。

序、职分、忠孝之德等伦理规范，不仅对商人，而且对包括幕府及各藩官僚在内的武士乃至农民都有相当大的影响。

　　除此之外，西川如见和山片蟠桃等人都对商人教育有所论述。西川如见（1648～1724 年）是出身于长崎通事（译员）的学者，著有《町人囊》，他肯定商人的社会地位，认为商人虽位于四民之末，但他能滋润天下万物，对于天子、诸侯而言都是有用的。山片蟠桃（1748～1821 年）是德川时代后期的经济学者，曾在大阪的商家奉公多年，后于"怀德堂"从中井竹山研习儒学，著有《梦的区域》《无鬼论辩》，其经济理论充分体现了蟠桃作为大阪商人的独特构想，在大阪商人中深有影响。

　　另外，近世时期的出版业也比较发达。江户时代以前的印刷出版基本被控制在幕府或宗教团体手中，目的主要在于教化民众和传播教义，门类偏、数量又少，文学作品基本依靠手抄流传。进入江户时代以后，出版事业的主体也由此前的以寺院为中心，逐渐扩展到皇室、执政者、武家、医生乃至书肆，广泛分布于民间。有人评价说，"江户时代，随着兵农分离政策和商品经济的发展，领主和民众，抑或领主间、民众间的往来文书急速增多。以幕府为首，各种组织、集团制定了各种文书并对其予以保存，幕府和各藩的民众教化也大有进展。民众对于学问和文艺的热情日益高涨，出版业也呈现出非凡的活跃气象"[1]。"出版成为一项赢利事业，城市中出现了书商，印刷本大量发行，推动了知识的普及。"[2] 印刷出版业的发展，不仅推动了知识的普及，而且为家训类著作进一步突破家族范围，在社会上传播和留存创造了条件，促进了家训的普及化和大众化。

第二节　商家家训的发展历程

　　商家家训主要是指商人家族制定的家训，其内容除一般家训具有的道德伦理说教外，更多的是对商业（店铺）经营管理的规定以及对经营理念的理解和认识，这是商家家训不同于其他阶层家训的最大特色。商家家训

---

① 大石学『江戸時代への接近』、東京堂出版、2000、7 頁。
② 〔日〕家永三郎：《日本文化史》，商务印书馆，刘绩生译，1992，第 144 页。

的产生与发展，以商人家族制度的发展为前提，以商品经济的发展为基础。笔者根据商人阶层的演进以及商业经营的发展，以商家家训内容的特点为分期标准，将商家家训分为初始、发展、调整和普及四个阶段。

一 初始阶段

商家家训发展的初始阶段主要指 17 世纪初期（相当于德川时代初期）。这一时期的商家家训制定者多为在战国末期发展起来的商人。战国末期至德川时代初期，出于经济和军事需要，大名们恢复了早已荒废的驿站、驿马制度，以城下町为中心整顿了交通道路，便利了国内陆路交通。在各地大名富国方针的指导下，商品经济得到了一定的发展。与此同时，日本的海外贸易也取得了很大的进展。海外贸易的发展不仅促使手工业同农业逐渐分离，而且促进了手工业生产新部门的出现和商品货币关系的发展，结果是当时的日本出现了一批以从事海外贸易和酿造业为主的豪商。如从事海外贸易的岛井宗室、神屋宗湛、角仓了以，从事造酒的鸿池家始祖山中新六幸元，等等。

家训的制定者一般是积累了一定资产，奠定了家业基础的创业者，或者是对经营的扩大、发展有贡献的第二代、第三代主人。他们效仿武家以家训治家的传统，把从过去的经验和劳苦中悟得的经营理念、生活信条等总结出来，通过家训的形式向子孙传递家业永续和繁荣的愿望。战国末期至德川时代初期的商家家训的主要特点是：家训的制定者一般是商家的第一代或第二代主人；家训一般都比较简单，内容多强调以家业为中心，强调敬上怜下、重施阴德、俭约以及同族间的团结协作等。该时期比较典型的商家家训有岛井宗室的《岛井宗室遗书》、鸿池家始祖山中新六幸元的《幸元子孙制词条目》和角仓素庵在藤原惺窝协助下制定的《舟中规约》。

1. 《岛井宗室遗书》（岛井宗室）

岛井宗室（1539~1615 年）是活跃于战国末期至德川初期的博多①具有代表性的豪商，靠造酒和与明朝、朝鲜之间的贸易起家。岛井曾与神屋

---

① 博多，地名，今福冈县福冈市博多区。

宗湛一起受丰臣秀吉之命，修整博多的街区。1610 年（庆长十年），岛井效仿圣德太子《宪法十七条》的形式，写下了《岛井宗室遗书》，对其养子①提出了贯穿实利主义思想的十七条训诫，成为此后商家家训的楷模。

岛井宗室在创业初期富有冒险和开创精神。1587 年（天正十一年），他被丰臣秀吉召见，曾与秀吉有一段极富豪情的谈话。当时，丰臣秀吉问岛井："你认为武士与町人，哪一种人好？"岛井曾直截了当地回答说："不喜欢武士。"这既体现了近世初期商家的勇气，又是对在当时社会体制下从事商业活动的商人阶层的肯定。但这种豪迈的气概只是昙花一现，在等级森严的封建体制下，商家的经营在稍有规模之后，便显得有些故步自封了。在岛井晚年留给子孙的遗言《岛井宗室遗书》中，已再难看到其当初的豪壮气概，更多的是训诫后辈遵从领主的命令，以保一家之安泰之类的内容。岛井这种稳重谨慎的态度对后世商家家训产生了一定的影响。

2.《幸元子孙制词条目》（山中新六幸元）

该家训据说是鸿池家始祖山中新六幸元（？～1650 年）于 1619 年（元和五年）制定的。鸿池家是德川时代大阪的豪商，是关西豪商的代表。鸿池家的先祖乃为经历战国时期动乱的武家，曾统治山阴并与山阳毛利氏争霸的尼子氏的重臣——山中鹿之介幸盛。1578 年（天正六年）山中鹿之介战死后，其次子山中新六幸元逃至居于摄津国川边郡鸿池村的叔父山中信直家中。新六幸元十五岁时，始经营酿造业，其后遂以该村村名鸿池为其姓氏和屋号。这便是鸿池家之开始，新六幸元也成了鸿池家的始祖。当时的日本酒全部为浊酒，但鸿池屋经过不断改良，终于酿造出清澈芳醇的清酒。1650 年（庆安三年），新六幸元以八十一岁高龄去世。

《幸元子孙制词条目》据说是由鸿池家始祖新六幸元制定的，但据考证，其内容大多为后代所加。《幸元子孙制词条目》由四部分构成，共计23 条。其内容主要为尊重道义、质朴俭约、精励家业，基本上构成了鸿池家的根本精神。

---

① 养子即神屋德左卫门尉，乃是岛井宗室的外孙。岛井认其做养子，并继承家业。神屋德左卫门尉生父为岛井宗室的女婿、神屋宗湛的堂兄弟神屋道由。

3.《舟中规约》（角仓素庵、藤原惺窝）

角仓素庵（1572～1623 年），又称与一、玄之、子元，乃是战国末期从事海外贸易的豪商角仓了以（1554～1614 年）的长子。角仓家，原本姓吉田，乃是洛西嵯峨之名家。因靠经营土仓①和造酒起家，遂以屋号角仓为姓。了以的父亲宗桂曾于明朝到中国学医，并任足利幕府将军义晴的侍医。

角仓素庵年轻时立志求学，曾师从日本朱子学之父藤原惺窝（1561～1619 年），同时协助其父了以经营海外贸易事业。17 世纪初，素庵已代父执掌角仓家有关海外贸易的一切事务。据当时的记录，角仓家拥有的船只规模居日本诸家朱印船②之首，长二十间③（约 36 米），宽九间（约 16 米），载重达 800 吨，可乘坐 397 人（其中水手 80 人）。如此众多的人数，要进行长期的航海生活，必须有一定的规范约束方可。于是，角仓素庵求助于恩师藤原惺窝，制定了《舟中规约》，用作海外贸易活动的指导与规范，其制定年代不详。

《舟中规约》全文共计五条，其中尤为引人注意的是第一条和第二条。第一条主要内容在于阐述贸易的本义，指出"贸易之事业乃互通有无，利人利己而非损人益利己"。这种以义求利、注重社会公益的观念即便在今日仍值得提倡。第二条强调不可蔑视与日本不同之异邦的风俗习惯，应以海外优秀人才为师，及早习得当地之习俗。可见，当时的商人已经注意到不同国家之间文化习俗的差异，并试图融合多元文化，以谋求共同的发展并获得经济利益。在当时国家之间的交往相对闭塞的情况下，能有如此之见解，实在是难能可贵。

二 发展阶段

商家家训的发展阶段主要是指 17 世纪中期至 18 世纪初期。经关原之

---

① 土仓，中世时期的高利贷业。
② 为发展海外贸易，丰臣秀吉 1592 年（文禄元年）授予长崎、京都、堺的商人朱印状（幕府特许证），以保护从事海外贸易的商人，因而以朱印状从事海外贸易的船只被称作朱印船。
③ 度量用的长度单位，一间约为 1.8 米。

战，德川家康统一全国，并于 1603 年（庆长八年）迫使皇室封其为右大臣和征夷大将军，在江户开设幕府，史称"德川幕府"或"江户幕府"。1615 年（元和元年），德川幕府公布了"一国一城令"，要求各藩领主把武士集中到藩都的城堡周围，并把商人和手工业者聚集到城下，从而形成"城下町"。这一举措不仅使得城市规模明显扩大，而且促进了商业经济的发展，形成了以大阪为中心的全国市场和以大阪、江户、京都等为主的大消费城市。德川幕府前期发布了四次宽永禁令①，逐渐加强了对海外贸易的统治，在战国末期和德川时代初期活跃于海外贸易市场的豪商逐渐式微，随之而起的是以三井、住友、鸿池等为代表的一批新兴商人。他们利用武士不得经商的"特权"和幕府对町人的宽松政策，积极开拓市场，精明地把握商机，想方设法地盈利赚钱②。

17 世纪中期至 18 世纪初期，以京都、大阪、江户为中心，商品经济迅速发展起来，出现了所谓的"元禄繁荣"③。这一时期町人势力成长，町人文化繁荣，随之而来的便是在町人阶层中出现了奢侈颓唐的城市生活。于是，一方面是为了满足商品经济的发展和经营规模不断扩大的需要，另一方面是为了避免自身陷入当时社会的奢靡风气，以三井、鸿池、住友为代表的一批富商沿袭过去武家及商家制定家训的做法，商人家训开始增多。

处于发展时期的商家家训，主要具有以下特点：首先，随着商家经营规模的扩大，商家经营已不单是商家家族成员的行为，商家开始陆续雇人奉公人参与商家经营，因此开始出现对用人的规定；其次，随着身份等级制度的确立，商家家训在言行、衣着、使用器具等方面都要求依身份而行，不可逾越身份的规定逐渐多了起来；最后，由于元禄时期町人思想的

---

① 德川幕府认为天主教在日本的传播威胁着自己统治政权的稳定，于是开始实行一系列的禁教措施，后逐渐由单纯禁教转化为锁国政策，并先后于 1633 年、1636 年、1638 年、1639 年四次公布"锁国令"，由于都公布在宽永年间（1624～1644 年），故称作"宽永禁令"。

② 刘金才：《町人伦理思想研究——日本近代化动因新论》，北京大学出版社，2001，第 80 页。

③ 元禄时期（1688～1704 年），广义的元禄时期是指从 17 世纪中后期至 18 世纪初期约半个世纪的时期，由于这一时期社会稳定，商品经济和思想文化都取得了很大的发展，因此被称作"元禄繁荣"。

成长和町人追求奢侈、豪华等社会风气的出现，各商家家训中有关提倡俭约、禁止奢侈浪费的规定明显增多。

在这一时期的商家家训中，《住友政友遗训》《市田家家则》《白木屋宝永御家式目》最具代表性。

1. 《住友政友遗训》（住友政友）

住友家是住友财阀的前身，与三井、鸿池齐名。经明治维新之变革，转变为近代的企业集团。住友家以别子铜矿（今属爱媛县宇摩郡）为中心，进行铜的采掘、冶炼和贩卖，是近代以前少有的产业资本企业集团。关于具有近四百年历史的住友家，其源流始于奠定其经营理念的先祖——住友政友和革新铜冶炼技术的苏我（泉屋）理右卫门。

初代住友政友（法号"文殊院员外嘉休"，1585～1652年）乃是仕奉柴田胜家的越前丸冈（今福井县坂井郡丸冈町）城主住友政俊之孙。政友自幼受其母亲小仙之影响而笃信佛教，具有为人尽善之品格。后于京都佛光寺上柳町（今佛光寺路乌丸东入口处）经营医药和书籍。政友之人生观、经营观均体现于其在晚年所作的《住友政友遗训》（也称《旨意书》）中，其中所展示的政友的谨慎、坚韧之精神成为后来住友在商法、事业经营中一贯坚持的信条。

2. 《市田家家则》（市田清兵卫）

《市田家家则》是近江八幡商人市田家第三代主人市田清兵卫净林（1636～1714年）于1714年（正德四年）撰写的家训。市田家初代市田清兵卫靠开设零售杂货店起家，及至第三代净林时期，已在高崎城下（今群马县高崎市）开设支店，经营麻、生丝等物品，事业取得了很大的发展。

1696年（元禄九年），大阪米商因垄断米市获取不当暴利而被幕府逮捕并没收非法所得。九年后，即1705年（宝永二年），又发生了大阪豪商淀屋辰五郎因有逾越町人身份之举而被幕府惩罚的事件。以这两件事情为开端，幕府开始打击各种投机商人。商人们不得不收敛自己的投机冒险甚至不法行为，顺应幕府及各藩大名的统治，经营风格也逐渐向稳健扎实、努力以求致富的方向转变，《市田家家则》正是在这一历史背景下制定的。该家训强调要严格遵守幕府及公家的各种法度，并指出获取不当利益并非经商之正途，反映了商人们开始顺应幕府的各项政策要求，向正直经营的方向转变。还值得肯定的一点是，《市田家家则》在强调上下秩序的同时，并不单纯看重年功序列，规定中途进入市田家的用人若才能出众，也会予以提拔重用。这种强调能力主义的规定具有合理性，在当时也具有一定的开拓性。

3. 《白木屋宝永御家式目》（大村彦太郎安全）

《白木屋宝永御家式目》由白木屋第二代主人大村彦太郎安全于1708年（宝永五年）制定。白木屋的创业者为大村彦太郎可全（1635～1689年）。可全为近江商人出身，在京都经营木材，后在江户日本桥二丁目经营"小间物"① 店，后转而经营吴服②店。大村彦太郎可全于1684年（贞享元年）将家督之位传给大村彦太郎安全（第二代）。1685年（贞享三年），安全从京都移居江户，全面接管白木屋经营。安全去世的1719年，白木屋第二代恰好处于经济繁荣的元禄时期。在安全制定的《白木屋宝永御家式目》中，按年龄和身份，对白木屋店成员的衣物、服饰等都做了详细而严格的规定。

三　调整阶段

商家家训的调整阶段大致在18世纪前半期。这一时期，以京都、大阪、江户为中心的商品经济迅速发展，并逐渐渗透至农村，这对于通过向农民征收实物贡租并将其商品化以维持财政的幕府来说是最大的威胁，而且不能将商品经济发展的成果作为幕藩领主的收入加以剥削。相反，商品经济的发展和消费品的增多，促使幕府和大名、武士的礼仪、服饰及娱乐享受日益繁缛奢侈。这又刺激了物价的上涨，进一步导致幕府及大名、武士城市消费的增加。幕府由此收支失去平衡，财政发生危机。武士生活日益困窘，有些武士不得不求助于商人，向商人借贷以维持生计。正如太宰春台描述的那样，"许多大名，无论大小都低三下四地向商人借钱，靠江户、京都、大阪和其他各地富商的援助才能维持生活。从农民那里征来的

---

① 小间物，指妇女用的零星杂货。
② 吴服，即布匹、绸缎，也专指和服布料。

年贡，全都用来还商人的借款"①。与武士的贫困化相反，商人阶层的经济实力不断增强，他们不但逐渐渗入农村，而且还在一定程度上左右着幕府和各藩的财政，"外表虽为日本国中武家之领地，但实则为富家所领"②。

　　面对上述情况，幕府及各藩开始通过各种政策和手段抑制商人势力的抬头，遏制武士阶层的进一步贫困。如多次颁布俭约令，强调节俭、抑制奢侈等。为救济武士，幕府甚至于1719年（享保四年）公布法令，宣布不管是旗本还是御家人向高利贷商人借款的诉讼，都让其相互协商解决，这实际上承认了武士赖账合法化③。这些法令的出台对商人来说是一个很大的打击。此外，随着经营规模的不断扩大，商家逐渐实行家店分离（家政与经营分离）的政策，且随着用人的增多，经营管理各方面也需要进行新的调整。

　　鉴于以上情况，这一时期的商家家训相应地进入调整时期。这一时期商家家训的主要特征有以下几点。第一，在历尽千辛万苦创下的家业达到一定规模，并确立了自己在社会上的地位后，商人们开始考虑经营的稳定发展，其经营理念也渐由创业趋向保守，强调墨守祖业，禁止开辟新的经营事业的规定逐渐增多。第二，商家家训的规定进一步细化至各个方面。不再仅仅是对生活规范、道德观念、经营理念的抽象说教，还出现了诸如防止家产分散、家族成员的生活准则、家业运营与管理、与用人的关系等方面的具体规定，颇具家法的色彩。第三，大商家在经营管理合理化的过程中，实现了家与店的分离，逐渐形成了"家"意识，即为了维护家的整体利益，即便是家长，也要抑制自我意识。不仅对家长行为的规定开始增多，而且专门针对店铺及人员管理的店则、店训也开始出现。第四，随着家业经营规模的不断扩大，仅靠商家家族成员已难以应付日趋复杂的经营事务，因而不得不雇人用人并让其参与经营。因此，在这一时期的商家家训中，对用人的录用、日常用度和教育管理等方面的内容明显增多。第

---

① 〔日〕太宰春台：《经济录》，转引自吴廷璆《日本史》，南开大学出版社，1994，第258页。

② 〔日〕本多利明：《西域物语》（卷下），转引自吴廷璆《日本史》，南开大学出版社，1994，第259页。

③ 后由于江户的商业公会提出抗议，一般商人债主也打着还债旗帜涌向武士家宅，张榜揭贴要求其还债，迫使幕府不得不撤销这项法令。

五，由于对大名、武士的借款难以追回，许多商家破产倒闭。因此，商家家训中大多有禁止借款给大名、武士的内容。

在处于调整时期的商家家训中，泉屋吉左卫门的《住友长崎店家法书》、三井高平的《宗竺遗书》、鸿池善右卫门宗利的《宗利家训》，以及三井高房的《町人考见录》最具代表性。

1. 《住友长崎店家法书》（泉屋吉左卫门）

《住友长崎店家法书》由泉屋·住友家第五代家长泉屋吉左卫门（住友友昌）于1721年（享保六年）制定。谈到住友家家业的开创，就不能不提泉屋理右卫门（1572～1636年）。泉屋理右卫门是住友家初代住友政友的姐夫，自青年时起便掌握了铜冶炼的方法，十九岁时在京都寺町五条（今寺町松原下西侧）开设店铺，其后又掌握了"南蛮精炼"技术，从而完成了日本制铜业的一项重大技术革新。由此生产的粗铜成了日本重要的输出商品。由于住友家与苏我家的联姻，苏我家的铜冶炼技术也使住友家获益匪浅，故而住友家将泉屋理右卫门作为住友家之业祖倍加尊崇。后来，住友政友又将泉屋理右卫门的长子理兵卫友以作为婿养子迎入住友家。理兵卫友以青出于蓝而胜于蓝，丝毫不亚于其父亲，除发扬铜冶技术并大量出口粗铜外，还进口生丝、绸缎、砂糖、种子等并大获其利。理兵卫友以的第五子友信，年仅十六岁便继承了住友本家，由于友以本人还是泉屋家的家业继承人，故友信以后的住友本家也称作泉屋·住友家，其每代主人均袭称吉左卫门。

由于长崎店距大阪本店较远，而且与外国商人接触较多，为避免长崎店成员在与外国商人频繁接触时沾染奢华、放纵的习气，住友家第五代家长泉屋吉左卫门（住友友昌）便在1721年制定了《住友长崎店家法书》。这是为主要从事粗铜贸易的长崎店专门制定的店规。在该店规中，除强调全体成员要以质朴、俭约为美，禁止奢侈浪费外，引人注意的便是对合议制定的规定了，即对重大问题的决定，要集体决定后再施行。此店规中还出现了有关惩处贪污腐败、渎职等的内容。这些内容即便在今天看来，也具有积极的意义。

2. 《宗竺遗书》（三井高平）

《宗竺遗书》由三井家家长三井高平于1722年（享保七年）制定。直到 1900 年（明治三十三年）三井家制定《三井家家宪》，在过去近 180 年时间里，《宗竺遗书》一直被作为三井家永久的家法而得到尊重和实行。

三井高平（法号宗竺）生于 1653 年（承应二年），是奠定三井三百年繁荣基业的初代三井八郎兵卫高利的长子。三井高利共生有四男，长子高平、次子高富、三子高治、四子高伴。三井高平十五岁时，父亲将其送至叔父净贞俊次的商店做奉公人，经手商卖的实务并处理各种日常杂务，后又随其父高利进行吴服的采购和贩卖、金银和汇款的处理等各种商业活动，积累了丰富的经商经验。1692 年（元禄七年），七十三岁的三井高利去世，高平遂成为三井家名副其实的核心人物。

高利去世后，对于三井同族来说，最大的难题是如何对三井家的事业和资产进行统一管理。当时，许多商家逐渐分散、瓦解的原因之一就是对家族成员约束不足、放任有余。鉴于此，为了团结全族，使家业得以繁荣长久，三井家经过同族协商，制定了有名的"大元方"制度。"大元方"即在总家长领导下，对规模不断扩大、分工逐渐细化的全部事务实行统一管理的组织，其功能类似于现在的股份有限公司。《宗竺遗书》正是为了使"大元方"制度的相关规定成文化、管理更加合理化而制定的。在《宗竺遗书》中，三井高平对以"大元方"制度为中枢的三井同族应该遵守的规范、商业心得、同族组织等做了详细的规定，高利、高平父子二人进行数十年经商活动的经验和心得尽显其中。该遗书的最大特点在于，为了一族永久繁荣的目标，同族尤其是居于中心地位的各家成员，必须严格履行自律自制的义务，服从总领家的统一管理，重大的决定必须经同族协商后再执行。

3. 《宗利家训》（鸿池善右卫门宗利）

该家训的制定者鸿池善右卫门宗利乃是鸿池善右卫门家的第三代。如前所述，山中新六幸元是鸿池家的始祖，在新六幸元的第八子鸿池善右卫门正成（1608～1693 年）继承家业后，鸿池家历代家长都沿袭鸿池善右卫门之名，因而正成也是鸿池善右卫门家的初代。

到第三代宗利继承家业之时，元禄繁荣期已过，当时的日本经济正由高速增长转向稳定增长。为了应对这一变化，宗利于 1716 年（正德六年）

制定了《宗利遗训》，使鸿池家自新六以来世代遵守的严谨、扎实的家风成为文化，并使其成为德川后期诸多商家家训的典范。在该遗训中，不仅对家长的行为做出了严格规定，还规定了若家长行为不端且不听规劝，则令其隐居并更换新人。该家训还对禁止金钱借贷、家产分配的具体份额等做了明确的规定。

4.《町人考见录》（三井高房）

《町人考见录》由三井家业祖三井高利的嫡孙、第二代三井高平的长子三井高房（1684～1748 年）所作。高房所处的时代，恰好是三井家日益兴隆发展的时期，高房在 1716 年（享保元年）正式继承家督之位，成为三井家的核心人物。

《町人考见录》内容庞杂，远非一般意义上的商家家训。准确地说，这是一部记载商家盛衰成败历史的著作。该著作由序文、正文（分上、中、下三卷）及跋文三部分构成。关于高房写作该书的起因，在该书的跋文中有详细记载。一方面是元禄繁荣时期已过，这对于从事商业经营的商家来说是一个巨大的考验。经营战略、经营理念、商业管理方式等都要根据时代的变化做出相应的调整。另一方面是许多商人因借款给大名、武士难以追回而倒闭破产，迫使商人做出反省。三井高房在该著作中收集、整理了 48 个商家（大多为京都富商）破产倒闭的实例，以提醒家人吸取教训，从而避免三井家步其后尘，这是三井高房写该著作的主要动机。《町人考见录》不仅是三井家的家训，由于其启迪教育意义深远，远远超出了商家家训的范围，在社会上也具有广泛的影响。

四　普及阶段

商家家训的普及阶段是 18 世纪后半期至明治维新时期。这一时期，日本的商品经济显著发展，以大阪、江户、京都为中心逐渐形成了全国的商品经济网，流通机构臻于稳定、健全，豪商巨贾辈出。该时期制定的家训不仅数量进一步增加，而且有了一些新的变化。

第一，随着商品经济的不断发展以及商业经营的需要，原有富商进一步将此前制定的家训系统化和具体化。例如，住友家在 1750 年和

1751 年两年内连续制定了五则家训，涉及了住友家经营的各个具体方面（见表 2 - 1）。

表 2 - 1　住友家制定的家训（1750 ~ 1751 年）

公元纪年	日本年号	家训名称
1750 年	宽延三年	《住友总手代勤方心得》
1750 年	宽延三年	《住友铜吹所取缔》
1751 年	宝历元年	《住友台所取缔方》
1751 年	宝历元年	《住友江户出店定书》
1751 年	宝历元年	《住友诸店心得方》

第二，许多中小规模的商家纷纷以大商家的家训为样板制定家训。例如，1756 年（宝历六年）制定的《吉村家永代定目》，1768 年（明和五年）制定的《伊藤吴服店家训录》，1773 年（安永二年）制定的《若狭屋掂书》，以及 1775 年（安永四年）制定的《常磐家之苗·福田家家训》，等等。

第三，这一时期，除以家法书、定法、式目、店定书等为题，内容主要是对家族成员的道德训诫的家训外，商家家业经营副产品的店规、店则在不断增多。例如，上述列举的住友家在这一时期制定的五则家训大都侧重于商业经营，具有店则的意义。店则的内容主要是对经营、待客、采购、贩卖等方面的规定。各商家制定的店则根据其具体情况，内容和形式也多有不一。店则虽侧重于店铺经营与管理，但其根本目的却与普通意义上的商家家训一致，都是商家家业的稳定传承与持续发展。

第四，谨慎保守、墨守祖业的思想在这一时期的家训中体现得更为明显。"谨慎守成"已成为商家活动的重心，商人大多避开那些风险性经营，采取守成的态度。从这一时期商家家训的内容来看，商人已逐渐失去创业初期的冒险精神和竞争意识，在经营方针以及组织建设等方面，都体现出明显的保守倾向。

第五，受石门心学的影响，商家家训的独创性逐渐淡薄。家训本身的传承性较强，后世或后辈的家训多对前代的家训非常尊重，从而使得后世商家家训的模仿性很强。商家家训在后期缺乏独创性的另外一个重要原因是受石门心学的影响。德川后期，石田梅岩提出的倡导俭约和安分守己的"商人道"思想迎合了商人的利益和心态，以石田梅岩思想为核心的石门心学很快普及至商人阶层，各商家制定的家训受石门心学的影响很大。不仅如此，许多中小商家的家训、店则往往参照心学书或者委托石门心学各黌舍的宣讲者帮助制定，因为宣讲者平时就经常为商家的经营和人事管理充当顾问①。故该时期的商家家训大多相互参照、模仿，无论是在形式还是内容上，都大同小异，缺乏个性与创意，重复、雷同之处甚多。正如宫本又次经过考证后所指出的："家训及店则可视为基于心学书而改头换面者非常之多。"② 但不论是大商家还是中小商家，家训一经制定，便被作为祖宗之法传于子孙，是家中神圣的法律。

在这一时期，比较典型的商家家训有《本间九左卫门自戒》《白木屋管店书》《冈谷家家训》。

1. 《本间九左卫门自戒》（本间九左卫门）

本间家是日本东北地区最大的商人家族，是江户时代庄内藩的大地主，世居出羽酒田（今山形县酒田市）。德川时代中期以后，随着贸易往来的频繁，日本东北地区的经济得到了迅速发展。本间家的发迹地——酒田在江户时代与石卷（今宫城县石卷市）并称为东北地区的两大商贸港口。酒田是东北内陆地区货物进出之码头，向外输送最上川流域出产的稻米，向内则引进关西地区出产的盐、棉花、金属制品，津轻出产的木材，以及虾夷地（今北海道地区）出产的海产品，等等。贸易往来如此频繁的港口城市，为本间家的发展和兴盛提供了舞台。从德川时代后期一直到近代，本间家作为酒田本地的大商人，积聚了大量的物质财富，成为日本东北地区乃至全日本屈指可数的大富豪。可以说，本间家是当时日本东北地区最为成功的商人。

本间家的始祖本间久四郎原光（1673～1740 年）二十岁时，凭借其创立的店铺——"新潟屋"，与大阪、京都、兵库等地商人频繁进行贸易，

---

① 島田燁子『日本人の職業倫理』、有斐閣、1990、218 頁。
② 宮本又次『近世日本経営史論考』、東洋文化社、1979、85 頁。

从而积蓄了大量财产。享保年间（1716～1736年），本间家已经成为当地较有实力的商人家族。1731年（享保十六年），五十八岁的原光将家督之位让于长子本间光寿（庄五郎），为避免自己隐退之后家庭发生财产纠纷，原光对全部财产进行了分配。光寿继承家业之后，不负众望，将本间家发展成为酒田最富有的商家。及至第三代光丘时期（1733～1801年），本间家的发展达到了顶峰。不仅是当时屈指可数的大地主，还经营商业和金融业。为避免触犯统治阶层，本间家常采取顺从的态度，以保全自己的生命和财产，这已成为本间家之传世家风。

本间九左卫门乃本间家第三代光丘时期建立的一个分家，但其行状放荡、疏忽家业，致使财产尽失，而且有一定数额的债务。无奈之下，本间九左卫门只得恳求亲属予以救助。《本间九左卫门自戒》就是他于1756年（宝历六年）所写的保证书。本间九左卫门对家业衰败的原因做了一番自我检讨，对亲属给予的各种资助表示了由衷的感激，同时保证今后一定痛改前非，励精图治，重振家业。在商家家训中，因疏忽家业而写自责书的情况并不多见，因此这则家训很有特色。

2.《白木屋管店书》（白木屋某番头）

《白木屋管店书》又名《独慎俗话》①，其作者乃为白木屋的一名番头，大约写作于文化、文政年间②（19世纪前半期）。一般家训是由商家的主人制定的，委托他人写的情况本来就较少，而由店内的一名番头制定并用来教育店员的实例在商家家训中并不多见。

该家训是白木屋委托番头专门为对所有店员进行统一的教育训练而写的。该家训内容庞大，共分49部分，大多为一般的伦理思想教育，直接涉及商卖往来的并不多。这则主要用于店员教育的家训不仅适用于白木屋，还是许多商家、店主、奉公人学习、加强修养的读物，具有广泛的社会影响。有人甚至将《白木屋管店书》与三井高房编写的《町人考见录》并称为商家读物中的"双璧"。当时水户藩的藩主德川齐昭认为，《白木屋管店

---

① 家训名中的"独慎"二字取自《中庸》第一章"莫见乎隐，莫显乎微，故君子慎其独也"一句。

② 文化年间是1804～1818年，文政年间是1818～1830年。

书》不仅适用于町人，作为武士的读物也非常合适，他还下命令希望其他的商家能够对其进行抄录以作借鉴之用①，可见其影响之大。

3. 《冈谷家家训》（冈谷总助）

冈谷家的初代是冈谷总助（宗治）（1625～1710 年），出生于三河国碧海郡（今爱知县丰田市）的一个武士家庭，1669 年（宽文九年）在名古屋的铁炮町（今名古屋市中区町）开设了进行金属锻造的"笹屋"，打造各种农具及刀、剑等。

《冈谷家家训》乃冈谷家中兴之祖第六代冈谷总助（真纯）（1775～1845 年）为祈愿一家之繁荣于 1836 年（天保七年）制定的。真纯是冈谷家第五代主人冈谷总助（真照）的四子。真纯十八岁时，其父母外出之际，冈谷家店铺横遭火灾。真纯凭借惊人的胆识和进取精神，代父负责一切事宜，重建店铺。真纯担任家督之职后，更是采取积极的商业政策，对改善店铺员工的福利等事项做了诸多的努力。《冈谷家家训》分"孝顺父母、尊敬长上、和睦乡里、教训子孙、各安生理、勿作非为"共六项。该家训不仅在分类的各条项上与中国古代家训非常类似，而且基本用中文书写，家训后还附有"冈谷家店则"十条。这是比较典型的既是一般意义上的家训，又有店则的综合性家训。

综上所述，商家家训的产生与发展大致与江户时代相同。在此期间，多数商家制定了家训，而且流传于世的也比较多。较之日本，中国的商人家训起源很早。早在春秋战国时期，就已出现了商人家训的萌芽。如春秋战国时期齐国的著名政治家管仲（？～前 654 年）即指出不仅要让商贾子弟从小接受商业知识教育，精通"以其所有，易其所无，市贱鬻贵"等贸易业务，而且还强调了商人聚居对于子弟教育的重要性②。汉初的宣曲任氏在楚汉相争时囤积粮食，大发横财，他对子孙立下家约："非田畜所出弗衣食，公事不毕则身不得饮酒食肉。"③ 由于勤劳节俭，任氏富者数代。

---

① 参见吉田丰为白木屋家训所写的解说，组本社『商売繁盛大鑑』卷二、同朋舍、1984、18 頁。
② 《管子·小匡》。
③ 《史记·货殖列传》。

49

从北宋中期开始，商品经济进一步发展，商人的社会地位也得到了相应的提高，同时也将商贾家训推向了一个新的发展阶段。到明清时期，商贾家训发展至顶峰。由于商业经济的发达，全国各地商贾世家辈出。他们为了家业的持续传承，都制定了家训，以警戒和约束后人。但这些商贾家训的载体比较零散，有的见于商人家族的族谱中，如婺源的《李氏统宗谱》和《武口王氏统宗世谱》等；有的见于商人故世后由旁人撰写的墓志铭中，如《明故王文显墓志铭》等；有的见于当时的文学作品中，如归庄（1613～1673 年）为太湖洞庭山商人罗舜工所作的《传砚斋记》以及卢文弨的《抱经堂文集》、沈垚的《落帆楼文集》等；有的见于商人或其代言人著述的商业书中，如明末清初憺漪子所编的《士商要览》中的《士商规略》与《士商十要》、清代句曲（今江苏句容）人王秉元纂集的《生意世事初阶》、清代商人吴中孚编撰的《商贾便览》以及山西商人在《生意世事初阶》基础上编成的《贸易须知》等。

从中日两国商人家训的产生、发展来看，具有以下几方面的特点：一是日本商家家训产生、发展的时期大致与江户时代相同，即从 17 世纪初期到 19 世纪中后期，而中国商人家训早在春秋时期就出现了；二是日本商家家训基本上是以家训或店则等形式单独出现的，而中国商人家训多散见于家谱、族谱、宗谱以及商人笔记等之中；三是日本学界对日本商家家训做了大量的收集、整理工作，并且出版了多部有关商家家训的资料集，而中国商人家训的收集与整理工作做得不及日本。可贵的是，近年来，已经有人开始关注对商人家训的研究。陈延斌、徐少锦在其撰写的《中国家训史》[①] 中专列一章"明清时期的商贾家训思想"，首次将商人家训作为中国传统家训的一个组成部分进行了研究，可谓填补了中国商人家训研究的空白。

第三节　商家家训的制定及类型分析

由于具体情况以及所处时代背景的不同，各商家对家训的制定不仅呈

---

① 　徐少锦：《中国家训史》，陕西人民出版社，2003。

现多样性，而且随着时间的推移和实际情况的需要，还会在一定程度上对祖先制定的家训进行一些修改。商家制定家训的目的是约束、规范家族成员及店员的言行，以更有利于家业的繁荣和持续发展。家训不能仅仅停留在制定层面，通过哪些具体的措施和手段使之付诸实施，并应用于实际的家族教育、经营管理之中才是更重要的。

一　商家家训的制定

分析商家家训的制定情况，需要了解两个问题，那就是为什么要制定，以及由谁来制定。

第一，商家为什么要制定家训。商家家训是商家家族教育、管理及商业经营发展到一定阶段的产物。之所以要制定家训，主要是出于对以下三方面的考虑。一是子弟教育的需要。由于当时学校教育不是很发达，对子弟的教育基本上是在家庭中进行的。除父母、长辈的言行外，还需要一定的规范来约束和教育子弟。二是商家商业经营的需要。随着商家经营规模和范围的不断扩大，商业经营管理人员及用人的增多，要整合全体成员并做好管理工作，没有一套必要的规章制度是不行的。三是使发展起来的家业、良好的家风得以代代相传的需要。家业是商家的核心和根本，良好的家风则是家业持续发展、繁荣的有力保障。为了使家业不至于后继乏人，良好的家风不至于代代式微，就必须对家业的维护和持续发展、对优良家风的继承做出详细的规定。

第二，商家家训由谁来制定。从笔者所见到的商家家训来看，大致有初代制定、中兴之祖制定、店员制定以及委托他人制定四种情况。

商家家训的制定者中家业创始人（家的初代）占很大比例。如《三井高利遗训》由三井家初代三井高利制定，《若狭屋捉书》是由其创业者若狭屋太郎兵卫撰写的。这是有一定原因的。一是一份家业的开创是极其艰难的，必定经历许多波折、困苦甚至失败，因此作为家业的开创者，其创业的历程、人生心得、经营观念对后代继承者来说是极为宝贵的财富。一般初代都将自己的经营体验、对世事的看法等制定成家训，以期能对后代继承者有所帮助。二是创业难而守成更难，为了使自己辛辛苦苦开创的家业能在后辈的手中发展顺利而不至于经营不善或归于破败，初代往往会通过制定家训的方式来警戒和激励后人，使其能更好地继承家业。三是家业开创初始，必定有许多需要进一步改进和完善的方面，因此，为了使家族成员之间的关系更加和谐，经营管理更加规范，有必要通过制定家训来进一步加强商家家族内部管理和店铺的经营管理。

也有许多家训是由中兴之祖制定的。所谓中兴之祖，即在一个商家发展史上，或在经营范围上有所扩展，或在经营商品上有所创新，或在经营业绩上有所贡献的人，可以说他们的功劳仅次于初代。如《冈谷家家训》就是由中兴之祖第八代冈谷总助（真纯）制定的，《市田家家则》是由扩展市田家事业的第二代市田清兵卫制定的。由中兴之祖制定家训有两种情况，一是原来没有家训，随着经营规模、经营范围的扩大，需要有所规制；二是先人已制定好家训，但随着时代的发展和现时经营的需要，有必要进行修改或重新制定。

一般来说，家训是由家长自己制定的。但在商家家训的制定者中也有例外，有的是由能力出众，在商家服务多年的店员制定的。如《独慎俗话》乃近江吴服商白木屋的教训书，又名《白木屋管店书》，就是由白木屋的一名番头制定的；《白木屋宽文家法》是初代大村彦太郎于 1670 年（宽文十年）命令当时的支配人①中川治兵卫制定的。

还有一种情况是商家委托他人制定家训。如《舟中规约》是战国末期的豪商角仓素庵委托自己青年时代的老师、儒学家藤原惺窝撰写的；鸿池家家训是委托著名儒学者贝原益轩帮忙撰写的②。当然，这类家训的数量比较少。

二 商家家训的贯彻

较之商家家训的制定，切实贯彻并落实更为重要。对此，有的商家在家训的文后对如何贯彻家训做出规定，虽不甚详细，但也可略窥一二。

通常的方式是定期宣读、朗诵家训，以使之深入人心。

---

① 支配人即总管家、经理。本书多处使用，不再另行解释。
② 宫本又次『近世日本経営史論考』、東洋文化社、1979、47 頁。

每年正月、七月，聚集一族，于先祖灵前诵读，此乃须严守之家法也。（《幸元子孙制词条目》）

每年正月四日，皆集会于固定场所，令其听取（家训），如此，方是两家繁荣长久之基也。（《不破弥三郎定书》）

于每月一日、十五日集合之时，对众人进行宣讲，个人必须仔细听讲。若有违反者，责令处罚，故丝毫不可违背。（《水口屋小川家店方掂书》）

每月二十八日夜，两店人员同时在场之时，从商卖开始，关于店内之规定进行教习，让其朗诵，使之无违背之行为。（《川喜田家店定目》）

每年三月五日与九月五日，负责人直至丁稚，依次诵读（家训），铭记当家之定法，努力勤勉，万不可有所疏忽、违背。抑或每两人诵读，充分理解后，依次由上座至下座传诵之。（《奈良屋杉本家之定》）

从上述几则家训可以看出，之所以经常让家族成员及店员聆听或诵读家训，主要是为了使其时刻将家训铭记于心，达到自觉遵守的目的。现今许多日本企业有在每日上班前抑或集会前朗诵社训或唱社歌的做法，实际上就是从近世商家定时朗诵家训借鉴来的。

为了使家训能够被贯彻落实，几乎所有家训中都有"严格遵守家训""对家训不可有违背行为""若有违背者，严加处置"之类的规定，例如，鸿池家第三代家长宗利在家训中要求家人："先祖之训诫及吾之思虑，谨记于下。望能代代相传并实行之。此书面之外，善右卫门对奉公于鸿池家之手代及以下各位亦有嘱托，皆应作为家法而守之。"[1] 宗利在家训中不仅强调要使家训得以代代相传，而且主人平时管理家业之方法等都应以家训视之、守之。

为了维护本商家家训的权威性，有的家训甚至还规定不许以其他商家家训具有何种优点为由，指责本商家的家训，情节严重者将受到处罚。如

---

① 山中善右衛門宗利「鴻池家家訓」、转引自吉田豊『商家の家訓』、徳間書店、1973、129頁。

《三木与吉郎家江户店之式法》规定："提及他店定法中优于自家之处，并以此非难本店之定法者，支配人需严加警告，使其领悟，若不听劝告，经商谈后可送交本店处理。"① 这一规定虽有不肯学习他人优点之嫌，但若仔细分析，也不无道理。商家的家训必是经过深思熟虑、斟酌推敲之后制定并实施的，它不但具有一定的权威性，而且是结合本商家的实际制定的，绝不能因羡慕别的商家家训内容而随意修改本商家家训，只有这样才能够保证本商家家训的权威性、特色以及对家训的严格执行。

对于违背家训者的处理方式，也是商家家训在贯彻过程中的一个重要方面。因为家训本身具有劝诫、教训的特点，其重点在于教化，因此商家家训中关于对违背家训者进行处理的具体规定并不多。但也有少数家训对违反家训规定的行为制定了具体的处罚措施，这些家训已经不是一般意义上仅以劝诫为主要特征的家训了，而在某种程度上具有了家法的性质。如鸿池家始祖山中新六幸元在《幸元子孙制词条目》中就规定了对违反家训者的惩处措施：

> 若有违背者，需听其解释，明了真相。若有不听劝告而肆意妄为者，则令其闭居于一室，禁其外出直至悔过。若有以花言巧语而逃出监禁之室者，则将其逐出家门，以示惩罚。若男女用人之所为，则将其不正行为告于双亲并令尽速将其领回。有出入于吾家、行为不端之男女，吾家成员难免习其不善，故禁止其进入。然又难免有捏造事实者，故须究明真相，辨别正邪，而后禀于上司再行处置。若嫉妒他人而进谗言者，纵然只有一句也要不分上下区别而惩罚之。若有不守家法，自成家业而独立，远离本家而不拜先祖纸牌位者，纵有千金，仍与不知报恩之兽类无异，当羞言于鸿池家子孙。②

对于违反家训者的惩处措施，商家各有不同。

---

① 組本社『商売繁盛大鑑』卷三、同朋舎、1984、203 頁。
② 「幸元子孫制詞条目」、转引自組本社『商売繁盛大鑑』卷四、同朋舎、1985、34 頁。

　　若（违背家训者）为主人，令其隐居，若为主人之妻，则与其离婚。（《吉村家永代定目》）

　　以上三条，直至子孙后辈，均需觉悟领会，若有违背者，即可与之断绝关系，择适合者收其为养子。（《手津屋林田正助永代记录帐》）

　　若有违反（家训）者，本家之嫡子不许其继承家业，令其隐居。（《中井家家法》）

　　对于违反家训者为家督继承人的情况，鸿池家的《宗利家训》这样规定："希望又四郎、新六①家平安、延续，若二人品行不端，做了坏事，即使暂且让其继承，本家也要与其断绝关系。"② 对于别家主人违反家训的行为，中井家规定要"停止其经营管理的一切联系事务，并没收暖帘且禁止外出"，还规定，若违反家训者为支配人，需"即刻将其解雇，并长期断绝师徒关系"③。从上述措施来看，商家对于家训的贯彻情况是非常重视的，无论是商家主人、家业继承人，还是奉公人，都要受到相应的处罚。家训的严格贯彻和执行，不仅维护了家训的权威性，也保证了商家家业的顺利进行和长久发展。许多商家能够驰骋商界数百年而不衰，与其对家训的严格贯彻有着很大的关系。

三　商家家训的修订

　　虽然大多数商家家训强调家训的权威性，一定要严加遵守，不可有丝毫之违背，但经历一定的时期后，随着历史条件的变化，经营规模的扩大以及经营业种的增加等，商家家训也有增补或修订的必要。关于商家家训的增补或修订情况，笔者所见材料并不是很多，归纳起来，大致有以下三种。

　　第一种情况是家训在制定之时，并未即刻定稿，而是经过无数次的修改或推敲后才最终定稿。例如近江商人中井家初代源左卫门良祐撰写的《金持一枚起请文》，初稿是其在77岁（1792年）高龄时撰写的，此后经

---

① 又四郎乃宗利之养子，新六乃宗利之次子，后二人皆建立分家。
② 「宗利家訓」、转引自組本社『商売繁盛大鑑』卷四、同朋舍、1985、56 頁。
③ 「中井家家法」、转引自組本社『商売繁盛大鑑』卷三、同朋舍、1984、18 頁。

过反复的推敲,定稿是其在 90 岁（1805 年）时完成的①,修改、润色历时长达 13 年之久。再如《日田博多屋广濑久兵卫遗训》,共由八部分组成,但从其内容来看,第一、第二部分撰写于 1845 年（弘化二年）,第三至第七部分撰写于 1847 年（弘化四年）,第八部分撰写于 1863 年（文久三年）②。可见,该家训是历时二十年才完成的。

第二种情况是如需增加新的内容,就在原有家训之后,采取"追记"的方法予以补充。如本间久四郎光丘在订立《本间家第三代·光丘自戒三十条》（制定年代不详）后,于 1793 年（宽政五年）又补充了六行内容,并在该家训中明确写上"上述六行乃宽政五年补笔"③的字样。《木村家家训》也是如此,该家训原制定于 1828 年（文政十年）,但在该家训之后,另增补了两则"追记"。"追记一"仍为文政十年补充,增补了"除夕夜也要安心于商卖"等内容;"追记二"却是在相隔 22 年之后的 1850 年（嘉永三年）补充的,增补了"需以正直为旨,奉献给顾客质量优良的商品"等内容④。

第三种情况是在原有家训的基础上重新修订。随着时间的推移、经营环境的变化,在遵照旧有家训行事的同时,有必要对某些不合时宜之处进行修改。如佐羽家原本制定了《佐羽家家训》,后又制定了《佐羽家改正条目》,开篇即说明了修改的原因,"此前之家法,店铺与家族生活之规定相互混杂,甚不适合。故藉新筑房屋之际改定家法"⑤。再如菊池家在制定《佐野屋菊池家衣服规定心得》时,也谈到了修订的理由:"本家已有规则,无再增添之必要,然因其地、其店之风俗略有不同,故稍加吾意,定衣服之制法以为年轻人之规范,经数年试用后再做本店规则。"⑥

---

① 江頭恒治『近江商人』、弘文堂、1959、185～186 頁。
② 「日田博多屋広瀬久衛遺訓」、转引自組本社『商売繁盛大鑑』卷三、同朋舎、1984、268～278 頁。
③ 「本間家三代目·光丘自戒三十条」、转引自組本社『商売繁盛大鑑』卷一、同朋舎、1984、44 頁。
④ 「木村家家訓」、转引自組本社『商売繁盛大鑑』卷三、同朋舎、1984、188～193 頁。
⑤ 「佐羽家改正条目」、转引自組本社『商売繁盛大鑑』卷一、同朋舎、1984、68 頁。
⑥ 「佐野屋菊池家衣服規定心得」、转引自組本社『商売繁盛大鑑』卷一、同朋舎、1984、228 頁。

　　商家在对原有家训进行修订之时，一般强调仍要遵从旧有的家训。如上述菊池家家训开篇即强调，"昔本店有本家所立家规，先人严守之而治家，数代相传。余事本家，习其业，积日累月，渐得其旨"。此次修订虽有原因，但并"无再增添之必要"①。此类内容也见于其他家训资料中，如川喜田家强调，"随时间之推移，若对家训有所变更，必须在与支配人为首的全员商谈的基础上进行，然古之作风不可破坏，不可违背。本次也要依古之做法而记述之"②。

　　从上述家训资料不难看出，商家对于家训内容的修改是有一定原则的。具体有：家训的内容已不合时宜才进行修改或修订；家训的修改或修订仍维持原有家训的基本精神和基本原则，只是对不合时宜处略做修订；家训的修订也同家训的制定一样要有严格的程序，经全员协商后方可进行。

四　商家家训的类型

　　商家家训留世很多，但名称各异，如家训、家规、店则、家慎或家禁等，体例不一、内容驳杂。根据商家家训的内容、适用范围及其行文方式，对其类型综合分析如下。

　　首先，根据商家家训的内容，可分为训诫型、规章型、混合型三种。

　　训诫型家训是商家家训的主体，内容以强调商家的道德观和如何处理人际关系为主，大多是对家族成员或店员的说教，一般不具有强制性，也很少有针对违反者提出的具体的惩罚性措施。"心得类"家训是典型的训诫型家训，此类家训一般是家训制定者将自己对从商经历、人生体验的阐述作为子孙后辈的训诫。近江八幡商人伴蒿蹊撰写的《主从心得草》就是此类家训的典型。《主从心得草》包括"作为主人之心得"（三条）、"亲属关系之心得"（十条）、"别家手代之事"（十条）以及"本家及各分、别家经理之事"（两条）等。从其内容来看，基本不涉及进货、贩卖、财

---

①　「佐野屋菊池家衣服規定心得」、转引自組本社『商壳繁盛大鑑』卷一、同朋舍、1984、228 頁。

②　「川喜田家店定目」、組本社『商壳繁盛大鑑』卷二、同朋舍、1984、275 頁。

务等具体的商业经营实务，而以训诫本家、分家、别家要和睦共处，要采取朴素诚实的生活态度等内容为主。此外，《商人夜话草》《家内用心集》等也属于此类家训。

除"心得类"家训外，"遗训类"家训也属于训诫型家训，"遗训类"家训大多是先祖的遗训或遗言，如伊势桑名的米谷商诸户家的《诸户家遗训》、战国末期豪商岛井宗室的《岛井宗室遗书》、三井高平的《宗竺遗书》、鸿池家的《宗寿古遗训》以及《本间家第四代·光道遗训》《奈良屋茂左卫门遗言状》等。"遗训类"的作者大多为该商家创业的初代（始祖），有的是经过后代整理而命名的，如《诸户家遗训》就是其初代诸户清六在参考诸多富豪家宪的基础上综合而成的，遗憾的是该家训尚未完成，清六即去世。后人整理清六未完成的手稿并附其传记一起付样。"遗训类"家训对后辈影响甚大，有的甚至还在此基础上形成了正式的、成文的家训或家宪，如《岩崎家家宪》就是在三菱创始人岩崎弥太郎的遗言基础上形成的。

相对于训诫型家训而言，规章型家训一般由具体的、具有操作性的规定组成，其内容大都涉及家族内部事务管理、雇佣人管理、店铺管理等。规章型家训一般采取"条目"样式，有的模仿武家社会"式目"①的形式，如《町家式目》《白木屋宝永御家式目》等；有的采用家法的形式，如《住友长崎店家法书》《白木屋宽文家法》等；有的采用"定法"（或称"定目""定书"）的形式，即制定固定的规章、法令，如《白木屋享保定法》《本间家三代目·光丘家法定书》《吉村家永代定目》《川喜田家店定目》等；有的采取"掟书"的形式，即成规、成文化的规章，如《若狭屋掟书》《松坂屋伊藤家掟书》《大丸下村家京都本店服务规则》等。

然而，更多的家训在内容上十分驳杂，要非常准确地将其区分为训诫型或者规章型家训是很难的。因此，一般将上述两种内容同时存在的家训

---

① 镰仓幕府时期，在北条泰时主持下，制定了《御成败式目》（也称《贞永式目》），根据源赖朝以来幕府的政策和有关审判、处罚等个别法令精神，通过对御家人种种权利与义务的规定，巩固了幕府同御家人之间的主从关系。"式目"作为武家的基本法典，对后来的武家法制影响很大。

称为混合型家训。在商家家训中，这类混合型家训比较多，其内容不仅包含家训制定者的心得、经验之谈，同时也有对家族管理、店铺管理的规定。如创业于 1661 年（宽文元年）、从事漆器制造的象彦家制定的《象彦家家训》，既包括家族内部成员需遵守的"家训"，又包括"面向商用"的内容，此外还包括具体的诸如"参拜神宫之事"、"当主之心得"以及"为妻妇者之心得"等内容，属于典型的混合型家训。

其次，根据家训的适用范围，可分为家族型、店则型、家族兼店则型和社会型四种。

家族型家训面向的对象主要是家族成员，其目的是统合全族上下，齐心协力共同发展家业。早期的商家家训大多属于家族型，基本不涉及商业经营的具体内容，而是以一般的道德伦理说教为主。如 1614 年（庆长十九年）鸿池家的《幸元子孙制词条目》、1670 年（宽文十年）白木屋的《宽文家传》以及三井家于 1695 年（元禄八年）制定的《家内式法帐》等都属于此类。

店则型家训多出现于近世中后期，是在商家经营规模逐渐扩大，经营与家计分离之后才逐渐出现的。其主要内容大都是对店铺进行经营和管理以及对服务于商家的奉公人的管理等，如《水口屋店方捡书》《若狭屋捡书》《白木屋享保定法》等。有些店则型家训有很强的、具体的针对性，如针对商家家业继承的家训有鸿池家于 1736 年（元文元年）制定的《别家相续人之规定》，武田家于 1846 年（弘化三年）制定的《近江屋武田家三代目家名相续誓约书》，等等；针对分家、别家及分店等的家训有住友家于 1751 年（宝历元年）制定的《住友江户出店定书》，市田家于 1775 年（安永四年）制定的《市田清兵卫高崎店店则》，三木家于 1800 年（宽政十二年）制定的《三木与吉郎家江户店之式法》，武田家于 1856 年（安政三年）制定的《近江屋武田家分家·别家之誓约书》，等等；专门针对奉公人的店则型家训有住友家于 1750 年（宽延三年）制定的《住友总手代勤方心得》，鸿池家于 1759 年（宝历九年）制定的《致手代之觉书》，西村家于 1792 年（宽政四年）制定的《西村家象彦店奉公人制度》，绘具屋于 1828 年（文政十一年）制定的《绘具屋手代昼夜心得事》，等等。

家训兼店则型家训是指在店则中，除对用人的各种规定以及商业的经营应对、店铺的管理外，也往往涉及对家族成员的训诫以及家族内部事务的管理。较为单纯的家族型家训或店则性家训涉及的内容更为广泛。有些商家的经营与家计虽然分离，但是这种分离并不彻底，店仍是家的组成部分，所以家训与店则并没有严格地区分开来，有时是兼容并用的。在家训中有店则、店法的内容，在店则、店法中也多有家训的内容。如《冈谷家家宪》中既有对"孝顺父母、尊敬长上、和睦乡里、教育子孙、各安生理、毋作非为"等以家族成员为主要对象的家庭道德伦理的说教，也涉及奉公人管理、店铺管理以及对顾客的应对等店则。再如《佐羽家家训》，其中既有关于家族宗教信仰、家族成员管理、子弟教育等的内容，也有关于商卖管理、奉公人管理等的规定。

大部分家训是由家族自己制定，并要求家族内部成员遵守的，其适用范围仅限于该家族成员本身。另外一部分家训虽也属于家训的范畴，但由于其内容具有普遍指导意义，故在适用范围上已远远超出家族本身，具有了一般的通俗读物、教训书的特点。这类家训在社会上广为流布，具有很大的社会影响力。笔者将其称为社会型家训，以《町人考见录》《主从心得草》《商家夜话草》《家内用心集》等为代表。

最后，根据商家家训的行文方式，可分为法条式、训诫式和合约式三种。

法条式家训。自圣德太子于1604年4月制定《十七条宪法》以来，这种简短、明快的文字形式就对以后诸多条例、规章的制定产生了深远的影响。无论是武家的法度、式目，还是商家的家训、店则等，都依此体例而制定。如《岛井宗室遗书》就是典型的十七条法条式家训，冈谷家的家训及店则也均采用法条式，很有代表性。再如《本间家家训》（共计12条）、《本间家第三代光丘家法》（共计5条）、《滨口家家宪》（共计22条）等，也均属此类。法条式家训的特点是简单、明快、扼要，一般每条只有简短的几句甚至一句，非常便于理解和诵读。

训诫式家训。训诫型家训一般篇幅较长，常采用散文体裁，往往引经据典，娓娓道来，具有较强的文学色彩，几乎可以作为文学作品来欣赏，如《佐野屋菊池家初代·长四郎训戒》。此外,具有社会普及性、类似商家教科书的家训,如《町人考见录》《家内用心集》等也多采用这种文体,不仅具有家训的性质,同时也是很好的文学作品。

合约式家训。合约式家训起源于民间的合约,这类家训一般是针对某一具体事务做出的专门规定,即该类型家训是在与诸多相关人等对某个具体问题进行专门的商讨后订立的。在家训的行文最后,一般有相关人员的签名及画押。如《白木屋宝永御家式目》中就规定了白木屋的各种礼节、衣服着装,遇重要事情时需禀告三名负责人,最后有合约的订立日期"宝永五岁之十月日"(1708 年 10 月),还有"冈慎富、田中充堂、石川重荣"三名负责人的签名①。又如鸿池家在 1759 年(宝历九年)专门针对奉公人薪金的支付问题制定了一则家训,在家训最后也有制定家训的相关人员"喜右卫门利永、善右卫门永辰、又四郎直贞"三人的画押②。另外,有一些家训在订立之时就具有合约的性质,因此相关人员都要在其后签字或画押。如近江屋武田家在 1846 年(弘化三年)订立的《近江屋武田家第三代家名相续誓约书》乃近江屋武田家第三代主人长兵卫(原名长四郎)在继承家业时订立的誓约书。因此,在该誓约书的行文最后,不仅有长四郎本人的签名,而且还有证明人"嶋屋惣治郎"的签名及长四郎的辅佐责任人"近江物友七"的签名。同样,近江屋武田家在 1856 年(安政三年)订立的《近江屋武田家分家·别家之誓约书》乃武田家的各分家、别家写给本家的誓约书,在誓约书中规定了各分家及别家要遵守各种法令、相互协助、正直经商等,在誓约书最后有各分家、别家的负责人以及本家主人的签名及画押③。

---

① 「白木屋宝永御家式目」、转引自組本社『商売繁盛大鑑』卷二、同朋舎、1984、24 頁。
② 「手代一同へ申し渡す覚え書き」、转引自組本社『商売繁盛大鑑』卷四、同朋舎、1985、84 頁。
③ 「近江屋武田家分家·别家からの誓約書」、转引自組本社『商売繁盛大鑑』卷一、同朋舎、1984、194～197 頁。

第三章
商家家训所见之家族制度

制定家训的目的在于治家，劝诫与约束的对象主要是家族成员，这是家训具有的基本特征。虽然商家家训中有许多内容涉及店铺经营以及对用人的管理等，但它仍具有一般意义上的家训所应有的基本特点。因此，对家族成员的各种劝诫与约束性的规定，仍是商家家训的主要内容之一。这些内容非常鲜明地体现了日本传统家族制度的基本特点，是日本传统家族制度在商家中的具体应用与体现。

第一节　家族伦理

任何存身于社会的人群、集团、阶层，必有其立身处世的伦理道德规范，商人阶层也不例外。商家家训充分体现了近世商人的处世哲学、人生信仰、家族道德和伦理思想。

一　忠孝观念

忠与孝虽都有尊崇、敬爱和服从的意思，但就适用范围而言，却是两个不同的道德概念。孝主要是指子孙后辈对家族中长辈的尊敬与顺从，其适用范围是具有血亲关系的家族内部；忠则主要是指对主人、集团的敬爱与仕奉，是对社会关系的一种表述方式，已经超越了家庭、家族的范畴而具有了社会意义。换言之，在家尊敬、赡养长辈谓之孝，在外服从、不违背主人、集体意志谓之忠。在中国，虽然很早就有了忠孝的观念，但许多资料和事例证明，要做到忠孝一致是比较困难的。正因其难，才有了"忠孝难以两全"的说法。日本的忠孝观念源于中国，但在日本"家"的结构中，虽然也把"血缘家族成员对亲长的服从义务说成是'孝'，把加于非血缘的'奉公人'头上的服从义务称作'忠'"，但二者并没有本质上的差异①。日本人不仅能够做到"移孝于忠""忠孝一致"，而且在很大程度上表现为忠重于孝。尤其是在武家社会，这种忠重于孝的观念体现得尤为突出，"对于一个武士来说，事亲之孝，待妻之义，爱子之慈，都必须从属于侍主之忠"②。

日本人之所以能够达到"忠孝一致"，主要是因为日本的忠孝观念始终是与报恩意识相联系的。父母对子女有养育之恩，故而子女须孝敬父母；主人、集体或国家给予自己各种恩惠，因此须忠诚于主人、集体或国家。这种以报恩意识与集团归属意识为主要特征的忠孝观念，在江户时代已经普及至一般家庭，实现了庶民化。因此，商家家训中对于忠孝观念的各种规定正是上述报恩意识和集团归属意识的具体体现，同时也反映了江户时代普通民众（至少是商人阶层）对于忠孝观念的理解和认识。

孝乃人伦之理，孝的基本含义是奉养父母。就这点而言，可以说孝在时间、空间上都具有普遍性，古今中外莫不如此。对父母的孝顺是日本儒学道德的基础，同时也是日本家庭伦理的核心内容，故而商家家训也非常注重对孝道的强调。许多商家将对父母"尽孝"作为家训的首条，如《不破弥三郎之定书》中的首条即为"应以孝行为第一"③，足见商家对孝道的重视。

商家在家训中强调的孝道，常常是与父母的恩相联系的。如《冈谷家家宪》在讲到孝顺父母时，强调"勿忘父母乃为我身之本"，教育子女要"以孝心为本，牢记父母之恩德"④。可见，商家家训所强调的子女尽孝道于父母的原因是父母生育、培养了自己，因此子女要对父母行孝，要回报父母之恩德。

---

① 〔日〕尾藤正英等：《日中文化比较论》，王家骅译，浙江人民出版社，1992，第16页。
② 李卓：《家族制度与日本的近代化》，天津人民出版社，1997，第99页。
③ 「不破弥三郎定書」、转引自組本社『商売繁盛大鑑』卷三、同朋舎、1984、42頁。
④ 第一勧銀経営センター『家訓』、中経出版、1979、282頁。

那么，父母的恩又包括哪些内容呢？鸿池家始祖山中新六幸元在《幸元子孙制词条目》中对于父母的恩情有如此阐述："无先祖则无父母，无父母则无己身。当代家业之繁盛，非自身之功劳，全赖先祖累代之积德、父母之教养也，其厚恩断不可忘。"[1] 这里所讲的父母的恩情至少包含了以下两层含义。

第一层含义是最基本的也是最重要的，那就是"无父母则无己身"，即父母的养育之恩。奈良屋的杉本家在其撰写的《教文记》中通过讲述这样的道理来教育奉公人：

吾等自出生以来，即被拥有深爱之情（之父母）带上人生之旅，若就寝于简陋之床铺，则（父母）甘愿择潮湿处寝之，而将干燥处留予吾等，无论三伏之夏夜或寒冬之夜，俱令吾等可安心就寝。故吾等片刻勿忘父母之恩德，须勤勉于奉公之事。[2]

上述内容将父母对子女的关爱描写得淋漓尽致，之所以强调父母对子女的关爱，就在于希望人们"片刻勿忘父母之恩德"。在商人的观念中，无论是自己的出生成长，还是识字读书，都从父母处受到无限的恩惠，故子女一定要向自己的父母报恩、尽孝。这种思想意识不仅体现在日本传统家族伦理观念中，而且还具有极其普遍的社会意义。这一思维结构还明显地体现在日本企业中，企业中的雇员一定要偿还雇佣者的恩也是同样的道理。总而言之，支撑日本社会主从制度结构的主要因素可以说是施恩与报恩的互动关系以及自我否定的恭顺精神[3]。

第二层含义是父母将累代积蓄之家业传给儿女，使其成家立业。因此，子女对父母的报恩也体现在家业的继承上。这在商家中显得尤为重要，为了报答父母的这种恩情，作为后代的子孙就必须很好地继承、发展

---

① 「幸元子孫制詞条目」、转引自組本社『商壳繁盛大鑑』卷四、同朋舍、1985、22 頁。
② 「奈良屋杉本家教文記」、转引自組本社『商壳繁盛大鑑』卷一、同朋舍、1984、172 頁。
③ 川島武宜「イデオロギーとしての孝」、转引自『川島武宜著作集』卷十、岩波書店、1983、186～187 頁。

家业，以体现对父母的孝道与感恩。在商家家训中，常将未能很好地传承家业，或致使家业衰败视为不孝之举。例如，鸿池家第三代主人山中善右卫门宗利在其制定的《宗利家训》中即讲道："从先祖继承之身份、财产若不能很好地继承，乃对先祖之不孝，子孙也不会繁昌。"[①]另外，《大丸下村家家训》也指出，"使家破败者乃对先祖之不孝也"[②]。财产是家业的一个重要组成部分，因此商人还常将金钱的支配、用度如何与尽孝道相联系。如"己身所能自由支配之金钱，乃先祖、父母之遗产暂留存于己处，且须传之于子孙者也。自身若肆意浪费，乃大不孝之罪也。天地诸神断难宽恕，定招灭身之灾"[③]。通过这样的训诫与警示，不仅有利于家业的传承与持续发展，也有利于对奢侈浪费风气的抑制。

父母对子女的恩体现在两个方面，子女对父母的孝行也相应地体现在两个方面。一是子女要对父母服从，赡养父母。如伊藤家在家训中要求，"对于双亲之孝行，不能轻率，应该以敬爱之心侍奉之"[④]。二是父母将毕生辛勤积累之家业传于子女，子女要以保全和发展家业为己任。长崎町人学者西川如见在《町人囊》中指出："家财乃子孙永久贮置之物，我身耗费一分于荣华亦大罪人。保全家业并传之于子孙，系将从祖先托管之物又归还于祖先，此乃孝行第一。"[⑤]

从上述内容不难看出，日本商家家训中的"孝"与中国的"孝"在内容上并不是完全相同的。在中国，父子关系中的恩与报恩观念并不强烈，而是单方面强调亲权，要求子女绝对服从父母。代表中国父母与子女关系的二十四孝故事也都没有涉及父母的恩。因此可以说，在中国，父母的"慈爱"和子女的"孝"都是相对独立的义务[⑥]。也就是说，尽孝的行为不是以父母的"慈爱"为前提的。而日本商家家训中子女尽孝道于父母的前提是父母对自己有恩。正如本尼迪克特在《菊与刀》中所指出的那样，

---

① 「宗利家訓」、转引自組本社『商売繁盛大鑑』卷四、同朋舎、1985、52頁。
② 「大丸下村家家訓」、转引自組本社『商売繁盛大鑑』卷二、同朋舎、1984、256頁。
③ 「幸元子孫制詞条目」、转引自組本社『商売繁盛大鑑』卷四、同朋舎、1985、29頁。
④ 「伊藤家家憲」、转引自吉田豊『商家の家訓』、徳間書店、1973、247頁。
⑤ 「町人囊」、转引自組本社『商売繁盛大鑑』卷八、同朋舎、1985、110頁。
⑥ 川島武宜『イデオロギーとしての家族制度』、岩波書店、1957、109頁。

"恩是债务，而且必须偿还"①。从表象上看，日本人的亲子关系是以孝报恩为媒介的交换关系，父母的恩与子女的孝是互为条件的。仔细分析则不难看出，生养子女并抚育其成人本来是父母应尽的义务，但在日本人的家族道德中却被作为一种恩反复强调，要求人们知恩、报恩，以尽孝为回报。这实际上是以更加隐晦的方式强调父母（或家长）的权力，让家庭成员心甘情愿地服从家长的统治。因此，在恩的外衣下包裹着的日本的孝与赤裸裸地要求绝对服从的中国的孝，二者作用是不一样的。对于中国人来说往往是被迫与无奈，而对于日本人来说则似乎多了几分主动与自觉。父母与子女间的这种维系终身的恩与孝的关系，在"家"的内部形成了一种永久的恩义关系，这既是商家道德伦理的重要体现，也是日本家族道德中孝的伦理的主要特征，这种恩义关系甚至还进一步扩展至同族乃至整个社会，从而成为日本传统思想意识的一个重要组成部分。

无论是商人对孝道的理解，还是对忠的认识，往往都与恩的观念紧密联系在一起。换言之，对于父母的报恩即尽孝，对于主君的报恩即尽忠。商人对于忠的理解，首先体现在对幕府将军及各藩藩主的忠诚上。就具体表现形式而言，则主要表现为对幕府及各藩出台的各种法令的遵守。"恩"常见于武士阶层与主君之间，武士从主君那里直接接受俸禄，主君的这种授受被称为"御恩"，但恩的概念远不止如此。例如，德川幕府将军给予所有民众的最大恩惠乃是和平。尤其是在德川幕府初期，日本在经历150年近乎持续不断的战乱后，结束了征战局面，基本实现了较为和平的发展环境，并且奖励农商，修整道路，便利交通，非常利于商业经营活动的开展。因此，商人认为自己之所以能够通过正常的商业经营活动获取利益，并用以维持生计，是得益于时代所赋予的和平环境。这种和平环境是幕府以及各藩所创造的，和平在当时被认为是一种巨大的恩惠。因此，商人对于幕府或各藩的忠诚也充分体现在对幕府及各藩的报恩意识上，而这种报恩便是尊重与服从政治权威之命令。商人对于幕府颁布的法令的尊崇程度，证明了在社会结构低层的人们对政治权威的盲从程度。

---

① 〔美〕本尼迪克特：《菊与刀》，吕万和等译，商务印书馆，1992，第80~83页。

例如，不少商家家训的第一条强调要遵守幕府及各藩的各种法度，不可有丝毫之违背。

　　坚守武家诸法度。(《白木屋宽文家传》《白木屋享保定法》第一条)

　　严守各种法度，不可对町内管理者无礼。(《市田家家则》第一条)

　　严守各项法度之趣旨，在与上司接触时，需与家族诸人仔细询问后严格按指示应对，不可欺骗上司。(《伊藤吴服店家训录》第一条)

　　严格遵守幕府的各项法令。(《中井家家法》《谷口家店则》第一条)

　　严格遵守幕府颁布的各项法令，平素家族中从上至下所有人等均需严格服从，不可有丝毫违背。(《木村家家训》第一条)

不少商家家训强调不仅要遵守幕府的各项法令，也要遵从所在藩的各项法令。如《手津屋林田正助永代记录帐》中对于需要严加注意的事项列举道："家中诸人需严守幕府之法令；将军乃为日本国之主君，需敬仰之；国（这里指各藩）之主君，与现人神无异，决不可有违背政道之事。"① 再如出生于加贺藩的钱屋五兵卫在其家训中也强调，"（藩）之法令，需严加遵守，不可忘却"②。

相对于商家对幕府和各藩的忠诚而言，要求家族成员及全体奉公人忠诚于主人及其家业可以说是商家忠的观念的另一种表现。

　　自年幼时来店，吾乃为一难辩世事之愚者，承蒙历代支配人的谆谆教诲，始有所自觉和明理，吾长年奉公期间常受此恩惠。若自认为今日之成功，乃凭吾一人之力，凭吾出色之才能而担此重任，则将遭天道之罚，乃极为羞耻之事也。忘却吾之一切皆受主人之恩惠而自满自大，当与鸟兽无异。③

---

① 「手津屋林田正助永代記録帳」、转引自組本社『商売繁盛大鑑』卷三、同朋舍、1984、244～245頁。

② 「钱屋五兵衛家憲」、转引自組本社『商売繁盛大鑑』卷一、同朋舍、1984、256頁。

③ 「白木屋管店書」、转引自組本社『商売繁盛大鑑』卷二、同朋舍、1984、34頁。

该文出自《白木屋管店书》，又名《独慎俗话》。"独慎"二字取自《中庸》第一章"莫见乎隐，莫显乎微，故君子慎其独也"一句。该家训乃为白木屋的一名番头所撰写，开篇即结合自身经历谈及主人及前辈之恩情，表示断然不能忘却主人之恩。可见，在商家内部的主从关系上，对主人的忠诚、勤勉也是与恩相联系的。

那么，作为奉公人又该以何种方式回报主人以显示自己的忠诚呢？这在家训中也多有提及。家训中一般强调全体成员要忠诚于家业，勤勉劳作。如上面提到的《白木屋管店书》中说，若"努力勤勉于家业，使店铺繁荣，利润增加……乃众人合乎天道、忠义于家业繁荣之表现，必将留名于后世，受世人敬仰，生为人者，尚有较此更为自豪之事乎？"[1]《住友总手代勤方心得》则明确指出，"对主君尽忠虽属当然之事，然因这种忠节使主家繁荣，也是勤恳奉公者自身之繁荣"[2]。由此可见，忠诚于主人，勤勉劳作而使家业繁荣发展，乃是商家成员忠诚的重要表现。正如贝拉所言，"在日本，忠诚的巨大重要性就是我们设定为占首要位置的价值的具体表现。重要的是，这种忠诚是对自己集体的首领的忠诚，而不管首领人物是谁。这与其说是对人物本身的忠诚，不如说是对人物地位的忠诚"[3]。商家家训中之所以强调要忠诚于主人，乃是因为主人是商家家业的代表者。在这里，对主人个人的忠诚与对家业的忠诚不仅是一致的，而且对主人的忠诚从属于对家业的忠诚。

从上述内容来看，商人对主君的忠诚与对父母的尽孝通过报恩这一意识紧密地联系在了一起。也就是说，在商家的观念中，忠和孝本质上是一致的。实际上，在商家家训中，体现这种忠孝一致思想的内容有很多。《手津屋林田正助永代帐》中对于忠孝一致、忠孝两全的思想有精辟论述：

保全忠孝之道，使家业得以传承于子孙乃为第一要务。立忠义自

---

① 「白木屋管店書」、转引自組本社『商売繁盛大鑑』卷二、同朋舍、1984、35 页。
② 「住友総手代勤方心得」、转引自吉田豊『商家の家訓』、德間書店、1973、124 页。
③ 〔美〕贝拉：《德川宗教：现代日本的文化渊源》，王晓山、戴茸译，三联书店，1998，第19 页。

然可行孝道，应知身体发肤皆受之于主人，故应忘我竭尽忠义，安稳
度日，可谓得忠孝两全之道也。①

在林田正助看来，作为行商之人，"使家业得以传承"是"保全忠孝
之道"的最佳方式。在商业经营上有所作为，不仅是"无上之忠义"，而
且"双亲、妻儿亦可安稳度日"，这样便达到了忠孝两全的目的。进入近
代之后，这种忠孝观念在国家政权的大力宣扬下，进一步渗入商人的生
活。如生产酱油的茂木家制作了"忠孝带"，要求家人每天系在身上，时
时刻刻提醒自己勿忘忠孝大义。本间家家训写道："忠君爱国乃臣民之本
分，以义勇奉公，一旦事有危急，则舍家而为国家尽忠。"② 可见，近代以
后的忠已经上升到一个更高的层次。

二 律己处世

商人身处"四民"之末，在严格的身份制度下，唯有严于律己、谨慎
处世，才能保护自身的地位与权益，故而教育子弟修身正己、教其为人处
世的方法是商家家训的主要内容。

首先是培养诚实、正直的人格。商家多教诲子弟及用人要诚实，不可
撒谎，认为"不说假话品行诚实者，无论至何处都令人放心。语多谎言而
行为不端者，纵在父母膝下，仍难有信用可言"③，即诚实是为人的一种基
本品质，具有了这种品质，则万事可"令人放心"。岛井宗室在遗书中告
诫后人，"一生要诚实度过，不可撒谎"④。诚实的另一种表现就是不隐瞒
自己的过失，要勇于承认自己的错误，只有这样才能在社会上立足。如大
丸下村家在家训中规定："欲隐瞒自身之过错者，乃秉性卑劣之人也，不
堪大用。"⑤ 面临身份制的束缚与激烈的商业竞争，严于律己、诚实做人、

---

① 「手津屋林田正助永代記録帳」、转引自組本社『商売繁盛大鑑』卷三、同朋舍、1984、256～257 页。
② 「本間家家訓」、转引自第一勧銀経営センター『家訓』、中経出版、1979、386 页。
③ 「幸元子孫制詞条目」、转引自組本社『商売繁盛大鑑』卷四、同朋舍、1985、26 页。
④ 「島井宗室遺書」、转引自組本社『商売繁盛大鑑』卷三、同朋舍、1984、206 页。
⑤ 「大丸下村家家訓」、转引自組本社『商売繁盛大鑑』卷二、同朋舍、1984、256 页。

诚实经商是商人必备的品德。

其次是控制自己的欲望。不知足而极尽所能满足自身的各种欲望，是不会律己的表现，更无法立身处世。因此，限制人不当的欲望，禁止各种游艺、赌博的规定是几乎所有商家家训都会涉及的一项内容。如《大丸下村家家训》规定："无论何事，以正直之心勤勉工作，则立身易也。守家、修身最为难事，自身不勤勉劳作，而肆意妄行，嗜好华美，极尽享乐，徒费金钱，此乃奢侈也。故无论何事均欲极尽满足者，即迈向衰败之原因也。"① 在白木屋之《独慎俗话》中，从衣、食、住等日常生活细节讲起，教育家人要知足常乐，以乐观向上的心态面对生活。其中讲道：

> 如今，不淋雨露，亦无凌寒暑忍饥饿之苦，总归为幸事也。倘不如此，纵家倾壁破，若有安睡之所，不亦乐哉。虽着粗糙之棉服，可遮掩肌体即可，虽食粗茶淡饭，亦可足三寸之舌之欲，及至腹中，想必与美食一理，均可维系人之生存。故片时不应有不足之怨念。若此即为知其身份，可尽享天惠，而得一家安泰平和并诸人之幸福。②

谨慎自身，知足常乐，是严于律己的表现。有些商家甚至还进一步讲到了随心所欲、追求各种欲望的危害性。如岛井宗室在其遗训中讲道："即便如此腰缠万贯，若一味挥霍，则犹如将财物扔到无底洞中。"③《舟中规约》中也讲道："狂澜怒涛虽险，尚不如人欲之溺人，人之欲虽多，尤不如酒色之溺人，同道应相互匡正、诫之。古人有云：畏途在衽席饮食之间，其然也。岂可不慎哉。"④ 这些教训在让人们了解修身律己重要性的同时，还能使人们认识到纵情于各种私欲的危害性和严重性。控制自己的欲望，并不是要实行完全的禁欲主义，而是要凡事有个度。如《佐野屋菊池家衣服规定心得》提出，"少壮者多为情欲夺其志，渐染世之风俗，终忘

---

① 「大丸下村家訓」、转引自組本社『商売繁盛大鑑』卷二、同朋舎、1984、262 頁。
② 「独慎俗話」、转引自吉田豊『商家の家訓』、徳間書店、1973、356 頁。
③ 「島井宗室遺書」、转引自組本社『商売繁盛大鑑』卷三、同朋舎、1984、221 頁。
④ 「舟中規約」、转引自吉田豊『商家の家訓』、徳間書店、1973、69 頁。

其身份而至难料之贫贱者不乏其人，故戒其情欲甚为重要"，同时也指出，"然并非泯灭为人之全部情欲，以法防之，使不致流于风俗即可"①。

再次是谦恭待人。例如，山中新六幸元即教导子孙，"无论对武家，还是对卑微身份者、乞丐，皆不应无礼或粗暴待之"②。岛井宗室在其遗训中也规定，"对相识之人，即便经常来往，也要谦顺恭敬，严守礼仪，不可有丝毫无礼"③。在与人交往之时，有些商家规定要善于听取别人的意见，"无论被问及何种难题，断不可急躁而与人争论，应聆听对方之意见，而后再言明自身之想法"④；还有些商家规定要"遵守诺言，约定之事不可草率"⑤。

最后是择友。选择何种性格之人为友是极其重要的，商家家训中对此有详细的规定。如岛井宗室其在遗训中总结道："终身可交往者乃为热心商卖者，重视家业者，谨慎小心者，讲求信用者。不出风头，性格善良之人，与之亲密交往无妨。反之，不能与之交往者如争强好斗者，拨弄是非者，性格乖僻者，中伤他人者，以及追求奢侈者，酗酒者，不诚实者，巴结权势者等"，"皆不可与之同席"⑥。手津屋的林田正助也在家训中强调要"求良友，远避不良之友；以善人为楷模，以修正自身之不良恶习，受神佛之恩惠，敬人亲善"⑦。伊藤长次郎教育家人，"遇失败之人，要引以为戒，遇成功之人，需学习之，若此，则不被人所耻笑，纵失败之人亦为自己之师也"⑧。上述种种详细的规定，是家训制定者对为人处世的经验总结，对其家人及用人树立正确的择友观念，拥有一个正确的为人处世态度，具有很强的借鉴和启迪意义。

① 「佐野屋菊池家衣服規定心得」、转引自組本社『商売繁盛大鑑』卷一、同朋舎、1984、229頁。
② 「幸元子孫制詞条目」、转引自組本社『商売繁盛大鑑』卷四、同朋舎、1985、26頁。
③ 「島井宗室遺書」、转引自組本社『商売繁盛大鑑』卷三、同朋舎、1984、206頁。
④ 「住友政友遺訓」、转引自組本社『商売繁盛大鑑』卷四、同朋舎、1985、94頁。
⑤ 「本間家三代目・光丘自戒三十条」、转引自組本社『商売繁盛大鑑』卷一、同朋舎、1984、47頁。
⑥ 「島井宗室遺書」、转引自組本社『商売繁盛大鑑』卷三、同朋舎、1984、211頁。
⑦ 「手津屋林田正助永代記録帳」、转引自組本社『商売繁盛大鑑』卷三、同朋舎、1984、243頁。
⑧ 「伊藤家家憲」、转引自吉田豊『商家の家訓』、徳間書店、1973、240頁。

在商家看来，律己与处世是一个人人格修养的两个方面。严于律己是对人内心的一种洗练与考验，而如何为人处世则是人应对各种人际关系的基本准则。只有内外兼修，在律己与处世两方面都做好，做人才会有一个基本的品质和素养。作为商家的子女，只有一个基本的品质和素养是远远不够的，还要接受良好的教育并在日常生活中进行各种严格的管理。这也是商家家训中的一项重要内容。

三 子弟教育

家庭是最基本的生活单位，是社会的细胞，也是子女与社会最早的接触点。注重家庭道德教育，形成良好的家风，不仅对子女的健康成长及未来事业的发展具有重要的奠基作用，而且对于稳定家庭结构及人伦关系，甚至治国安邦都具有决定性的作用，故而许多商家家训会提及对子女的教育与管理。

培养子弟良好的人格是商家对子弟教育的基本要求。具有良好的人格是为人的基本素质，只有具备良好的人格，才能够有一个比较好的处世观念，拥有良好的人际关系，并在事业中发挥很好的作用。在这方面，大到思想涵养，小到生活琐事，商人们都很重视对子弟人格的培养。如本间家家训中强调要"辛勤劳作，不惜费用，励行忠孝"①。有的商家则主张从小事做起，从生活的点点滴滴做起，以培养良好的人格。如冈谷家家训中专门列有一则是针对子孙教育的，其中讲道："年幼之时，侍奉父母尊敬长者，纵然些须小事也不得说谎。起居安静，工作无怠，谨言慎行，不随意外出，衣食不奢，以诚实守身。"② 佐野屋菊池家在家训中甚至规定，即便是纸屑，也不可"胡乱丢弃，要逐渐累积"，要求子弟"万事应明晓积德行善之理"③。此外，有些家训一再叮嘱家人、子弟要谦恭谨慎、宽厚待人。即便"店中之伙计，也要以和顺谦逊为旨，心存著事俭约之念，出入

---

① 「本間家三代目・光丘自戒三十条」、转引自組本社『商売繁盛大鑑』卷一、同朋舎、1984、44 頁。
② 「岡谷家家訓」、转引自第一勧銀経営センター『家訓』、中経出版、1979、282 頁。
③ 「佐野屋菊池家店教訓」、转引自組本社『商売繁盛大鑑』卷一、同朋舎、1984、224 頁。

者，勿论老若男女，皆应礼貌待之"①。佐野屋菊池家初代长四郎在家训中还论述了"严"与"爱"的关系，提倡爱子有道，绝不可溺爱。他认为："训导子弟，当知过严将有损恩义。然过于溺爱，流于懦弱，则误子弟终身。是故医书有云：'小儿常带三分饥'，此乃初生婴儿至百岁长寿者享福禄荣富之道也。"② 上述家训中关于子弟人格养成的种种规定，既是家训制定者对人生经验的总结，同时也表达了家训制定者对商家子弟早日成才的殷切希望。

一家之兴亡在于子孙，而子孙能否具有良好的人品并继承和发展家业，相关的学习与技艺尤为重要。一般家训中关于子孙教育的规定都会提到识字读书是子孙学习、接受早期教育的基本内容。如鸿池家始祖山中新六幸元在其制定的《幸元子孙制词条目》中对于子弟接受学问有如下阐述：

> 经营之余须修励学问。学问于修身、齐家大有益处。然不可偏重于学问而怠慢家业。凡学问有君子之学与小人之学。所谓君子之学，熟读经书，习圣人之教诲，守为人正道，兼通诸传、历史，以古今之成败乱治而戒己、正己、守家，是为君子之学也。所谓小人之学，其志向只为不被人嘲，习诗文而博学只求为人所尊，通经、传、历史，皆因自己拙于此道而恐遭人耻笑，恣意褒贬古今政事，效仿外国人自取名号，趾高气昂，怠慢先祖所留之家业，专事风流，诵月吟花，自远勤务，其甚者离家游历诸国而不知其踪。此乃修学问而不顾及家名也，须慎之。③

山中新六幸元不仅认识到了学问对于子弟修身、齐家的重要性，而且进一步对"君子之学"与"小人之学"的区别做了详细阐述，认为"熟

---

① 「市田家家則」、转引自吉田豊『商家の家訓』、徳間書店、1973、90 頁。
② 「佐野屋菊池家初代・長四郎訓戒」、转引自組本社『商売繁盛大鑑』卷一、同朋舎、1984、237 頁。
③ 「幸元子孫制詞条目」、转引自組本社『商売繁盛大鑑』卷四、同朋舎、1985、32~33 頁。

读经书，习圣人之教诲"方是"圣人之学"。反之，只为装饰外表，附庸风雅，则是"小人之学"，不可取。可以说，新六幸元的观点代表了大多数商家对子弟教育的认识。手津屋的林田正助不仅在自己有生之年鼓励子弟学习，而且在家训中提出要求，"吾死后，子弟要研习《前训》并《町人身体柱立》，精读《诸神本怀集》、愚作之《神君之御文》并《子孙见考录》，男女老弱皆遵从书中教诲，独善其身，及至子孙万代。若能如此，则较之勤于吾年忌之法事尤喜百倍，吾将欣喜无限矣"①。此语鲜明地道出了商人对子弟教育的重视程度。有的家训对如何学习还有规定，如鸿池家的一则家训规定："鸿池家之子孙，应勤励读书，遇有良师，可聘至自宅以为讲义，手代全员皆应听讲。须谨记'学问乃余暇之善用'。"② 这则家训不仅规定了教授子弟学习的具体方式，而且强调了珍惜时光，充分利用业余时间学习。再如佐野屋菊池家在家训中要求，"闲暇之时抑或事情完毕之后"，"要互相鼓励研习书法、算术并读书，熟读四书、《小学》"，认为只有"勤于思考并能为我所用，方为真正学问"③。

商家以经营商业活动为其职业，故而商家对于子弟的教育并不仅仅限于"圣人之学"，有更多是"实用之学"。其中最重要的就是学习经商最为基本的专业知识——算盘及算术。如《大丸下村家训》中即规定子弟"十岁前教其习字，从十一岁始，教其算盘之使用，让其至本店出勤，从二十一岁起，返回本店"④。大多数商家认为，如果不能很好地学习经商的基本技能，那么将来一定无法很好地继承家业。可见，商家授之子弟经商的有关知识，是从家业的角度来考虑的。关于这一认识，以下两则家训从不同的侧面阐述了授之子弟以经商专业知识对于家业的重要性。

　　子弟之教育，授以其有关家业之知识为第一要务。读书、计算等

---

① 「手津屋林田正助永代記録帳」、转引自組本社『商売繁盛大鑑』卷三、同朋舍、1984、259～260页。
② 「宗利家訓」、转引自組本社『商売繁盛大鑑』卷四、同朋舍、1985、56页。
③ 「佐野屋菊池家店教訓」、转引自組本社『商売繁盛大鑑』卷一、同朋舍、1984、216页。
④ 「大丸下村家家訓」、转引自組本社『商売繁盛大鑑』卷二、同朋舍、1984、256～257页。

虽不可懈怠，但不应影响商卖之事。……即便习圣人之道，因子弟之性格，热衷于学问而不问家业，终使家业颓败者常有之。故从幼年令其学习始，即应判明其性格慎重待之。（《佐羽家家训》）

　　子孙之养育方法尤为重要，若出不孝之子孙，必将先祖及主人所遗之财产挥霍殆尽，自身也必将身败，此等事例世间甚多。故尤须关注子孙之教育之法，令父母之慈悲泽被子孙，则世间难有不孝之子孙矣。为人双亲，与其授之子孙以无数之金银，莫如精心养育子孙，授其以家业商卖之法，若此，较之授之以金山予子孙更能得家业之绵长。（《手津屋林田正助永代记录帐》）

　　《佐羽家家训》认为，对于子弟的教育，较之基本的"圣人之学"，更应该注重商业知识的学习。"习圣人之道"固然重要，但"授以其有关家业之知识"更是经商之家的"第一要务"，而且进一步指出，"读书、计算等"在不影响家业及正常的商业活动的前提下方可进行。而手津屋的林田正助的教诲更具合理性。他认为，"为人双亲，与其授之子孙以无数之金银，莫如精心养育子孙，授其以家业商卖之法，若此，较之授之以金山予子孙更能得家业之绵长"。这种"授之以鱼，不如授之以渔"的教育方式和对掌握技能的重要性的认识，即便在今天也具有借鉴意义。

　　此外，有的商家还认识到了商业实践活动和增长社会阅历对于培养子弟的自立精神和积累经商经验的重要性。如《三井高利遗训》中即主张"同族之小儿"与其他奉公人"应以同一生活待遇"，同样进行商业锻炼，并"使之在番头、手代之下劳动"，而"决不可行主人之待遇"①。更有商家家训规定，子弟在年幼时，即将其送至别的商家奉公，接受历练，学习有关的商业知识。如《丁子屋小林家店则》中曾有如下规定："主人的孩子，幼年时送其至江户店，十三岁至十五岁与丁稚同等待之。十六岁行元服之仪，见习期满五年后，重新归主人之职务，父子同样具有管理所有事务之权限。然从幼年起与奉公人以同等待遇，恐有随意、轻率处理事务

---

① 「三井高利遺訓」、转引自吉田豊『商家の家訓』、徳間書店、1973、78 頁。

者，若此，即在监护人指示下将其送回本店。"① 此外，有的商家还在家训中强调子弟要增加必要的社会阅历，以利于其成长。如《本间家家训》中规定："宗家之嗣子应漫游全国。"② 《大丸下村家家训》中还明确规定，子弟"到十五岁，为使其修行并增长见闻，应让其行走各处"③。可见，商家要求子弟接受的教育内容具有多样性。既有"圣人之学"，也有与商业有关的专业知识的训练；既有对商业经营活动的实践教育，也有对子女增长见闻、提高社会阅历的要求。在教育思想还远不发达的江户时代，商家能够提出如此系统的教育理念，确实是难能可贵的。

在江户时代，男尊女卑观念相当严重，商家的家业继承、参与商业经营活动基本上将女子排斥在外。但值得注意的是，有的商家也提到了女子教育问题，如手津屋的林田正助在家训中说："女子教育之不足，则无优良之品行，必于家无益。故尤需关注女子之教育，令其识字，诵读《前训》及《女大学》等女子教科书，不可懈怠。"④ 虽然类似的规定在商家家训中并不多见，而且与男子的教育内容也有所差异，但也引起了其他商家对女子教育问题的注意。这在当时的父权家长制社会，重男轻女仍是一种普遍的社会性别认识的时代背景下，尤其具有进步意义。

从商家家训来看，日本商家对子弟的教育是以维护家业为出发点，让子弟接受学问教育和经商技能的，充满了实用主义的色彩。而与之相比，受传统的"耕读传家"思想和科举制度的影响，中国明清商人往往并不看重自己所从事的职业，许多人将自己的终极目标定位于"农"或"士"。尤其受"学而优则仕"思想的影响，中国前近代商人教育子女的目的不是让他们继续经营商卖，而是希望他们"将来出为名臣，处为名儒，大为深山邃谷生色"⑤，这是中国大多数商人的期望。中国商人重教育是为了子女

---

① 「丁子屋小林家店则」、转引自组本社『商売繁盛大鑑』卷三、同朋舎、1984、71～72 頁。

② 「本間家家訓」、转引自第一勧銀経営センター『家訓』、中経出版、1979、396 頁。

③ 「大丸下村家家訓」、转引自组本社『商売繁盛大鑑』卷二、同朋舎、1984、256～257 頁。

④ 「手津屋林田正助永代記録帳」、转引自组本社『商売繁盛大鑑』卷三、同朋舎、1984、261 頁。

⑤ 连城：《邹氏族谱》卷首。

将来能科举高中、做官从政，而日本商家却专门让子弟学习经商的知识和技能，使自己的家业能够后继有人。让子弟接受教育并希望他们能步入仕途，无疑是件好事，但对于商人来说，这显然不利于商贾买卖的继承和延续。

第二节　家族规范

国有国法，家有家规，制定家族内部的各种规范是商家家训的一项主要内容。这些规范是商家家业得以稳定、持续发展的基础，也是商家家族制度的重要体现。如果没有这些规范，商家内部将陷入混乱，无章可循、无规可依，从而危及商家家业的稳定与持续发展。

一　家长权限

在幕藩体制下，统治阶层越来越重视和强调儒家的伦理纲常，因此在德川时代，家长在家族中拥有莫大的权力，这种权力是维护家族稳定的重要基础。在商家内部，作为家长的父亲通常拥有较大的权威，家长具有统揽、处理家族中一切事务的权力。这种权力不仅体现在对家产的管理和家业的经营上，还体现在对诸如子女婚姻、祭祀祖先以及家产继承等重大问题所起的决定性作用上。

作为家族的"最终责任者"，家长在家族中发挥着"统率领导"的重要作用。如《三井高利遗训》中即规定："凡一家之事，无上下大小之区别，主人皆应通晓。"[①] 再如《曲尾家家训》中对于家长的主要职能有详细的规定："家长于每年一月前，将上一年度之收支决算与经济情况明示于家族，并制定本年度之收支预算及经济之方针；需预算外之费用时，应经家族成员之协议进行处断；家长应考察家族之勤惰，有所赏罚。"此外，该家训为统辖家族计，特设赏罚条例："家族成员有服从家长命令之义务；晚辈即便认为长辈有不合情理之处，也不得立起争论，应沉思默考后仰伏

① 「三井高利遺訓」、转引自吉田豊『商家の家訓』、德間書店、1973、78 頁。

裁决。"同时，规定了家长在子女"予长辈以满足时；勤励家事时，品行方正时，对晚辈厚以热情时，使亲族朋友得其利益时，勤修智德，励精图治时，学业考试及第时"，通过给金钱或物品的方式对其进行奖赏。但当"不服从长辈之命令时，对晚辈不热情时，品行不端时，未经家长之承诺，擅自借用金钱物品或私自采购时，有欺诈行为时，不勤于家事时，致亲戚朋友于不利时"①，要进行处罚。

不过，并不能因此而无限夸大家长所拥有的权威。"家长的权威，与其说是家长个人的，不如说是与其地位相联系的权威。"② 换言之，因为他是家长，所以才拥有权威，其权威是家族赋予的，是伴随其地位的确立而产生的，并不是与生俱来的③。因此，堀江保藏认为，家长"并不只是单纯的家长，他也是作为家的象征或是祖先神化身的家长，家族成员也并不只是单纯服从家长的统制，而是服从被家长具体化了的家"④。可见，在"家"制度下，至高无上的是家长权威而不是家长，故有人将日本的家族秩序称作"家的父家长制"⑤。

作为一家之长，个人品质好坏将直接影响整个商家的声誉，故其地位重要、责任重大。正因如此，能够担负家长之职位者，必须具有良好的人品和优秀的才能。因此，商家要求身为家长者必须具备多方面的素养和才能：

> 明主多多听取各种意见，将日益贤明，昏晕的主人偏听偏信，将日益昏晕。……鉴别人之能力及人格乃为头等重要之事。然知晓自身更为重要。无论有耐心者还是脾气急躁者，都应看到自身之缺点，常反省并改正之。(《大丸下村家家训》)

> 富家之所以衰败，非因天灾。水灾、火灾、歉收饥荒之类灾害，虽可致二、三年或四、五年不赚钱，尚不至于破产。大凡破产者，多

---

①　「曲尾家家訓」、転引自第一勧銀経営センター『家訓』、中経出版、1979、390～392頁。
②　中村吉治『社会史・Ⅱ』、山川出版社、1965、145頁。
③　米村千代『「家」の存続戦略：歴史社会学的考察』、勁草書房、1999、103頁。
④　堀江保藏『日本経営史における「家」の研究』、臨川書店、1984、4頁。
⑤　川島武宜『イデオロギーとしての家族制度』、岩波書店、1957、40頁。

因主人日常行为不善。志意淫逸，侈于酒食，着华丽衣物，贪耳目之欲，嗜好游艺，交放荡之友，营造居宅，好刀剑之饰，玩弄世之珍稀，于人前夸耀自大。凡此种种，皆属不德而为君子所贱之事也。（《佐野屋菊池家初代·长四郎训戒》）

从家长拥有权限的范围来看，其权限并不是无限的，家长并不能够随心所欲、肆意妄为。如《中井家家法》中即规定："对品行不端或不遵家法的主人，应认真劝告并严厉询问之，直至其从内心有所悔改。"[①] 此外，作为家长，要在家族中时时处处发挥表率作用，对于家族中的事务，要比旁人了解更多、体验更多。对此，鸿池家始祖山中新六幸元在家训中要求道：

先祖之牌位及墓地，若积尘甚多或杂草丛生，是本家家长之过失。本家不正，则一家之法必乱。古治国安民之君，必先正其身然后方能治国，亡国灭家之君主，必其身不正而下苦庶民。此类事例，诸书昭然有记。故家中诸人，皆应以端正己身为重。家族诸人皆需听命并效仿主人之言行，是故主人更应以慎行、正身为要。若己身不正而责罚家人，家人虽一时惧其威严似已顺服，然内心必大有不满，日后家法定乱。故欲齐家者，切不可忘先修己身之圣言，严正家法，严律己身。……鸿池家所雇男女，即便是身份卑微之人，为使其将来能够自立，一定要严加管教，否则，如果他们沾染不良习气，则害其身，此乃主人之失职也。[②]

作为商家的家长，还担负着率领奉公人一起进行商业经营的重任。三井高平（宗竺）在家训中指出："己若不通其道必不能率他人，应令家族

---

① 「中井家家法」、转引自組本社『商売繁盛大鑑』卷三、同朋舎、1984、19 頁。
② 「幸元子孫制詞条目」、转引自組本社『商売繁盛大鑑』卷四、同朋舎、1985、22 ～ 23 頁。

子弟从学徒之事学起，渐达深奥之际，则于支店代勤，实地任职。"① 《大丸下村家家训》中也指出："主人应诚实地使用人，若主人不诚待人，就不能要求奉公人尽忠诚。"② 再如商家家训中关于勤俭节约、禁止奢侈浪费等，对家族成员、用人都有许多详细的规定。这些规定同样也要求家长以身作则，率先垂范。"主人乃一家之模范。我若勤众何敢怠？我若俭众何敢奢？我若克公，众何敢私？我若克诚，众何敢伪？"③ 可见，作为家长，要比别人付出更多，要成为别人效仿的榜样，这样才能更好地教育他人，管理好事务。

此外，家长拥有权威并不是无休止的。家长在达到一定年龄或身体状况不好，抑或品质不好时，要将家长权让渡给继承人。让渡了家长权的父亲，不仅不再具有家长的权威，而且常常要分居到别处，这就是日本的"隐居制度"。如吉村家就规定，"若主人（违背家训），则令其隐居"④。"隐居制度"是对家长权的一种制约。可见，作为一家之长，权力是相对的，并不能随心所欲，"家的主人并不能够随意地扩张自我意识，关乎家之盛衰的大事，应与同一祖先的子孙一起商讨。或依靠受祖先恩惠的同族之评议。从这一点而言，主人若有不当之行为，同族可在评议的基础上令其隐居。这也是一种维持家的存续、报答祖先的恩惠的途径"⑤。

对于中国的家长来说，没有像日本那样的"隐居制度"。中国家长的权威，与其说是来自他是"一家之长"，毋宁说是来自他是"父亲"这一生物学意义上的事实。因此，只要他活着，就拥有这种权威。尽管在许多情况下，他的管理家财、指挥生产和祭祀祖先等权力实际上已由儿子代替，但他家长的地位要一直持续到生命结束。同日本家中隐居老人晚年寂寞、孤独的情景形成对照的是，中国的家长年老后不仅不隐居他处，而且在日常生活中仍要受到全体家庭成员的最高礼遇。因此，一个十分有意思的对照是：日本的家长是绝对权威主义，但是实行"任期制"；中国的家长未必是绝对权威主义，但实行的却是"终身制"。

对于家长权力的制约，还体现在商家普遍实行的合议制度方面。在处理一些重大问题时，并不是由家长一个人决定，而是必须服从全部（抑或大部分）家族成员的意志。这将在后文予以专门论述，此处不再赘述。

二　家督继承

家督继承制是日本"家"制度的集中体现，也是商家保全家业的重要手段。受中国继承制度的影响，日本自律令时代起就实行"二元主义"的继承制度，即由长子承担被继承人的身份。这种继承是对家名（姓氏）、家业的继承，但对财产的继承则实行诸子均分制度。祖传的财产被一再分割，使许多人变得穷困不堪。实践使人们认识到："分割父母家产，分配直至末子，乃末代乱逆、子孙不和之基也。"① 因此，自战国时代起，各大名开始改革继承制度，以家督继承制取代了原来的"二元主义"继承制。家督继承制即由一子（一般为长子）继承家长的地位，同时也继承其全部或大部分财产。到德川幕府时期，随着等级身份制的确立，家督继承制得到进一步巩固。该制度对包括商人在内的庶民阶层也产生了深远影响，从而成为当时整个社会共同遵循的准则。

家督②的本意虽为长子，但在商家心目中，家督所担负的职责和作用，并不是因为他是长子，而是因为他与家（主要是家业）是紧密联系的。在商家家业由祖先到子孙逐代继承的这场接力赛中，家督担负着将接力棒传递下去的重要责任。《鸿池家家训》中即规定，如果"从先祖继承的家督之职不能顺利地传承下去，就是对先祖的不孝，也不会给子孙带来昌盛"③。这则家训说明，家督的重要职责是将从祖先处继承来的家督之职位顺利地传给子孙后代。从商家的整个家系发展来看，每代家督都具有承上启下的作用。其实，家督"只不过是作为家的代表进行家产管理的人而

---

① 「世镜抄」、转引自福尾猛市郎『日本家族制度史概说』、吉川弘文馆、1977、144 页。
② 家督一词最早见于中国的《史记·越王勾践世家》，"朱公居陶，……长男曰：'家有长子曰家督'"。
③ 「鸿池家家训」、转引自吉田丰『商家の家训』、德间书店、1973、130 页。

已"①。由此可见，商家的家业并不是家督个人的财产，而是从祖先一直到子孙万代的一种类似于企业的实体。家长不过是该企业实体中的一员，是家的临时管理者。

既然家督的责任如此重大，那么对家督继承人的选择就是关乎商家家业延续的头等大事，"万不可等闲视之"②。对于具备什么样的能力方可担任家督之职，不少家训对此有专门的规定。有的商家认为，身为家督，一定要品行端正。若让"品行不端者担当家督之职，子孙定不会繁昌"③。关于家督，虽然继承人一般为长子，但《大丸下村家家训》中规定："任本家之主人者，原则上为长男，万一人品、行径不佳，皆认为不具备担主人之资格，且多次提醒仍不知改过者，则向其朗读该家训，并终止其继承人之资格。"《大丸下村家家训》还指出，"（家督）若无包容力，无论如何也难以指导众多的人，应让有包容能力的人继承家督"④。另有部分商家则要求，担任家督之职者，必须专心于家业，如若狭屋规定："继承家业之人，即使是总领（长子），若不热心商卖，对父母不尽孝行，品性放纵，则在家中协商基础上，令其改名隐居。"⑤ 手津屋甚至规定，有望继承家督之人，除要专心于家业之外，"均需自八至十岁始奉公于他家，否则，吾家之家督之位决不令其继承。唯有自幼年奉公于他家者方可继承家名"⑥。对于独立后分家的继承者也不例外，如鸿池家在《关于分家之规定》中即要求："分家之继承人，可送至本家，与一般手代同等勤务。"⑦ 不难看出，商家对于家督继承人的选择具有一定的积极意义与合理性，即首先考虑的是继承人的品行是否端正，能否胜任传承家业的责任。

此外，日本人对于家族成员归属意识的强调也是规范家督继承人言行，促使其勤勉精进的一种方式。例如，鸿池家始祖在《幸元子孙制词条

① 中村吉治『社会史·Ⅱ』、山川出版社、1965、145 頁。
② 「濱田家家憲」、转引自第一勧銀経営センター『家訓』、中経出版、1979、376 頁。
③ 「鴻池家家訓」、转引自吉田豊『商家の家訓』、徳間書店、1973、134 頁。
④ 「大丸下村家家訓」、转引自組本社『商売繁盛大鑑』卷二、同朋舎、1984、256~257 頁。
⑤ 「若狭屋掟書」、转引自吉田豊『商家の家訓』、徳間書店、1973、178 頁。
⑥ 「手津屋林田正助永代記録帳」、转引自組本社『商売繁盛大鑑』卷三、同朋舎、1984、233 頁。
⑦ 「別宅についての規定」、转引自組本社『商売繁盛大鑑』卷四、同朋舎、1985、79 頁。

目》中有这样的规定："即便年幼者，然终日沉迷于酒宴、游兴，必会怠慢家业且徒费金钱，此乃不知先祖之恩德、父母之厚爱者也。若不听劝告，则不予一钱令其净身离开主家。"① 这项规定说明，通常归属意识在家族中占有优先的位置。在这种归属意识的压力下，子弟若不勤于家业，家族即以其无能或任性、不听教养为由而将其废嫡或逐出家门。对于子弟来说，离开自己所归属的集团——家族，是个很大的威胁，对其具有强大的心理约束力。正如贝拉所说的那样，商家的子弟"被引入了一个严格遵守习惯形式和高度期待完成塑造其成人生活的各个方面的世界"，但"这种对服从和执行的高度期待，不是通过体罚而是通过心理压力得到进一步加强"，"首要的心理压力就是被亲友抛弃的威胁，其最显著的表现也许是剥夺继承权。在日本这样的社会中，如果被抛弃流浪而没有亲友帮助，确是一切可能发生的情况中最坏的一种"②。这一评价很好地说明了归属意识对家督继承人的心理约束力。

如果本商家的长子难以胜任家督之职，为了家业的发展，则商家宁以次子或无血缘关系的养子取而代之。如《手津屋林田正助永代帐》中即规定，对家训"直至子孙后辈均需觉悟领会，若有违背者，即可与之断绝关系，择适合者收其为养子"③。"与其选择有血缘关系却没有能力的人，宁愿选择有能力而没有血缘关系者来继承家业，这在当时是普遍的考虑方法。"④ 对于商家收养养子的规定，在商家家训中也有所体现。如手津屋规定："择养子之时，绝不选富足家庭之子"，"纵自贫苦之家选出亦可。在奉职于自家之手代中，哪怕身份更为低微之奉公人中选择"。这种做法的目的，"皆因从幼年始即在贫苦家庭养育者善累积财富之故也"⑤。当时的

① 「幸元子孫制詞条目」、转引自組本社『商売繁盛大鑑』卷四、同朋舍、1985、24～25頁。
② 〔美〕贝拉：《德川宗教：现代日本的文化渊源》，王晓山、戴茸译，三联书店，1998，第47页。
③ 「手津屋林田正助永代記録帳」、转引自組本社『商売繁盛大鑑』卷三、同朋舍、1984、241頁。
④ 中村吉治『社会史Ⅱ』、山川出版社、1965、145頁。
⑤ 「手津屋林田正助永代記録帳」、转引自組本社『商売繁盛大鑑』卷三、同朋舍、1984、229頁。

商家一般从其他商家或本商家中择有能力者作为养子，并将这种做法视为在无子嗣或自家子弟无能胜任家督之职时的一种补救措施，是一种很常见的现象。养子一般同亲生子享有同等的权利。养子制度的实行，体现了"暖帘"（家业）重于血统的理念，"既有助于维持濒于绝嗣的家系，也可以给世袭制占重要地位的制度中导入灵活性的因素"①。

从上述内容可知，商家实行的家督继承制度并不看重有无血缘关系，首先考虑的是能力，如果有能力，即便是其他人，也可成为家督。这从一个侧面证明了商家并不是生物性的血缘共同体，而是以家业为核心的经营体。同时，也反映出商家在继承人的选择上，为了家业的永续发展，相对于固定不变的血缘性，拥有更大的自主性或可选择性。这种不以生物性的血缘关系而以实际能力为原则的继承制度，不仅可以使商家的经营充满活力，为其家业的存续提供保障，而且可以为那些"非长子"但能力出众者提供一个出人头地、展示自己才华的机会。

关于财产继承，当时的武家社会实行严格的一子继承制，以保证"奉公"与俸禄的完整；商家出于自身经营的需要，并未实行严格的一子继承制，而是采取了由家督继承人继承大部分而其他人继承小部分的方式。一般来说，本家继承"先祖传承下来的重要工具乃至房屋"，而"其他次子则应另建新居，并给予适当的资本使其分家"②。也就是说，房屋等固定资产由家督继承，其他财产大体按照被继承人的遗嘱或惯例分配给诸子。但在分配时，首先考虑的是本家的稳定，以不影响本家的经营与发展为前提。至于分配的份额，各商家情况有所不同，一般是按照长子六分、长子以下总计四分，或者长子五分、长子以下总计五分的比例进行分配③。但也有更为严格的，如《鸿池家家训》中规定："善右卫门家业繁盛，生有多子，然从先祖处继承之一切工具、房产皆归嫡子所有，次子等重新购置住宅，予其适量之资金许其分家。凡事以本家第一为重，财产十之八、九

---

① 〔美〕贝拉：《德川宗教：现代日本的文化渊源》，王晓山、戴茸译，三联书店，1998，第61页。

② 「鸿池家家訓」，转引自吉田豊『商家の家訓』，徳間書店、1973、134頁。

③ 中田薫「我が国の家族制度の沿革」、『法律新報』第733号、11頁。

归本家之继承人所有，余者次男以下继承。"① 这种继承制的实行，保证了商家资本的积累与完整，并在一定程度上为明治维新后产业革命的发生奠定了基础。

与日本不同的是，中国商人在财产分配上实行的是诸子均分制，这种财产继承制度虽然在一定程度上实现了诸子之间的平等，但是"使家产随着世代的递传而日益分割，份数越来越多，份额越来越小，而有限家产的束缚使人们养成了守旧和过分依赖的心理特征"②，从而不利于个体的自立。更重要的是，从资本积累的角度来看，诸子均分制造成了家庭财产的周期性分割，使财产失去了再投资的功能，使商人通过艰辛创业积累的家业日趋衰落，严重阻碍了中国商人资本积累的进程。

三　家内秩序

规范家族成员的言行，维护家族内部的秩序，对于一个家族而言，乃是稳定的根本所在。如果家族内年幼者不尊敬长者，长者不爱怜年幼者，势必导致家族秩序紊乱，动摇家族的和睦团结。

家族内部严守长幼秩序，乃是恪守家族规范、维护家族秩序最为重要的一个方面。故而《本间家家训》中规定，"家庭之清肃，应严长幼之序，断不可有所紊乱"③。在家族中，主人具有特殊的身份，如其不能以身作则，势必难以服众，更难以维护家族的秩序。故鸿池家始祖山中新六幸元在家训中规定："家族诸人皆需听命并效仿主人之言行，是故主人更应以慎行、正身为要。若己身不正而责罚家人，家人虽一时惧其威严似已顺服，然内心必大有不满，日后家法定乱。故欲齐家者，切不可忘先修己身之圣言，严正家法，严律己身。"④

夫妻关系是家族内部的一种重要关系，虽然商家家训中对此没有太多的规定，但有些家训中还是有所提及，而且表现出一种轻视妇女的思想倾

---

① 「鴻池家家訓」、転引自吉田豊『商家の家訓』、徳間書店、1973、134 頁。
② 麻国庆：《家与中国社会结构》，文物出版社，1999，第 69 页。
③ 「本間家家訓」、転引自北原種忠『家憲正鑑』、家憲制定会、1917、277 頁。
④ 「幸元子孫制詞条目」、転引自組本社『商売繁盛大鑑』巻四、同朋舎、1985、23 頁。

向。如菊池家在家训中强调："夫妇之别重乎礼。夫妇虽极亲昵，然因尊卑有差，道自然立之。若溺于夫妇昵情，则夫不能教妇，妻不敬夫，乃阴盛阳抑，刚被柔制，乃家道衰退之始也。"① 即强调要夫妻有别，"尊卑有差"。手津屋还规定，"即便主人之妻，也要最后入浴"②，显然将女子置于家中最末位置。佐羽家甚至在家训中强调，"妻子及妇人之话断不可信。一般妇人性情乖僻者为多，故应在平素管束妻子，万端家事切不可予其以权威"③。上述家训内容乃是封建思想中轻视女性的一种表现。

对于以商业经营为主的商家来说，长幼秩序是维护家族秩序的一项不可或缺的内容。但由于商家经营的特点，较之商家对家族内部长幼秩序的规定，商家的"长幼"更多地体现出对等级秩序的强调。

其中最重要的是，为下者要尊敬上司，不可有无礼之言行。如《町家式目》倡导，"首先当然要尊重主人，此外，职位低微者对于上司也绝不可轻蔑待之"④。《冈谷家家训》也规定，商家内部要"以主从上下差别为本，居吾之上者，无论年之长幼，皆应尊敬之"⑤。佐野屋菊池家还将等级秩序细化至日常行为举止之中，其家训规定，店内人等早晨起床后，要先"向上级及年长者问候"，然后再去工作，晚上工作事毕后，也要"向年长者问候后再行就寝"⑥。日常生活要如此，在实际的商业经营活动中更要严守等级之序，如市田家要求，"店内所有人等，需年幼者听从年长者，手代听从番头之指示，关于商卖往来之一切事务，番头则需听从支配人之指示"⑦，即为下者要听从上司的吩咐，是一种单向的要求。还有的商家不仅要求"上司吩咐之指示应严格、毫无错误地予以遵守"，而且要求上司对

---

① 「佐野屋菊池家初代・長四郎訓戒」、转引自組本社『商売繁盛大鑑』卷一、同朋舎、1984、236～237 頁。
② 「手津屋林田正助永代記録帳」、转引自組本社『商売繁盛大鑑』卷三、同朋舎、1984、249 頁。
③ 「佐羽家家訓」、转引自組本社『商売繁盛大鑑』卷一、同朋舎、1984、69 頁。
④ 「町家式目」、转引自吉田豊『商家の家訓』、徳間書店、1973、323 頁。
⑤ 「岡谷家家訓」、转引自組本社『商売繁盛大鑑』卷二、同朋舎、1984、226 頁。
⑥ 「佐野屋菊池家店教訓」、转引自組本社『商売繁盛大鑑』卷一、同朋舎、1984、216～226 頁。
⑦ 「市田家三代目・市田清兵衛浄林家訓」、转引自組本社『商売繁盛大鑑』卷三、同朋舎、1984、36 頁。

下级也应"以慈爱之心培养，教其商卖之法，凡事予以指挥"①，这样显得更合理。商人社会内的等级秩序虽不像武家社会那样严格，但也不允许扰乱上下秩序。关于此点，住友家规定道："店铺是町人对外营业之场所，当值时须讲究礼仪。然近来却马虎草率，手代与丁稚混杂，丁稚座于手代之上席。今后不可有如此行径，要严守礼仪。"② 水口屋也规定，"监督者以上人等，禁止与低于其身份者同席杂谈"③。上述这些对维护经营秩序和商家的整体形象是有必要的。

作为对德川时期等级制度的反映，商家内部也有诸多的身份限制，各身份等级的人必须明确自己的身份。近世时期，幕府及各藩对各个社会阶层所穿衣物、所持道具等都有严格的规定，商家必须严格遵守。但是有的商人随着财富的增加，逾越商人阶层身份，穿着或佩戴不合身份的衣物或饰品。在统治阶层看来，这无疑是对身份秩序的挑战，因此遭到了统治阶层的严厉压制。如"淀屋家红漆走廊、玻璃屋顶的住宅之豪华令将军大名望尘莫及；淀屋辰五郎身着僭越身份的里外全白锦服出入游里"④，淀屋辰五郎最终因奢侈被问罪，并被没收家财。鉴于以上两方面的教训，商家在家训中非常注重对衣物及饰品的规定，从而规范家族成员的穿着，既是为了俭约而计，也是为了严守商人身份，以免招致祸灾。

如鸿池家规定："住房及家具、衣服、饮食，皆不许嗜好奢华而恣意浪费金钱，应守俭约之道。然将俭约常露于表面，故做穷苦状则招致众人非议。当今世界，要按身份而行，万事不可哗众取宠。……婚丧嫁娶等，须按礼仪进行。席间所用菜肴，应与身份相当，万事严守俭约之道，不可有无谓浪费。"⑤ 可见，"严守俭约之道"和"与身份相宜"是制定穿着等规则的两大原则。有的商家还对不同身份者的穿着制定了详细的规定，如

---

① 「水口屋小川家店方掟書き」、转引自組本社『商売繁盛大鑑』卷二、同朋舍、1984、210頁。
② 「住友総手代勤方心得」、吉田豊『商家の家訓』、德間書店、1973、116頁。
③ 「水口屋店方掟書き」、转引自吉田豊『商家の家訓』、德間書店、1973、211頁。
④ 刘金才：《町人伦理思想研究——日本近代化动因新论》，北京大学出版社，2001，第84页。
⑤ 「幸元子孫制詞条目」、转引自組本社『商売繁盛大鑑』卷四、同朋舍、1985、30～31頁。

佐野屋菊池家专门制定了一则《衣服规定心得》，其中对商家内部各成员所穿衣物进行了详细的规定，例如"手巾，勿用花样新鲜、价格昂贵者，形状及花纹宜与身份相应，不宜选用太显眼者。木屐和草屐，居店之前三位者，应选用黑、青两色之皮革木屐带，三位以下者则用鞭状木屐带，且不宜追求风俗，以传统者为宜"①。规定细微至如此之程度，足见商家对等级制度的重视程度及良苦用心。针对已经存在的一些不良现象，《水口屋店方捉书》还对逾越身份，不守家族秩序和规范的情况予以处罚，"衣服、道具，必须按照依据身份而定的规则着用，每年对各人之衣服清查两次，若有不符合身份之物，予以没收"②。《市田家家则》也规定，"奉公人之穿着，分冬夏两季发放。除棉布、麻布外不可着用。关于衣着、依照支配人、番头、奉公人之地位，其顺序不可紊乱。若奉公人中有随意穿着不合身份之衣物者，经严肃调查，予以没收"③。

总之，无论是强调商家内部的家族秩序，与奉公人之间的主从之序，还是严守身份秩序，都体现出商家对家族内部的井然有序以及家业稳定发展的期望和努力。这种期望和努力是出于对商家家业发展的考虑，但也不能忽视江户时代严格身份等级制度的影响。可以说，强调商家内部的秩序是外部环境与自身需要这两个方面促使商家做出的选择。

第三节　精神信仰

商家家训中的各种规定不仅体现了商家的家族伦理和家族规范，许多内容还真实地反映了商人作为一个社会阶层所拥有的丰富的精神世界，诸如祖先崇拜以及与之紧密相关的宗教信仰、行业信仰，既是商家精神的具体体现，反映出商人祈盼家运长久的愿望，又是商家家业得以稳定、持续发展的精神动力和活力源泉。

---

① 「衣服規定心得」、转引自組本社『商売繁盛大鑑』卷一、同朋舍、1984、230~231頁。
② 「水口屋店方捉書」、转引自吉田豊『商家の家訓』、徳間書店、1973、204頁。
③ 「市田家家則」、转引自吉田豊『商家の家訓』、徳間書店、1973、94頁。

一　祖先崇拜

所谓祖先崇拜，是把祖先视为具有超自然影响力的精神存在，通过与祖先魂灵的交流，使现实中的人们向上、纯化、发展的一种信仰。祖先崇拜是日本传统文化中不可或缺的组成部分，也是日本传统家族制度的基础。日本人自古以来就是虔诚的祖先崇拜者，尤其是在日本传统家族制度形成及永久不灭的家观念产生后，祖先崇拜的内容也发生了根本性的变化。日本人对自己的直接祖辈的崇拜取代了对远古祖先的崇拜。"在狭义的祖先崇拜中，'家'的先祖，是指这个'家'的创始者。而一旦分家，最初从本家分离出来的那个人就成为先祖。"① 可见，日本人的祖先不是年代久远的血缘祖先，也不是抽象的概念和单纯的精神上的寄托，而是具体的、直接的、现实的存在。也正因如此，祖先崇拜对后人颇具约束力，几乎所有商家家训都强调要崇祖、敬祖，不忘祖先之恩。商家家训中所体现出的祖先崇拜，主要有以下四个方面。

首先是对祖先遗言、遗风的遵守。从多数商家历代遵守的家训出自先代的遗言这点来看，足以说明祖先遗言的重要性与权威性。江户时代，关西豪商的代表——鸿池善右卫门家的主人宗利在 1716 年（正德六年）制定了《宗利家训》，开篇即指出了祖先遗言的权威性，"仔细领会先祖之意图，谨记于下，望能代代相传并实行之"②。可见，该家训是在综合、归纳先祖的各种言行基础上制定的，同时要求鸿池家"代代相传并实行之"。商家对于祖先遗言、遗风的遵守有多种表现形式，经常诵读祖先之遗言便是其中之一。如《本间家初代·原光新年仪式之定》中规定，在祭祀祖先时，要诵读"祖先传承之条文"③。商家对祖先的崇拜不仅体现在对祖先遗言的遵守上，还体现在对祖先各种惯例、经商作风的维护和遵守方面。如《中村治兵卫宗岸家训》中规定："中村家从先祖起代代以购买田地，日积

---

① 〔日〕铃木范久：《宗教与日本社会》，牛建科译，中华书局，2005，第 55~56 页。
② 「宗利家訓」、转引自組本社『商売繁盛大鑑』卷四、同朋舍、1985、52 頁。
③ 「本間家初代·原光新年儀式の定」、转引自組本社『商売繁盛大鑑』卷一、同朋舍、1984、24 頁。

月累贮蓄金钱，故无向他人借债之先例。因而今后也不可以借债之方式扩展商卖。"① 类似的规定在商家家训中还有很多，大多强调在经营方式、经营范围等方面要严格遵守祖先的惯例。

其次是对祖先的敬仰与感恩。对于商家来说，家业是根本，而祖先是家业的创立者和开拓者，没有历代祖先的努力与奋斗，则没有商家现阶段的繁荣。因此，商家一般对历代祖先充满了敬仰与感恩之情。这种情感的流露也常常体现在家训之中。如鸿池家始祖山中新六幸元在为子孙撰写的《制词条目》中这样写道："祭祖法事乃家之恒例，不可怠慢，勤于供养。无先祖则无父母，无父母则无己身。当代家业之繁盛，非自身之功劳，全赖先祖累代之积德、父母之教养也，其厚恩断不可忘。"② 三井家第二代主人三井高平（宗竺）在其遗书中讲道："吾三井家继承宗寿所传之家业，迄今仍日益繁昌，实乃祖父（高俊）之惠佑。子孙弥感洪恩。"③ 本间家第四代主人光道在其撰写的遗训中，也历数了列位先祖的恩德，"深念曾祖父（本间家中兴之祖原光）兴家之功劳，朝夕不敢忘其恩德。更，高祖父（原光之父久右卫门）夫妇重义理，令曾祖父另立别家，赖其无量之恩德，子孙日益繁昌。……更有祖父（光寿）并父亲（光丘）从年轻时即日夜操劳，方有今日家业之繁荣"④。通过对家训中历代祖先之功绩的追溯，不仅使后人对本商家来之不易的家业源流有一个明确的了解，而且更充分表达了商家对先祖的感激之情。

商家对祖先的敬仰与感恩之情还体现在其日常大小事情必先奉告祖先这一举动上。如《本间家家训》中讲道："尊崇祖先乃我国风之美，一家亦然，故一家之大事必先奉告祖先而后行之。"⑤ 向已故去的先祖禀告家族、经营中的大小事情，充分体现了商家对先祖的敬仰和感激之情。这种

① 「中村家二代目・中村治兵衛宗岸家訓」、転引自組本社『商売繁盛大鑑』卷三、同朋舍、1984、34頁。

② 「幸元子孫制詞条目」、転引自組本社『商売繁盛大鑑』卷四、同朋舍、1985、22頁。

③ 「宗竺遺書」、転引自組本社『商売繁盛大鑑』卷五、同朋舍、1985、238頁。

④ 「本間家四代目・光道遺訓」、転引自組本社『商売繁盛大鑑』卷一、同朋舍、1984、50頁。

⑤ 「本間家家訓」、転引自須知正和『日本の家訓』、日本文芸社、1985、184頁。

举动并不限于近世商人家庭之中，还是日本祖先崇拜的一个重要特征和表现形式，而且这种行为及思想意识至今仍然存在于日本社会之中。美国记者罗伯特·G. 克里斯托弗曾在其所著的《日本心魂》中记载了这样一件事情，一位已故日本政治家的儿子在回答美国客人对他父亲的赞誉时，一本正经地说："下次我和父亲谈话时，一定将您的美意转告他。"① 这种言行对于日本人之外的其他人而言恐怕是很难理解的，但对于日本人来说，这是对先祖敬仰、感恩并与之进行交流的一种表现。

再次是对祖业的维护。商人们认为，家业是历代先祖从创业开始勤勉努力而累积的财产，先祖将家业传承给自己，自己只是家业的保管者，而不可将其据为己有。自己的责任是将先祖所遗留的家业保管好，继续传承下去，使家业得以延绵不断。因此，对于祖先开创的家业，"一定要慎重对待"②。在这种观念之下，大多数商家将家业的延续视为头等大事，就像武士中"家破人亡"一语所说的那样，把家号的断绝视为最大的危机。这是因为，一旦家破人亡，也就没有了供奉祖先的子孙。那样的话，先祖的灵魂就会成为"不能超度之灵"，不仅不能守护子孙的生活，反而会给子孙带来不幸。因此，"使家破败者乃对先祖之不孝也"③。本间家第四代主人光道在其撰写的遗训中历数了列位先祖的恩德后指出："深受上述诸位先祖恩泽之吾辈，朝夕之勤劳自不待言，更不可视经数代累积之遗产为自身之物，而乃是先祖寄存之物也。故万不可有丝毫之懈怠，应以勤励于家业为第一要务。"④ 家业乃"先祖寄存之物"一语，不仅道出了商家对于家业的基本理解，还指出了相对于家业而言，主人与先祖的关系，即祖先是家业的开创者，现阶段的主人只是家业的"保管者"。

鸿池家始祖山中新六幸元在《幸元子孙制词条目》中更是对先祖、家业、现时商家的主人三者之间的关系有一段非常精辟的论述，很具有典型性，现摘录如下：

① 〔美〕罗伯特·G. 克里斯托弗：《日本心魂》，中国对外翻译出版公司，1986，第 82 页。
② 「木村家法定書」、转引自京都府『老鋪と家訓』、京都府、1970、14 頁。
③ 「大丸下村家家訓」、转引自組本社『商売繁盛大鑑』卷二、同朋舎、1984、256 頁。
④ 「本間家四代目·光道遺訓」、转引自組本社『商売繁盛大鑑』卷一、同朋舎、1984、50 頁。

己身所能自由支配之金钱，乃先祖、父母之遗产暂留存于己处，且须传之于子孙者也。自身若肆意浪费，乃大不孝之罪也。天地诸神断难宽恕，定招灭身之灾，故须谨记。纵身无分文，然我身犹乐，皆因先祖、父母辛苦而累积之钱财也。纵然自己才能出众，积累了比旁人更多的钱财，然一钱也非自身累积，皆因自身亦为父母之遗产也。父母所授之身及所贮之钱，皆父母之遗产也。断不可将父母之遗产恣意浪费于花街柳巷。①

这段家训充分说明家业是维系祖先—主人—子孙三者关系的一条重要纽带，表明了家业的具体属性和世代传承性，更为重要的是，它认识到祖先位于家业这条纽带的首端，没有祖先的创业，就没有现在家业的繁荣，也没有现今主人所享有的职位和权力，更不会有子孙后代的繁昌，充分认识到了祖先的重要性和其地位、功绩的不可磨灭性。也正因如此，不仅商家现在的主人要感激祖先的洪恩，其子孙后代也不可忘却祖先的功绩。家业观念将祖先—主人—子孙这一纵式的关系紧紧地联结在了一起。

最后是对祖先的祭拜。几乎所有的商家家训都强调要崇祖、敬祖，不忘祖先之恩德，勤于每日祭拜。如《木村家法定书》中规定："从主人到手代（伙计）在早饭前都要参拜祖先。"②《川喜田家店定目》中甚至还对祖先专门有规定："对于先祖之忌日，从忌日之前夜即需用心，忌日之前夜至当日，不可外出。"③ 对先祖的祭祀，还包括日常对先祖住宅及祠堂的维护。如《大丸下村家家训》中规定："祠堂之建造及祭祀，应依定式进行，且夏至、冬至、忌日等，应携同族祭拜之，决不可有丝毫疏忽。"④ 鸿池家的《宗利家训》中也要求对"先祖曾居住之内久宝寺町之住宅"要

---

① 「幸元子孫制詞条目」、转引自組本社『商売繁盛大鑑』卷四、同朋舍、1985、28～29頁。
② 「木村家法定書」、转引自京都府『老鋪と家訓』、京都府、1970、14頁。
③ 「川喜田家店定目」、转引自組本社『商売繁盛大鑑』卷二、同朋舍、1984、268頁。
④ 「大丸下村家家訓」、转引自組本社『商売繁盛大鑑』卷二、同朋舍、1984、260～261頁。

"妥为保存"，并对"先祖之忌日及每月之法事不可懈怠"①。

值得注意的是，从家训资料中可以看到，对于商家的祖先，不仅要求本商家的家族成员精勤祭拜，还要求与之没有任何血缘关系的奉公人参与祭拜。这一方面说明商家将雇用的奉公人视为家族成员来对待，另一方面说明无论是本商家的家族成员还是受雇于该商家的奉公人，均被统合于家业之下。主人、商家其他家族成员、全体雇佣人构成了一个命运共同体。祖先所遗家业受惠于每个人，家业的兴衰成败也关乎每个人，故而与之没有血缘关系的全体奉公人也被纳入商家的祖先祭拜活动中。如今，日本的松下电器在公司内建有"大观堂"，堂内祭坛分别供奉着松下先祖、父母以及松下员工祖先的灵位。不仅每日早上、晚上有住持大师献香诵经，而且松下公司的各事业部每年也要来此祭拜。同样，位于京都市左京区的天台宗寺院"真如堂"是三井家和三井集团的家庙，埋葬着三井家历代祖先，同时也供奉着刻有因公而死的用人名字的石塔。这里是三井家的"总墓"，是做法事的道场，同时也是三井集团训练员工的场所②。

通过对上述家训内容的分析，笔者认为商家的祖先崇拜观念具有以下两方面的特点。

其一是祖先崇拜的实用性。在中国人的传统观念中，祖先崇拜与祖先祭祀是与血缘相联系的，即后人崇拜与祭祀的祖先必定是自己血缘上的祖辈。"日本人的祖先崇拜，表面上看起来是血统的继承，但实际上在直系继承的基本原则下，尊重血统的观念是次要的"，"换言之，血缘的事实是更进一步强化祖先崇拜观念的条件，但绝非使之成立的根本原因"③，即日本人崇拜与祭祀的祖先是家业的创建者及代代继承者，而非仅仅是已故的血缘上的先辈，因为上述被崇拜与祭祀的人是直接造福于后代的人，现实中的人可直接感受到他们的恩泽。有些商家在家训中感恩的祖先是为家业发展带来实实在在的利益，并直接泽被后世的中兴之祖。因而，"中兴之

---

① 「宗利家訓」、转引自组本社『商売繁盛大鑑』卷四、同朋舍、1985、54 頁。
② 李卓：《中日家族制度比较研究》，人民出版社，2004，第 234 页。
③ 竹田聴洲『祖先崇拝』、平楽寺書店、1987、22 頁。

祖之勤劳，应时常铭记于心"①。此外，从家名也可看出商家祖先观念的实用主义色彩。譬如战国末期大商人、洛西嵯峨的名家角仓素庵，原姓吉田，靠经营土仓（高利贷业）和造酒发家，便以屋号角仓为姓②。对于后人而言，角仓素庵才是角仓家真正的祖先，所以角仓家祭祀与崇拜的祖先是角仓素庵，而非世系更为久远的吉田家。再如前文中提到的将与商家主人及其先祖并没有血缘关系的奉公人也纳入商家的祖先祭拜活动中，主要是因为这种活动有利于统合全体人员，共同维护家业的繁荣和延续。只要能为家业带来有益的、实实在在的利益，无论是商家家族成员还是奉公人都可以，并不会过多地考虑有无血缘关系这一事实。在这种祖先观下，日本人的祖先崇拜甚至具有了功利主义的色彩，即使一个现世的人也可成为祖先。在日本常有这样的情景，当上了年纪的父母为儿子的前途担忧时，就会有人过来安慰道："这个孩子有出息，将来一定能当祖先。"③ 此语的意思是：这个孩子将来一定能够出人头地，能够开创一份新的家业，这样一来，对于这个孩子的后代来说，他就成了祖先。

与之相比，中国前近代商人受宗法制度的影响，非常注重宗族利益。宗族成立的条件是从共同的祖先那里继承来的血统，对祖先的崇拜与祭祀，可使族人产生本宗族源远流长、身份高贵的荣誉感与自豪感，同时也有利于维护宗族的团结。所以，在明清商人的家训中，非常注重祖先崇拜与祭祀。但中国明清商人对祖先的祭祀活动，没有血缘关系的外人是不能参加的。如休宁商人程一枝在其家训中所指出的："人之生也，本之祖，统之为族。祖也者，吾身之所自出，犹本之根也。……有生之道，莫先于尊祖。"④ 可见，中国强调的是与先祖之间的生物性血缘关系，只有同族、同宗，与先祖有血缘关系的人，才有资格参加祭拜活动。

其二是祖先崇拜与神佛信仰的结合。祖先崇拜与神佛信仰相结合是商家家训所反映出的商家伦理思想的一大特色。有人称，"日本国民不论是

---

① 「濱田家家憲」、转引自第一勧銀経営センター『家訓』、中経出版、1979、376 頁。
② 「舟中規約」、转引自吉田豊『商家の家訓』、徳間書店、1973、64 頁。
③ 柳田国男『先祖の話』、築摩書房、1975、9 頁。
④ 程一枝：《程典》卷十九《宗法志》，转引自高寿仙《徽州文化》，辽宁教育出版社，1993，第 40 页。

神道家，还是佛教徒，都是祖先崇拜者"①。在商家的信仰观中，祖先崇拜与神佛信仰紧密联系在一起。神道是日本人最古老的信仰，在古代，各个村、各个氏族都要供奉自己的守护神。自佛教传入日本以来，在政治及伦理思想等方面对日本产生了巨大的影响，尤其是佛教的因果报应、轮回转世、佛国净土、饿鬼地狱等说教与日本固有的祖先崇拜、神道思想相融合，共同构成了日本人的信仰观。日本历史发展到近世时期，形成了一种独特的现象——神龛、佛坛供于一堂，而佛坛上又供奉着祖先的牌位。日本对神、佛的信仰往往与拜祭祖先同时进行，商家家训中也有诸如此类的规定：

> 全员每日早起，于神棚敬拜神佛与祖先，其后归各自之岗位。（《水口屋店方掟书》）
>
> 日夜勤于业务，……深受主人之厚恩，应感谢神佛之加护。（《独慎俗话》）
>
> 遵守先祖教训，常思佛恩及国恩之深广，无论于内于外，唯有心存感激崇敬。（《本间家三代光丘自戒三十条》）

将神佛信仰与祖先崇拜融于一身，不仅是商家信仰观的一大特征，同时也是日本人信仰观的一大特征。关于商家的神佛信仰，将在后文予以详细论述。

与之相比，中国对祖先的祭祀活动，有一套非常严格而烦琐的礼节仪式，麻国庆对此评价道："各种拜祖活动名目繁多，礼仪繁缛。不同的宗族都有一套特有的专门用于拜祖仪式的程序，每一种仪式又是由一系列更小的子仪式组成，它们构成了一个错综复杂的拜祖文化系统。"② 通过一系列烦琐、铺张、过多注重形式的活动，既对外炫耀了本宗族的绵长世系与强大势力，又起到了团结族内全体人员的作用。日本商家家训中的祖先崇拜与祭祀与中国那种张扬的形式相比，则更多地注重其带给商家的实际功

---

① 穂積陳重『祖先祭祀と日本法律』、有斐閣、1917、21 頁。
② 麻国庆：《家与中国社会结构》，文物出版社，1999，第 96 页。

效，因此商家多在家中设有佛坛或神龛，只在每日的简单祭拜中感谢祖先恩德。

那么，商家为什么如此重视祖先崇拜呢？笔者认为，祖先崇拜的意义有以下几点。

首先，以祖先为榜样教育商家成员专心于家业。祭祀祖先，缅怀祖先之功德，意在祈求祖先魂灵的保护，并让家人对祖先及其开创的家业采取一种认同的态度，将祖先之心作为己心，专一于家业。商家的祖先崇拜强化了商家成员与祖先之间一脉相承的意识，同时也强化了人们对于家的归属意识。这些宗教性礼仪背后的真正用心是提示子孙后代要明确并时刻牢记：确保祖传家业是神圣的义务，今日之安乐皆是祖先所赐之物。祖先是贯穿家的过去、现在、未来的纽带，通过祭祀祖先，继承祖先发家创业的精神，把家业发扬光大。因此，商家在家训中常常训诫子孙和店员时时刻刻不要忘记祖先洪恩。即便是家长，也要牢记"吾即先祖之手代（伙计）"①，必须忘我地努力工作，以无愧于自己的祖先。家，"本身就是一个神圣的实体，当它以祖先这一观念来象征时，便要求所有家庭成员包括在世的家长对它的感激和奉公"②。按照这种意识，家长与其他成员一样，所有家业参与人员的工作和劳动都被视为对祖先恩德的一种回报和馈答。其次，督促商家成员服从于现世的家长，维持家族的和睦。在父权家长制下，家长就是祖先的化身与代表。对祖先的崇拜与祭祀，实际上是为了表示对活着的家长的孝顺与服从。最后，祖先崇拜是商家教育子女的一种方式。在日本人独特的祖先观下，祖先崇拜还有一个特殊的功能，那就是鼓励人们出人头地。主要体现在两个方面。一是近世商人有着强烈的，类似中国人"光宗耀祖"、扬名显亲的观念。祭祖、敬祖活动实际上是教育子女以作为家的代表或象征的祖先为楷模，要求他们继承祖先的遗志，像祖辈那样励精图治，使家业代代发扬光大。二是由于家督继承制的实行，家业继承人与非继承人之间存在不平等，但这并不意味着非继承人就永无出

---

① 「主従心得草」、转引自吉田豊『商家の家訓』、德間書店、1973、331頁。
② 〔美〕贝拉：《德川宗教：现代日本的文化渊源》，王晓山、戴茸译，三联书店，1998，第152页。

头之日。只要依靠自身的艰苦努力，他们就能开创一份新的家业，成为一个"祖先"而为后代所尊崇。不少商家家训要求自家长子以外的成员到别人家当学徒学手艺，以求在社会上立身。这无疑给非家业继承人带来了希望与机会，同时也给等级森严的社会注入了活力与生机。

商家的祖先崇拜强化了家长的权威，是维护家族名誉及家业精神的纽带。在这一观念之下，"人们绝不可伤害家族的名誉，或者让家业荒废，因为这会给祖先蒙上耻辱。这样的态度常常有利于巩固正直、品性和信用的高标准。毫无疑问，它有助于强化商业界中的普遍基准，有助于产生商家之间的那种信赖"①。但这种祖先崇拜传统同时也存在一些弊端。同样的一句话，"吾即先祖之手代"，若从另一角度来分析和理解，即由于祖先权威的重压，否定了家业继承人作为一家之主的自主性，造成的直接后果就是商家的墨守祖业。一般来说，家业创始者或中兴之祖留给后代的教训是小心守成、力求安稳，祖先所定之营业种类、形态、规范也必须严格遵守。商家家训多在"坚守祖先之家风"的信条下强调"绝对不许从事本业以外的商卖"等，反映出德川时代商人意识保守的一面。尤其是在近世中后期的商家家训中，更多的内容是强调对先祖的感恩戴德以及墨守先祖家业这种神圣的义务。

应努力以家业为第一，不羡慕他业之商卖。(《町家式目》)

绝不准从事本业以外之商卖，……否则，将影响（本商家）之社会形象。(《鸿池家家训》)

关于商卖，以往之惯例绝不可乱，皆应齐心协力，断不可执迷于一时之流行风潮，应严守古法。(《市田清兵卫净林家训》)

为图商卖利益而经营其他之业种，乃代代禁止之事，需严加遵守。(《白木屋享保定法》)

有生之年定要恭敬遵守先祖之惯例。(《本间家第三代光丘自戒三十条》)

---

① 〔美〕贝拉:《德川宗教:现代日本的文化渊源》，王晓山、戴茸译，三联书店，1998，第153页。

类似的家训内容不胜枚举，但体现创新思想、强调开拓进取、创建新的经营领域等方面的规定却极难觅其踪迹。其实，许多店铺最初是以新颖独到的创意，并且大多"染指他业"，才得以在新的行业中崭露头角的。但在其家业达到一定规模之后却墨守祖业、强调守成，为了家业的稳定发展，不愿再多越"雷池"一步。即便是商家的主人，也必须服从于先祖遗训，循规蹈矩，慎重对待家业。因此，过于注重祖先之恩德，过于强调先规陈例，就难免会出现"动脉硬化"的现象。正因如此，在幕末和明治初期的变革之际，许多老店由于长期以来固守陈旧的业种和经营方式而趋于没落，在新的形势面前，逐渐失去了应对能力，许多商家因经不起冲击而倒闭。

二　宗教信仰

作为江户时代的一个社会阶层，商人群体在从事商业经营活动的同时，也逐渐拥有了自己的信仰。这些信仰观念是商人经营理念的重要支柱，也是商人精神的重要体现。在商人的信仰观念之中，很重要的一点就是商人的宗教信仰，而在商人的宗教信仰中，又以对佛教和神道的信仰和崇拜为主。

佛教最早流行于印度，后传入中国。据《日本书纪》记载，早在552年，佛教便经由朝鲜传入日本[1]，并最终被圣德太子所接受，从而使佛教开始在日本得以流传和广布。由于得到了日本朝廷的支持和提倡，佛教在奈良时代逐渐兴盛起来，并形成了法相宗、三论宗、华严宗、律宗等宗派。到了平安时代，又逐渐形成了以平安京为中心的天台宗、真言宗以及在民间广泛传布的净土宗。在佛教尚未传入日本之前，日本民间广泛崇信

---

[1] 《日本书纪》卷十九，钦明十三年十月记载百济圣明王（？～554年）派使节向大和国钦明大王（约510～571年）赠送释迦佛金铜像以及幡盖经籍等。这是学界一般公认的关于佛教传入日本最早时间的记载。但据宗教史学者铃木范久的说法，除上述《日本书纪》所记载的552年外，另据《上宫圣德法王帝说》和《元兴寺伽蓝缘起》记载，则是公元538年。但同时铃木又指出，此前已有火葬的迹象，据此可推测，佛教的习俗在此之前就已经传到了日本（该观点参见〔日〕铃木范久：《宗教与日本社会》，牛建科译，中华书局，2005，第26～27页）。

神。在平安时代，一些僧侣为了使人们能够接受佛的思想，巧妙地将佛教与神祇崇拜相糅合，出现了神佛合一的现象。这种神佛合一、崇信神佛的思想对此后的日本人，尤其是庶民阶层的信仰观念产生了深远的影响。

许多商家家训中规定要经常通过对神佛的祭拜活动，感谢神佛的护佑。例如，本间家在《新年仪式之规定》中强调，从元旦开始，为期四天，每日清晨的第一项活动即做法事，事毕，方可用早餐①。《中井家家法》中甚至对祭祀活动的各种安排有详细的规定："奉行祭祀之日及其前夜，需谨慎小心。当日，应对贫困之人或僧人施舍每人二百文。"② 德川幕府时期，为了禁止基督教，幕府强制要求各家都要成为某一寺庙的施主（日语称"檀家"），并供奉该寺庙所属流派的佛像。故商家家训中也有关于这方面的规定，如河内屋五兵卫可正就要求家人"敬仰先祖传承之宗门，若丧失信心，则应时常去参拜寺院"③。《佐羽家家训》中也规定："不可信仰吾家宗派以外的宗教。"④ 有些商家还规定要对佛家虔诚待之，常予施舍，以尽对佛的尊敬之心。如《伊藤家家宪》中规定，"对寺院，尽量亲近，尊重之。应依身份布施，若吝啬则与压价购买经书同罪"⑤。当寺院有人光临商家店铺时，要虔诚接待。如本间家家训就将款待僧众的饮食都写进了家训。

较之对佛的敬仰与崇拜，商家家训中关于对神的信仰单独出现的并不是很多，更多的是对神佛信仰合一的内容。将对神、佛之信仰结合起来，可以说是商家信仰观的一大特色。如白木屋的《独慎俗话》中即强调"应感谢神佛之加护而勤勉之"⑥。商家对神佛的信仰不仅表现在平时对神佛的精勤祭拜活动中，而且还表现在对佛坛、神棚的日常维护以及对寺院、神社的参拜上。如山中新六幸元在家训中规定，"每日清晨，勤拭神棚、佛

---

① 「新年儀式の規定」、转引自組本社『商売繁盛大鑑』卷一、同朋舍、1984、24～28頁。
② 「中井家家法」、转引自組本社『商売繁盛大鑑』卷三、同朋舍、1984、24頁。
③ 「河内屋可正处世訓」、转引自組本社『商売繁盛大鑑』卷四、同朋舍、1985、231頁。
④ 「佐羽家家訓」、转引自組本社『商売繁盛大鑑』卷一、同朋舍、1984、68頁。
⑤ 「伊藤家家憲」、转引自吉田豊『商家の家訓』、德間書店、1973、237頁。
⑥ 「独慎俗話」、转引自吉田豊『商家の家訓』、德間書店、1973、362頁。

坛，精诚祈愿"①。再如川喜田家家训规定："如遇火灾，应首先抢救神龛及邻近之橱柜，其次才是商品等。"② 本间家还强调，"要重视对佛寺神社的布施"③。

归纳起来，商家的神佛信仰具有以下几方面的特点。

其一，以现世主义的观点来接受神佛思想，对商家的家业观、劳动的态度产生了一定的影响。对于以商业盈利为人生活动中心的商家来说，较之考虑将来的幸福，更重要的是祈愿现世的荣华富贵。三井高房在其所著的《町人考见录》中写道："如果有谁能够殷富其家，精心抚育眷属，能得长命。……皆可即身成佛。"④ 这说明商家以追求现世的利益，赢得现世的名誉为第一要事，并将其视为通向极乐之途的起点。手津屋林田正助在家训中也讲道："忠于主君，尽孝于双亲，修身敬人，严守仁、义、礼、智、信之五常，精勤于先祖遗留之家业，内心常存祈愿死后之极乐往生，其信念不懈，则今世可安乐度日，死后亦可成佛。"⑤ 可见，在商家看来，要想"今世安乐度日，死后亦可成佛"，途径就是平时讲求修身正己，最重要的是"精勤于家业"。这些家训都强调了现世精勤家业的重要性。对于商家来说，把握住现世才是最重要的。

其二，崇信神的思想培养了商家忠君敬主的观念。日本很早就出现了神国思想，日本的肇始者乃天照大神，日本人均为神的子民。因此，商家对神的信仰培养的是一种对朝廷、主君的忠诚态度。伊势神宫是祭祀天照大神的神社，从某种意义上说是日本古代国家的精神象征。因此，人们对伊势神宫的参拜，表达的是对朝廷、主君的崇敬。这在商家家训中也有所体现。如《佐野屋菊池家店教训》中即规定："伊势神宫之参拜，因其乃吾国第一神，上至天子下至万民之先祖也，故其参拜乃属当然之事。"⑥

---

① 「幸元子孫制詞条目」、转引自組本社『商売繁盛大鑑』卷四、同朋舎、1985、22頁。
② 「川喜田家店定目」、转引自組本社『商売繁盛大鑑』卷二、同朋舎、1984、269頁。
③ 「本間家三代目・光丘自戒三十条」、转引自組本社『商売繁盛大鑑』卷一、同朋舎、1984、45頁。
④ 藏並省自『日本近世史』、三和書房、1976、200頁。
⑤ 「手津屋林田正助永代記録帳」、转引自組本社『商売繁盛大鑑』卷三、同朋舎、1984、242頁。
⑥ 「佐野屋菊池家店教訓」、转引自組本社『商売繁盛大鑑』卷一、同朋舎、1984、221頁。

《宗竺居士家训》中更将崇神、敬君、爱国相提并论，指出"生受神国者，应崇神、敬君、爱国，以尽臣民之本分，是为平素当注意之事"①。因此，对神的信仰与崇拜，培养了商家忠君敬主的思想，这种思想无论是对维护商家内部的秩序，还是对维护江户时代幕藩体制的稳定，都具有十分重要的意义。

其三，商家的神佛信仰具有实用主义色彩。商家对于神佛信仰的规定并非整齐划一的，只要能产生上述实际功效，并不限定必须有何种信仰，如《伊藤吴服店家训录》中提到，允许家人或用人在"礼拜神佛"时，可"各人念唱一遍所想神佛之名字"②。有的商家在家业经营的闲暇，往往要求家人及用人去参拜神社或佛阁，但禁止游山玩水。有的商家还对去哪些神社、佛寺参拜有详细的规定。不少商家提倡节俭并努力身体力行，但对神佛信仰却不惜花费金钱与时日。这些都说明商家对神佛的信仰有浓厚的实用主义色彩。商家之所以对神佛信仰有加，主要是因为这种信仰实实在在地有利于商家家业的发展，有利于培养家族成员及雇佣人等勤勉、奋斗的精神。如研究家训的专家足立政男所说："感谢神儒佛之功德，自然对主人忠，对双亲孝，为家名与家业继承积以阴德，由此便能产生正直、勤勉与忍耐的生活态度。"③ 这也正是商家神佛信仰观念的出发点和最终目的。

三　行业信仰

除宗教信仰外，在江户时代的商人群体中，还存在行业神信仰。行业神信仰是民间信仰的一个类型，行业神又称行业守护神或行业保护神，是从业者供奉和信仰的用来保佑自己和本行业利益，并与行业特征有一定关联的神灵。

日本很早就有福神信仰。所谓福神，指弁财天、大黑天、毗沙门天、寿老人、福禄寿、布袋和尚、惠比寿七福神。上述七福神，糅合了中国、

---

① 「宗竺居士遗书」、转引自第一勧銀経営センター『家訓』、中経出版、1979、404 頁。
② 「伊藤吴服店家訓録」、转引自吉田豊『商家の家訓』、徳間書店、1973、172 頁。
③ 足立政男「家業永続の秘訣」、转引自京都府『老舗と家訓』、京都府、1970、17 頁。

印度、日本民间信仰中的诸神佛，如寿老人、福禄寿、布袋和尚源于中国，弁财天、大黑天、毗沙门天源于印度，而惠比寿则是日本的财神。从七福神信仰的来源看，既反映了日本吸收外来文化的多元性，也反映了日本本土文化与外来文化兼容并存的特点。福神信仰之所以定为七个，主要是源于佛教用语中"七难七福"之语。据喜田贞吉考证，七福神最初是效仿室町时代禅僧们常说的竹林七贤而最终形成的①。由于七福神中的每一福神都代表着不同的寓意，汇聚了民众各种不同的愿望，因此在民间赢得了广泛的信仰者。

商家对七福神的信仰，常常是与宝船思想相联系的。宝船思想最早源于狩野松荣直信（1525～1592年）所绘的一幅画。在该画中，搭乘有七福神的船只从海的彼岸满载金银和稻米而来。该画的形象后来逐渐演变为寓意吉祥、富有的宝船思想。也许是从事商业经营活动的缘故，商家对宝船思想较之其他社会阶层的民众尤为信仰②。在商家中广泛流传的"千客万来·商卖繁盛·宝船宝山"的俗语便是对这种信仰的反映。

商家对七福神的信仰，尤其体现在对大黑天的崇拜方面。大黑天为七福神之一，据说其原型是印度的摩诃迦罗，荒诞而凶猛，常作为军神来信仰，传说可为一切贫苦之人带来福德。到近世时期，在商家中流行的大黑神形象有所变化：左肩背负一大口袋，右手持槌，站立于土俵之上，而面部呈愤怒形象。江户时代的商家通过对大黑天的祭祀，甚至将大黑天作为屋号，以祈愿财富和家业平安。例如，大阪市经营糕点店的小林林之助家即以"大黑屋"为屋号，其商标也是大黑天神的形象③。关于商家的大黑天神信仰，在商家家训中也多有体现。如《永乐屋家训》的副标题被取名为"教训大黑舞④"即源于对大黑天神的信仰。《日田博多屋广濑久兵卫大黑天记》中规定，"甲子之日"乃为大黑天的忌日，该日祭祀大黑天者，

---

① 喜田贞吉「七福神の成立」、『民族と歴史』卷3。
② 宫田登『近世の流行神』、評論社、1972、102頁。
③ 島武史「繁盛の神々と商人の寺社詣で」、転引自組本社『商売繁盛大鑑』卷二十四、同朋舎、1985、114頁。
④ 大黑舞是指在家门前通过表演讨取钱物的一种舞蹈。表演之人扮作大黑天神模样，手持小槌，一边念唱向神祈愿的吉祥祝词，一边舞蹈。

"可得福寿"，故"吾家（广濑久兵卫家）世世代代祭祀大黑天"。还讲道："回顾以往的事情，吾家未发生过意外的灾难，亲戚之间也能和睦相处，子孙昌盛，这恐怕是得益于大黑天的保佑吧。"①

大黑天神在印度除作为军神信仰外，还常在各寺庙中被供奉于厨房的柱子旁，作为食神信仰。因此，大黑天信仰在日本也发展为对大黑柱神的信仰。商家的房屋以及仓库中一般有一根支撑屋顶的支柱，这根支柱即被称作"大黑柱"。本间家家训规定，在新年后，"正式开仓之际，命下人准备酒食，主人亲端酒杯，并持各仓库之钥匙，至书库、各仓库等处，更换祭祀大黑柱之酒食，并虔诚祈愿一年中之平安、消灾、发展"②。无论是对大黑天神的祭祀，还是对大黑柱神的崇拜，都寄予了商家祈求平安、发展的愿望。

在七福神中，与大黑天神一样受到商家广泛尊敬的还有惠比寿神。惠比寿形象为右手持钓竿，左手怀抱鲷鱼。原为沿海的渔民所信仰，后来演变为守护海运、商卖繁盛的神。每到十月十二日时，商家都会向惠比寿神供奉鲷鱼、柿、栗、饼以及其他山珍海味等。在这一天，商家还会邀请许多顾客一起参加宴会，有时还会举行雇佣人的元服式、升格仪式等。

从上述内容来看，商家的行业信仰与其所从事的商业经营活动有着密切的关系，有的是为了祈求寿、福及财富，有的则是为了消灾、避难。总之，商家的行业信仰充分体现了商家祈愿繁荣、发展、平安的愿望。

---

① 「日田博多屋広瀬久兵衛大黒天の記」、转引自組本社『商売繁盛大鑑』卷三、同朋舎、1984、265 頁。
② 「本間家初代・原光新年儀式の定」、转引自組本社『商売繁盛大鑑』卷一、同朋舎、1984、25 頁。

第四章
商家家训所见之经营理念

社会存在决定社会意识，每一种社会实践活动的背后都有一种精神作为其灵魂，这种内在的灵魂是实践活动中最活跃的能动力量。由于社会经济存在和发展的种种需要，商家在从事经营活动的过程中，也逐渐培养和表现出一种商人所独有的经营理念。所谓经营理念，乃是商人在经营活动过程中，处理买卖关系的基本理念。商家家训中不仅有诸多有关日本家族制度的内容，更重要的是，许多家训的制定者将自己的创业经历或经商心得、商业应对、成败教训等内容体现于商家家训之中。可以说，商家家训是研究日本商家经营理念必不可少的材料。

第一节　家业至上

商家家训中无论是对家族成员的各种劝告、约束，还是关于用人的规定以及店铺的管理，都是围绕家业这一主旨展开的。透过这些内容，我们不仅可以得知当时的商家是以怎样的精神代代执着于自己所从事的商业活动的，还可以得知当时的商家是如何强调和睦协作，团结全员共同致力于家业的繁荣和发展的，更可得知当时的商人是如何勤勉努力、克奢倡俭以维护家业的存续的。

一　注重家名

在近世时期，家是一种超血缘的集团，而不是人们通常理解的由一个男性家长和他的妻子、儿女组成的家庭。这个集团的"生活"包括了成员的婚姻生活、家庭生活、经济生活、道德生活、宗教生活等几乎所有的社会生活在内。家的成员既包括血缘关系的家庭成员，也包括非血缘关系的其他成员。因此，近世时期在谈到商人时，往往使用"商家"的提法，如鸿池家、角仓家、伊藤家等。这些家名本身即体现了商家家业的社会性。日本的家名相当于中国的姓，但中国的姓代表的是一种血缘关系，而日本的家名代表的却是一种社会关系，同时也是家业的标志、商家信誉的象征。因此，在论述商家对家名的重视之前，本书先对商家对于家业的理解略做分析。

家业是家的核心，不同社会阶层对于家业的含义有着不同的理解。在武家社会，武士通过"奉公"获得赖以生存的俸禄和荣誉，因而"奉公"即武士的家业。对于商家来说，其家业不仅包括祖先传承下来的财产，还包括积累这笔财产的商贾买卖及经商的经验和技能，甚至包括屋号。商家非常珍视自己的家业，并通过家训达到统合全族、共同繁荣家业这一目的。出身于大阪富商家庭的作家、俳人井原西鹤（1642~1693年）在其作品《日本永代藏》中，以幽默的笔调为商家开出了一副名为"致富丸"的处方："早起五两，家业二十两，夜作八两，俭约十两，健康七两，将此五十两细细研磨，准确计量，仔细配方，早晚服用，定能成为富翁。"① 在这一"处方"中，家业所占分量最重，意即家业如何（包括经营历史的长短、经验的多少、信誉的好坏）是经商之家成功与否的关键。

商家之创业难，守业更难，这是许多商家的共同认识。如《岛井宗室遗书》中说："大凡人之将死多贫困。纵凭自身才能而积财富者，至其晚年仍能保有者十人、二十人中亦难有一个。况从父辈继承财产者更是将其散尽，在贫困中迎来死亡。"② 因此，商家大都将传承和发展家业作为首要任务。他们常常以"父勤俭，子享乐，孙乞食"③ 这种零落破败的事例来警醒后人。《手津屋林田正助永代记录帐》更是通过对四民职业的分析来说明家业守成的艰难性，很具有代表性。

① 吉田豊『商家の家訓』、德間書店、1973、260頁。
② 「島井宗室遺書」、转引自組本社『商売繁盛大鑑』卷三、同朋舍、1984、210頁。
③ 「町家式目」、转引自組本社『商売繁盛大鑑』卷十四、同朋舍、1985、116頁。

天下之民分士、农、工、商，各勤职业，传家业于子孙并治其家。然四民中商人之商卖有所不同，唯赖金银之利益，别无他途。农民专一于先祖遗留之农业，勤勉劳作，世代不变，亦少沾染奢华之风俗。故农民自先祖始世代交替，勤勉不懈，难有盛衰。然町人则不同，先祖涉足商卖，忍耐艰难辛苦，望能将累积之富让渡于子孙，除勤勉俭约专一于家业外别无他法。其子效仿父辈，竭尽心力储蓄财富遂能将家业再传于三代。然至三代，成长于家族荣富之时，不知劳苦，更不知金银来之弥珍，遂习染世俗，心地傲慢，不顾家业，肆意妄行。终日沉迷于奢华游乐，厌素衣粗食而极尽奢华，家计之费用倍增。……终致破产败家，尽失金银，损及名誉且无置身之所。此等事例世间并非鲜有。京都、大阪、濑户内等地之町人家，至二、三代衰败，累积之家业荡然无存之事例亦不在少数，世有"善始者有而善终者鲜"及"居安思危"之古语，皆指一代起家致富之事。①

长崎町人学者西川如见（1648～1724年）也在《町人囊》中针对家业观指出："家财乃子孙永久贮置之物，我身耗费一分于荣华亦大罪人。保全家业并传之于子孙，系将从祖先托管之物又归还于祖先，此乃孝行第一。"② 在这里，如见道出了日本家业观的特点，那就是家业并不属于家长一人，而是由家长从祖先处继承下来，并尽可能地使其发展、繁荣，再传至子孙后代。因此，商家的历代成员都将保全家业作为商人最大的孝道。在这种观念下，如何维护家业，便成了商人一切行动的核心。

商家对家名的注重是商家重视家业的一种外在表现形式。"日本人从家名所想到的是自己的社会地位，是祖先遗业的结果。"③ 所以，并不是每个商家子弟都能自然而然地使用家名。如大阪从事药种贩卖兼营制墨的商人若狭屋太郎兵卫在家训中规定："承继代代家长之名的人物"，必须"在

---

① 「手津屋林田正助永代記録帳」、転引自組本社『商売繁盛大鑑』巻三、同朋舎、1984、258～259頁。
② 「町人嚢」、転引自組本社『商売繁盛大鑑』巻八、同朋舎、1985、110頁。
③ 〔日〕尾藤正英等：《中日文化比较论》，王家骅译，浙江人民出版社，1992，第36页。

一家商谈之基础上，选诚实者而定之"①。可见，家名是依附于家而并非依附于个人的，故与之相联系的也并非其家庭成员生物性生命的延续。当时的社会在继承制基础上实行家督继承制，因而只有家业的继承者才有权使用家名，其他人则往往要更改姓氏。如近世富商三井家家训《宗竺遗书》中明确规定："次男以下分家之时，不得使用三井之家名。"② 此外，如果商家成员经过努力，开创了一份新的家业，新的家名就会随之产生。譬如大阪豪商鸿池家的祖辈姓山中，最初是战国某大名的家臣，后来从事酿酒业，其中的一支于1619年（元化五年）迁至今大阪附近的鸿池村，旋即从事海运业，遂改家名为鸿池。因此，在日本，同族而不同姓、血缘相同而姓氏不同的现象毫不奇怪。不仅如此，商家为了显示其家业的繁荣与久远，在命名制上还常采取"祖孙连名制"的形式，即子孙代代使用一个相同的名字。如近江日野商人山中屋的开创者名山中兵右卫门，其第二代仍沿用父辈的名字，称作"二世兵右卫门"③。又如播州印南郡出身的豪商伊藤家，"自从宽政初年（1790年）伊藤家的次男长次郎分家以来，代代以长次郎或长治郎称之"④。再如近江日野出身的大商人中井家，代代袭名源左卫门。这种命名方式表明商家在继承父辈家业、财产的同时，也继承了父辈的名字，不仅使后代与先辈之间在心理上产生亲近感，在社会生活中也具有连带感，而且父辈的名字成了商家的宝贵精神财富和家业的重要组成部分。无论是更改姓氏也好，还是采取祖孙连名的形式也罢，都从不同的侧面说明了商家对家名极度珍视，同时也反映了日本的家名继承传统。

商家还常将家名与家业放在同等重要的位置，为捍卫家名而不懈努力。商家认为，家名断绝是最为遗憾之事。如《手津屋林田正助永代记录帐》即认为："若不能将家业传之于子孙，则于草木及猫犬畜类无异。猫以捕鼠为业而被主人所养，犬防盗而被主人所养，皆畜类也。人以传承家业于子孙并报恩于主人为天职，此乃众所周知之道理。虽为万物之长，但

---

① 「若狭屋掟書」、转引自吉田豊『商家の家訓』、德間書店、1973、179 頁。
② 『三井：日本における経済と政治の三百年』、ダイヤモンド社、1976、421 頁。
③ 「山中家慎」、转引自吉田豊『商家の家訓』、德間書店、1973、182 頁。
④ 「伊藤家家憲」、转引自吉田豊『商家の家訓』、德間書店、1973、234 頁。

人若无法将祖先所遗之家名传之于后世，令子孙断绝，实为遗憾之事。"在同一家训中，家训主人还谈到该家中一件有关"家名断绝"的"憾事"："吾祖父之代有手代曰七之丞者，此前已历三代，均尽忠义于吾家，七之丞虽终日以子孙累代承继家业为念，然终因后代乏人而令家名难续，实为憾事。故吾欲于近年内竭力再兴七之丞之家名，若吾早逝，望能与隐居之野宗商谈，使七之丞之家名得以再兴。"① 一个商家的主人要帮助属下的管家再兴"家名"，足见家名对于商人的重要性。

商家注重家名的另一外在表现是他们非常看重屋号和"暖帘"的作用。屋号即商家的商号，具有代行家名的作用。商家的屋号或以贩卖物相称，如"酒屋""米屋"等；或以祖上的出生地相称，如"大和屋""河内屋"等。商家常将屋号印于"暖帘"之上，悬挂于店铺门口，作为商家更直观的标志。暖帘既是商家的招牌，也是商家的家世、实力以及信誉的象征。因此，印有商家屋号的"暖帘"，其价值如同武士之军旗，被商家视同生命，被商家看作脸面，是商家精神的根本②。如《吉田家家训》中规定："在闭店之时，要郑重地收起暖帘并整齐叠好。如有风雨，不能让暖帘彻夜曝露于风雨之中。"③ 据说，在店铺失火的时候，商人们首先抢救的不是钱财，而是祖先的牌位和作为商家标志的暖帘。我们可以想象，通过日复一日地早晨挂起暖帘，晚上将其取下，商人们已经把代表自己家业的荣誉和对家业繁昌的期望融入这种简单而机械的"行事"之中了。

商家对家名的注重，充分体现了商家的家业观。正因为商家一切以家业为核心的思想意识及这种思想意识在商家家训中的贯彻，商家的家业才具有了稳定性和延续性的特点。这是近世商人在严格的等级身份制下能够立身发展的主要原因，同时也为明治维新后近代日本企业的发展奠定了经济基础与组织基础。

---

① 「手津屋林田正助永代記録帳」、转引自组本社『商売繁盛大鑑』卷三、同朋舍、1984、222～223、257页。
② 谷峰蔵『暖簾考』、日本書籍、1979、11页。
③ 「吉田家家訓」、转引自京都府『老舗と家訓』、京都府、1970、671页。

二　和睦团结

讲求和睦是儒家思想文化的重要内容，商家不仅在家族内部主张和睦团结，而且还将"和"的精神作为一种经营理念贯彻于商业经营之中。这种做法既增强了商家全员的凝聚力，提升了商家的声誉，又有力地促进了商家家业的持续稳定发展。

大多数商家在家训中都认识到了和睦团结对于家业的重要性。伊藤家第二代长次郎在《伊藤家家宪》中认为，家庭不和乃是贫困产生的根本原因。他指出："一家需和睦相处，一人能忍，则家中可治，家内不和乃贫困之根也。"① 日田博多屋广濑久兵卫对于"人和"的重要性是这样认识的："得人和之根本，在于重人情。人情与情理有别，考虑自身之同时亦顾及他人之感情谓之人情。同样之言语，粗暴生硬与平和稳重，予人之感觉自不相同。若多用心，则合乎人情，亦可得人和也。若无人和，不要说他人，纵使亲族、友人亦自然疏远，终将陷入孤立无援之困境也。"② 实际上，有些家训本身就是为了统合全员，强调和睦协作而制定的。如《白木屋管店书》就是如此，其中在谈到撰写该家训的目的时写道："若家中混乱，自然商卖不顺，进而心中失却家业永续繁荣之信念，故而将吾之想法记下，如众人及丁稚等齐心合力，与吾同心，则无上之欣慰也。"③

首先，对于以家族经营为核心的商家来说，兄弟之间的和睦团结尤为重要。很难想象一个兄弟不和、整日钩心斗角的家族能很好地开展商业经营活动。也正因如此，《中村治兵卫宗岸家训》中曾直言不讳地指出，"家族不和乃破产之原因也"④。在兄弟关系上，传统家训所强调的是兄友弟恭。兄弟是父母生命的延续，因此可以说，兄弟之间虽然身体是分开的，但血气却是息息相通的，兄弟之间的关系应该是友善团结的。那么，兄长

---

① 「伊藤家家憲」、转引自吉田豊『商家の家訓』、徳間書店、1973、239 頁。
② 「日田博多屋広瀬久兵衛心得方愚存」、转引自組本社『商売繁盛大鑑』卷三、同朋舍、1984、280 頁。
③ 「白木屋管店書」、转引自組本社『商売繁盛大鑑』卷二、同朋社、1984、35 頁。
④ 「中村家二代目・中村治兵衛宗岸家訓」、转引自組本社『商売繁盛大鑑』卷三、同朋舍、1984、35 頁。

对弟弟友爱，弟弟对兄长恭顺，也就自然成了维系双方和睦关系的道德规范。正所谓"兄弟不和，必各生私心"，"兄弟间之不和，必产生对使用人之好恶，必生偏袒之心，即便略有偏袒，则使用人难以管理约束"①。本间家家训强调，"主人外出之际，留守家中者需相互和睦，即便主人之兄弟、妻儿也不可有放肆行为，若不听劝告，可即刻禀告于亲属"。三井高利在其遗训中还通过"孤木易折，而林木难折"这样浅显易懂的道理来晓谕家人，一定要"众人合力，一致和亲"。只要如此，则"家运必繁昌"②。值得注意的是，中国明清时期的商人也通过相似的事例教育家人要团结协作。如晋商乔映霞在主持家政时，把其兄弟集中起来，让练有武艺的九弟先把一双筷子折断，接着又让其一次折九双筷子，结果未能折断。乔映霞让其九弟折筷，喻义众兄弟要团结互助③。两个事例很有相似性，不能不说是儒家伦理中"和"的思想在两国商人思想中的渗透。

其次，"和"不仅是处理家庭成员之间关系的基本原则，而且是处理亲属、邻里、朋友间关系的处事原则。《中庸》曰："和也者，天下之达道也。"因此，商家家训关注的家族内部的人际关系绝不仅仅是夫妇、父子、兄弟等"三亲"关系，还涉及几乎所有与血缘有关的亲属、同族，甚至邻里等关系。关于如何处理好众多而复杂的关系，商家家训中不乏精辟之见解，值得我们去认真地研究和总结。

商家家训中对于同族之间相互和睦的规定比较多，例如：

> 同族应同心协力，为上者慈下，为下者敬上，兄弟和睦，后之子孙才会无有相左……人各有其心，若能体察他心而计我应为之事甚佳。立己而不体他人之心，纵达外调而致内不和，皆因不服而生乱也，务须谨记。（《宗竺遗书》）
>
> 同族决不起争诉之事。（《三井高利家宪》）
>
> 与亲戚、诚意之人以及兄弟和睦相亲，诸人和顺。（《本间家第三

---

① 「大丸下村家家訓」、转引自組本社『商売繁盛大鑑』卷二、同朋舍、1984、257 頁。
② 「三井高利遺訓」、转引自吉田豊『商家の家訓』、徳間書店、1973、76 頁。
③ 张正明：《晋商与经营文化》，世界图书出版公司，1998，第 31 页。

代光丘自戒三十条》）

　　同族应兄弟之情相互共勉，亲密相处。应知同族相争乃全家灭亡之基也，不可不慎。（《宗竺居士家训》）

　　和睦乡里：一村和睦之本在于家之和睦，一家和睦之本源自家人之心意。家中各位人品端正，一心奉公，同僚之间自然和睦，亦可得他人尊敬。（《冈谷家家训》）

　　亲族等需相互协力，相互忍让，对年长者，像对待父母、兄长那样尊敬、顺从，对待年幼者，就像对待自己的子弟那样怜悯、关照。（《主从心得草》）

　　可见，上述家训中关于同族、邻里和睦相处的规定，必定有助于营造轻松和谐的人际关系。在现代社会中，由于日趋激烈的竞争，人与人之间极易产生矛盾和摩擦，进而影响到社会的安宁、事业的发展和个人的进步。如何减少摩擦、化解矛盾，营造一个轻松和谐的人际关系，从而有利于社会、家庭和个人和睦相处，商家家训中相关论述给予了我们很多启迪。

　　最后，将"和"的思想运用于经营管理之中。左右商业成功的最重要条件是人，"人和"对于维持家庭有序、和谐的状态具有非常重要的作用，如果能将"和"用于管理商业经营、润滑贸易中的人际关系，也必定能达到"和气生财"的目的。如奈良屋杉本家规定："店中之同僚犹如兄弟，如有轻率者，应相互坦诚劝诫之，使其归其本心诚实勤务。若有不听忠告者可告知于京都本店。"[1] 虎屋汤浅家也规定："无论商谈何事，应坦诚待之，若正确之意见可采纳之，若有所不解，可坦诚询问之，使之听从大家之意见行事，相互和睦为要。"[2] 从上述两则家训可以看出，近世商人为我们为人处世提供了一个很好的方法，即同事之间要坦诚相待，相互和睦，善于学习别人的长处。但凡群体内部人际关系紧张、矛盾层出不穷，多是由互相小视对方引起的。只有善于学习别人的长处，善于采纳别人的意

① 「奈良屋杉本家定」、转引自組本社『商売繁盛大鑑』卷一、同朋舎、1984、178 頁。
② 「虎屋湯浅家相続講」、转引自組本社『商売繁盛大鑑』卷一、同朋舎、1984、213 頁。

见，团队的协作精神才能有可靠的保证，自然能够营造出团结向上、其乐融融的人际关系。用人是家业经营的参与者，故商家的和睦也包含主从关系、用人之间的和睦。如住友家家训中写道："店之繁荣，不仅是为了主人，亦将为店内劳作之全员个人带来幸福，故皆应确立志向，齐心合力勤勉努力。"① 有些商家还通过各种比喻来讲明和睦团结对于家业经营的重要性，《手津屋林田正助永代记录帐》中将商家全员的协作喻为武士之合战，生动而形象地说明了团结协作的重要性。其中讲道："町人日日之商卖，犹如武士之合战，即便仅存一名不谙商卖之人，对方亦将示弱，故全体之雇人均需努力热心于商卖，合力奉公，则将战无不胜，商卖必定成功。"② 三井家的《宗竺遗书》则通过木工建筑房屋的事例来表明商家内部全员和睦团结的重要性。"商人若平素不肯用心，他人必夺其商，乃为军之理。多年不息其心，励商卖，养眷属，善治内而外精家业，家荣也。譬如木工之建屋，栋梁一人，若无众木工终将难以成事。若有能之栋梁能成事，皆因其精于团结，善使下人也。"③ 通过多样化的教育方式强调和睦团结、善使用人，充分体现了家训制定者的良苦用心。

要想维护商家的和谐，除了循循善诱的教导外，还需要有适当的措施。例如，商家的奉公人一旦犯了重大过失，就会被商家解雇。被人解雇是极其羞耻的事情，被解雇的人将被认为是被集体抛弃的人，旁人会避而远之。如《白木屋享保定法》中即规定："不可与因违背家法而被解雇、回归乡里之人互通书信。即便偶尔相遇，因其乃受过惩罚之人，即便是同乡族人，也不可与之交谈。"④ 对于被解雇之人，商家一般还会通过株仲间等组织告知其他商家，从此该人不再受同业的进一步雇用。这种惯例无形中对奉公人心理造成很大的压力，即奉公人必须处理好自身与集团（自己奉公的商家）之间的关系，使个人和集体能够充分和谐相处，共同致力于商家家业经营的发展。否则，奉公人不仅在自己所奉公的商家无法容身，

① 「住友諸店心得方」、转引自組本社『商売繁盛大鑑』卷四、同朋舎、1985、131頁。
② 「手津屋林田正助永代記録帳」、转引自組本社『商売繁盛大鑑』卷三、同朋舎、1984、261頁。
③ 「宗竺遺書」、转引自組本社『商売繁盛大鑑』卷五、同朋舎、1985、239頁。
④ 「白木屋享保定法」、转引自吉田豊『商家の家訓』、徳間書店、1973、158頁。

而且在整个行业体系中也将终身难以立足。

商家内部对和睦团结理念的强调与对违背该理念人员的制裁，两者相互结合运用，共同保证了"和"的思想理念在家业经营中的贯彻，从而进一步增强了商家集团内部的稳定性和凝聚力，同时也提升了商家整体的对外竞争力。

三　勤俭治家

近世商人处于四民之末，社会地位低下。他们深知创业难，守成更难。因此，商家为了保全和发展家业，尤为注重"俭约"。"勤俭持家"的相关规定几乎是每部商家家训都要涉及的重要内容。在一般人看来，"俭约"无外乎就是勤俭节约之意，然而商家对此有着自己的理解。近世后期，关西著名的豪商伊藤家第二代主人伊藤长次郎认为："俭约即道也，'俭'乃是对事物的'观察与选择'，即何为浪费，何为吝啬，何为应努力之事；'约'乃为不违反约定之美德。"① 伊藤长次郎对于"俭约"的理解，包括两个层面：一是要对事物进行判断和选择，明确"浪费"、"吝啬"与"节俭"之区别，要求商人"节俭"，杜绝"浪费"，但又不能"吝啬"；二是要求商人具有诚恳、朴实的美德。

勤俭节约虽是一种美德，但有一个度的问题，过分节俭也是不可取的。鸿池家始祖新六幸元在《幸元子孙制词条目》中指出："住房及家具、衣服、饮食，皆不许嗜好奢华而恣意浪费金钱，应守俭约之道。然将俭约常露于表面，故做穷苦状则招致众人非议。当今世界，要按身份而行，万事不可哗众取宠。"② 这就提出了一个问题：何为节俭，何为吝啬。近江八幡商人、著名国学者伴蒿蹊在《主从心得草》中对此做出阐述："俭约乃谦虚、朴实之意，与吝啬不同。主人及妻之穿着，无绢则绸也可，无绸则布也可。然佣人穿着之质地，应择耐用而质优者用之，此即区别俭约与吝

---

① 「伊藤家家憲」、转引自北原種忠『家憲正鑑』、家憲制定会、1917、378 頁。
② 「幸元子孫制詞条目」、转引自組本社『商売繁盛大鑑』卷四、同朋舍、1985、30～31 頁。

啬之例也。"① 换言之，节俭是有限度的，既不能"故做穷苦状"，也不能因强调节俭而为用人选择不实用的衣物。言外之意是，只有合理的节约才可称为"俭约"，而节约过度，或因节俭影响了正常的生活和工作，则为"吝啬"。

商家在提倡"俭约"的同时，还进一步提出了"始末"的思想。研究商家家训的学者吉田丰认为，"始末"即"始"与"末"，是开始与终了之意，是在经济活动中对于计划的一贯坚持，亦即预算和决算要平衡，无端的耗费都是不应该的②。江头恒治也指出，所谓"始末"，即"量入而出，以图调整收支的平衡"③。吉田丰与江头恒治对于"始末"的论述基本上是一致的。尽管商人中多腰缠万贯者，但是"始末"始终是商家崇尚的共同信条。有些商家甚至将"始末"视为与"商卖"同等重要的大事："夫磨炼于商道，存储金银之商人，应置商卖于右，始末于左，譬如鸟之羽翼，车之双轮。"④ 这种认识在今天看来也是非常可贵的。

节俭与勤勉似乎是一对孪生兄弟，在强调节俭的同时，也必然强调勤勉。美国学者贝拉在谈到武士的节俭与勤勉时指出，"节俭或俭朴是将个人消费减至最低限度的义务，勤勉则是其另一面，即将自己对侍奉主君的贡献增至最大限度的义务"⑤。同样的道理也适用于商家，活跃于明治时期的安田家创始人安田善次郎对商家所应奉行的节约与勤勉曾做过如下解释：

　　　言及勤俭储蓄，决非仅俭约之字面解释也。所谓勤俭，乃以勤勉严守节约之意，换言之，乃"勤勉于业务，节省冗费"之谓也。即勤为积极之语，进取也；俭为消极之语，保守也，是故二者相辅始见其

① 「主従心得草」、转引自吉田豊『商家の家訓』、徳間書店、1973、334 頁。
② 吉田豊『商家の家訓・総説』、徳間書店、1973、15 頁。
③ 江頭恒治『近江商人』、弘文堂、1959、187 頁。
④ 江島其磧「諸商人家族の性格」、转引自組本社『商売繁盛大鑑』卷十、同朋舎、1985、160 頁。
⑤ 〔美〕贝拉：《德川宗教：现代日本的文化渊源》，王晓山、戴茸译，三联书店，1998，第117 页。

效。余教诸子曰：勤则俭生，俭则勤生。①

可见，要维持商家家业的稳定发展，抑制无端的浪费只是其中一个方面，此外还需鼓励家人及从业人员专心于商业经营，为之努力奋斗。生产是为了获得丰足的财富，节俭则是为了保证财富不被肆意挥霍。勤为创业之本，俭为守业之本，二者缺一不可。只有两方面都做到了，才可说维持了一个均衡的、正常的家业发展系统。

对于"勤勉"的理解，商家与武士最大的不同之处在于，商家将勤勉劳作与家业发展联系在了一起，与正当、诚实获利的行为联系在了一起。如中井家家训中所说："人生在于勤，勤则不匮，勤为利之本也，勤自然得真利益。"② 诸户家也指出，"即便一钱之金也应认真储蓄，轻易到手之钱必易丢失"③。在商人看来，"勤"是获取利益的基础，只有通过辛勤的劳作获取的利益才是"真利益"，不劳而获或通过非正当渠道获取的利益是不可能长久的。正如小仓荣一郎在谈到近江商人的经营理念时所评价的那样，"并非投机商卖、不当竞争、囤集聚奇等投机而发财，也不是通过与政府的勾结而大获暴利，而是正直地从事商品流通和真正意义上的商品活动，这才能称作'勤'"④。从上述家训内容和学者的评价不难看出，商人所获利益正当的背后应该是"勤"。可见，近世时期的商家已经对于获取利益的方式和方法有了正确的认识。

商家对于勤俭的强调，几乎遍布于每部家训之中，笔者认为，商家的勤俭观主要具有以下五方面的特点。

（1）将俭约视为商人家庭伦理道德教育的重要内容

以勤俭为主的个人品德教育是古代家庭教育的根本，目的在于促使子弟健康成长。勤以防堕，俭以养廉。勤俭是一个人成长过程中最重要的品德。所以，古往今来的许多家庭都视勤俭为传家宝，强调勤俭是儒家伦理

---

① 「安田善次郎の勤倹儲蓄談」、転引自第一勧銀経営センター『家訓』、中経出版、1979、422~423 頁。

② 「中氏制要」、転引自小倉栄一郎『近江商人の理念』、サンライズ出版、1991、41 頁。

③ 「諸戸清六遺訓」、転引自吉田豊『商家の家訓』、徳間書店、1973、255 頁。

④ 小倉栄一郎『近江商人の理念』、サンライズ出版、1991、43 頁。

的重要德目。深受儒家思想影响的近世商人，也同样将俭约置于非常重要的地位，以教化和约束家人并警戒后人。在近世著名俳句诗人井原西鹤在其作品《日本永代藏》中为商家所开的五十两"致富丸"处方中，关于节俭勤勉的内容竟有二十三两："早起五两"，"夜作八两，俭约十两"①。又如钱屋五兵卫在其家宪中所称："无禄之町人，虽当时取相当之利润，然无时不虑有损失之时……致力于俭约乃为第一要义。"② 由此可见，强调勤俭的内容充斥于商家家训之中。通过如此之教育，勤俭持家的观念必定会深入人心，对商人家族伦理和道德教育产生深远的影响。

（2）将勤俭与家业联系在一起

商家所强调的勤俭，不仅是一个人人格品德的问题，也不仅是治家的一个重要环节，还与商人从事的职业息息相关，是商业伦理中一贯倡导的德目。商人认为，勤俭而不骄奢，不仅能够使家族繁荣发展，更是子孙百代长久之基础。外村与兵卫门在家训《谨言》中讲道："人虽一代，名至末代，保家之道在于勤俭。"③ 三井高平在《宗竺遗书》中也讲道："勤俭以富家，骄奢以灭身，勤此慎彼，是为同族繁荣与子孙长久之基也。"④ 可见，讲求勤俭，对于资本积累，奠定商人经营活动最初的物质基础，起着重要的作用。不但如此，商人还将勤俭持家视为发展、繁荣家业之正途。如中井家在家训中讲道："若欲致富，需戒酒宴、游兴等奢华之事，以长寿为念，力行俭约，勤于商卖，此外别无他途。"⑤ 在这里，作为儒家伦理基本要求的"勤俭"，在商人的家庭教育中，又被引申为商业道德，有力地推动了日本近世社会商业道德和商人家族经济生活规范的确立。

（3）将勤俭之规定细化至生活的各个方面

家庭治生当量入节用，商家家训一致强调家庭乃至商业经营过程中的

---

① 井原西鹤「日本永代蔵」卷三、转引自組本社『商売繁盛大鑑』卷六、同朋舎、1985、146 页。

② 「钱屋五兵衛家憲」、转引自組本社『商売繁盛大鑑』卷一、同朋舎、1984、256 页。

③ 「謹言」、转引自京都府『老舖と家訓』、京都府、1970、8 页。

④ 「宗竺居士遺書」、转引自吉田豊『商家の家訓』、徳間書店、1973、83 页。

⑤ 「中井家家法—金持商人一枚起請文」、转引自組本社『商売繁盛大鑑』卷三、同朋舎、1984、16 页。

日常消费均应精打细算、崇俭黜奢。家训中关于勤俭节约的种种规定，涉及范围之广，细化程度之深，令人惊叹。

衣、食、住是日常生活中最基本的三项内容。商家认为，只有从小事做起，从生活的细微处做起，在日常生活中最基本的方面做到勤俭节约，其他万事才均可做到俭约。如佐野屋菊池家初代菊池长四郎在其撰写的家训中即指出：

> 饮食、衣物与住宅，人生不可或缺。无此三者度一日亦难。然耗无用之费，极尽奢侈华丽者，亦在此三者。是故此三者能俭，则所有事物悉能俭。衣、食、住三者行质素，乃无量之大德，无量之利益。然世人并不知此，反好易招祸之华美，岂不怪哉？《吕氏春秋》有名言曰：美食乃烂之毒，美女乃伐生之斧[1]。行衣物、饮食、宅第之俭约，冥合天意，其人其家必能荣昌，生业日增财富，子孙多生贤者，家道遂兴隆繁盛。[2]

在上述衣、食、住三项日常生活的基本内容中，商家家训尤其关注前两项。佐野屋菊池家甚至专门制定了一则关于衣服的规定和心得，其中对于何种身份之人穿怎样的衣着、选用何种布料等都有详细的规定。如"平素所穿衣物，应用厚质之棉条纹布料，且尽量用经洗濯之物，平素不可用新织布做衣料。布袜，虽用适合之价钱即可买得。然久经日月，必有磨损，常让人修补才是。可规定修补一双布袜之价，不只在冬季，一有空闲即可修补"[3]。

商家家训中在饮食方面强调节俭的内容则更多：

---

[1] 《吕氏春秋·本生篇》原文为："肥肉厚酒，务以自强，命之曰烂肠之食；靡曼皓齿，郑卫之音，务以自乐，命之曰伐性之斧。"
[2] 「佐野屋菊池家初代·長四郎訓戒」、转引自組本社『商売繁盛大鑑』卷一、同朋舎、1984、236頁。
[3] 「佐野屋菊池家衣服規定心得」、转引自組本社『商売繁盛大鑑』卷一、同朋舎、1984、230頁。

朝夕饭米每人一年定为一石八斗，如杂以蔬菜与大麦食之，则一石三斗足矣。(《岛井宗室遗书》)

店内生活万事宜行简素，朝夕食事一菜一汤，不许喝酒。(《住友长崎店家法书》)

蔬菜的购买即便少量，也应在货比三家后再买，夏时只买当日之份，秋冬降价时，多购为佳。即便每日仅多支付一文，一年三百六十文，是为棉布一反①之损也。(《家内用心集》)

慰劳之聚餐日，仅限于每月之六斋日②。即便有他地各店的人参加，也无需备特别饭菜。主人在店内时也同……十月二十日、二月十日的蛭子讲③时，为俭约计，仅限于家族成员之集会，且限于一汤三菜。(《中井家家法》)

商家家训中在住宅营造、日常用度、婚丧嫁娶乃至商业应对方面提倡"俭约"的内容不胜枚举。通过这些规定，我们看到了近世商家俭朴、有序、近乎禁欲的日常生活。有人评论这种生活"极像早期的新教主义，所有这一切都涵盖在劳动概念的脉络中，并被其理性化了"，"因而，商人的伦理似乎是作为对经济理性化特别有利的一种伦理而引人注目"④。这对现代社会的人们也是颇有启迪的。

(4) 教化与惩戒并用

家训本是家庭道德伦理的一个载体，相对于法律、法规等硬性的制约机制而言，它是一种软制约。因此，大部分家训中只是提倡和告诫家人要俭约，强调勤俭节约的重要性。而对于违反规定者应如何惩处，大多数家训中并未有明文规定。也就是说，提倡和教育他人勤俭节约，主要依靠个人的道德自觉来实现。但是，对于某项规定，作为个体的人有可能遵守，

---

① 反是日本古代的面积单位。1 反为长 10.6 米、宽 0.34 米，合计 3.604 平方米的面积。
② 六斋日指佛教中专门为慎身，清静六根（目、耳、鼻、舌、身、意），严守戒律而规定的六日，即每月的八日、十四日、十五日、二十三日、二十九日、三十日。
③ 蛭子讲即商家祭惠比寿神的集会活动，在江户时代的商人中十分盛行。
④ 〔美〕贝拉：《德川宗教：现代日本的文化渊源》，王晓山、戴茸译，三联书店，1998，第155 页。

也有可能不遵守。为此,有些家训还将教化与惩戒并用,以使讲求勤俭节约的精神能在实际的生活和经营活动中得到有效的落实,这时家训就在某种程度上具有了家法的性质。例如,本间家的本间九左卫门"行状放荡",致使祖先所传之"钱财、土地尽失",为此,本间家让其写自戒(保证书),以示惩戒。本间九左卫门本人写道:"对于吾先前之不良行状,亲戚给予种种忠告与训斥,吾无一言以辩解。"①

有的商家对于那些终日饱食而不思勤俭者,还给予其经济上的惩罚。如菊池家规定:"各人之生活小费依其身份而定。要厉行俭约,切不可挥霍用尽。倘若屡有借金,则从其退职时奖励金中扣除。若不加留意,日积月累,待自身开店之时,则所扣除金额将难以预料。故当平生倡行俭约。"② 商人对于奢侈浪费者之惩戒,不仅适用于家族成员,也适用于用人。鸿池家家训中就规定,用人若"沾染富家奢华之习气",且"不听主家之教诲而肆意妄行","应尽速遣其回归故里"③。这种罚教并用、以罚辅教的方式同教化相配合,共同构成了近世商人对勤俭观的践行原则。

近世商人极力提倡勤俭,并在其制定的家训中有如此详细的规定,究其原因,笔者认为主要有以下几个方面。

首先是商家深知创业难而守成更难的道理。从每一则商家家训前的简短解说可知,商家的第一代或第二代在创业之初,历尽了千辛万苦,实现了事业从无到有,经营规模由小到大,经营范围由当地扩展至全国。他们深知勤俭持家、骄奢败家的道理,因此商家的先祖在制定家训时,都非常强调勤俭节约,告诫子孙后辈家业之来之不易,叮嘱他们一定不要浪费钱财而致使家道中落。

其次是当时社会上的奢侈风气带给商人的警示。近世中后期,随着商人经济实力的增强,有些商家开始主张肯定商业及商人的社会作用。在这一观念下,以豪商、豪农为主体,社会上逐渐出现了奢侈浪费的风气。有的建造豪华住宅,有的逾越身份,穿不合身份的服饰。故比较警醒的商家

---

① 「本間九左衛門自戒」、转引自組本社『商売繁盛大鑑』卷一、同朋舍、1984、32～34页。
② 「佐野屋菊池家店教訓」、转引自組本社『商売繁盛大鑑』卷一、同朋舍、1984、219页。
③ 「幸元子孫制詞条目」、转引自組本社『商売繁盛大鑑』卷四、同朋舍、1985、24页。

在制定家训时，对奢侈浪费的社会风气及行为进行了严厉禁止，要求家族成员厉行俭约，保持传统的美德。

最后是幕府和各藩出台抑制奢侈措施的影响。在豪商、豪农等奢侈浪费之风日盛的同时，幕府和各领地大名却入不敷出，生活困窘，有的人甚至将自己的俸禄、官职、领地等作为抵押向豪商借钱。但借钱后又难以偿还，许多武士落魄后不得不依附于豪商、豪农。这一切都严重威胁着幕藩封建统治的经济基础。对此，幕府和各藩相应地提出了许多提倡俭约、禁止奢侈浪费的对策。德川时代中后期的享保改革、田沼意次的藩政改革、宽政改革及天保改革，都是欲解决幕藩体制所面临的危机而进行的改革。幕府除了在思想舆论方面抨击豪商们的奢侈浪费、纵欲享乐外，还开始在经济和社会生活方面制定各种政策以限制豪商们的浪费行为，接二连三地发布"俭约令""奢侈禁止令"，以及有关的"触书"① 等，从住宅、服饰到饮食等都进行了严格的规定，试图以此遏制豪商们的奢侈浪费之风。同时，为了解决武士的贫困问题，针对武士阶层向豪商借债一事，幕府还在1719 年（享保四年）发布法令，宣布不再受理旗本、御家人向高利贷商人借款的诉讼，令他们相互协商解决，这实际上承认了武士赖账合法化。不仅如此，德川幕府还于1789 年（宽政元年）进一步颁布《弃捐令》，宣布六年以前武士向商人所借钱款全部清空，五年内所借钱款，按年利息6%逐年偿还，今后债息不得超过年息12%。据统计，被清空的债务总额高达118 万两银子②。上述法令和措施的出台，对商人债主打击甚大。有了上述教训，许多商家不仅将禁止借款给大名这一内容写进家训，而且对于俭约的规定也逐渐增多。

无论是创业还是守业，勤俭节约无疑都具有十分重要的意义。商家家训中所体现的俭约观，对外而言，是对当时豪奢浮华的社会风气的一种应对手段；对内而言，则是保全和发展家业的一种重要方式。俭约的观念与意识，不仅是促使全体成员完成集体目标——商家家业得以存续的重要手段，而且也是提高个人修为与教养的一种方式。因此，对于商家而言，与

---

① 幕府向市井民间发布的公告。
② 转引自王金林《简明日本古代史》，天津人民出版社，1984，第388 页。

其说这是对俭约本身重视，不如说是对其作为一种手段的重视。商家家训中对于俭约的各种规定，详尽且涉及面广，操作性极强，这无疑给我们以深远的影响和可资借鉴的依据。

第二节　经营道德

以商业经营为主要谋生手段的商家，有其特有的职业道德和职业伦理。从家训内容来看，近世时期的大多数商家已经逐渐确立了良好的经营道德，不仅讲求诚信正直，而且还能够很好地处理"义"与"利"的关系。更难能可贵的是，商家从事经营活动虽以谋利为天职，但有些商家还能够做到怜贫济困，体现了身为社会人的良好品质。

一　诚信正直

"诚"与"信"不仅是儒家重要的道德规范和社会交往的基本准则，而且是为商者遵奉的信条。因为在经济交往关系不发达、法治不健全、社会信用制度不完善的条件下，为了协调和保障人们在经济交往中的信用关系，信誉就显得非常重要。

武家社会的信誉只体现于个人间的相互信赖，而商家的信誉则明显具有广泛的社会性特点。诚实、正直行商乃是为商者的基本素质。要做一个真正的商人，首先必须做一个讲求诚信的人。《宇佐美松鹤堂家训》中以"处方"的形式列举了几项经商必备的条件，"正直五两，思量三两，忍耐四两，判断二两，取舍一两"[1]，其中正直处于最高位，所占份额也最大，意在提醒人们在经营中不要因利贪财而损毁商家的信誉。《佐野屋菊池家初代·长四郎训戒》中写道，"人无不希望富贵，然求富贵有邪、正两途。以正道则如探囊中之物而必得，以邪路求之，似水中捞月而溺水，无果且反祸其身"[2]。对于从事商业经营的商人来说，若不能正直、诚信经商，则

① 「宇佐美鶴堂家訓」、转引自京都府『老舗と家訓』、京都府、1970、31 頁。
② 「佐野屋菊池家初代·長四郎訓戒」、转引自組本社『商売繁盛大鑑』卷一、同朋舎、1984、235 頁。

无法在商界博得良好的信誉。能否做到正直不欺与注重信誉，无疑是商家家业兴衰成败的关键所在。因此，商家为信誉所做的各种努力，是与"家业繁昌"这一目标直接联系的。如从事药品生产与贩卖的富山商人尤其注重信用，"丸药、散药之调配，需严格按规定之分量进行，若有生产不合格之药品者，不仅影响日后之信用，作为本地第一地产的名誉也将随之失去，其结果将导致众商家之商事皆归于衰败，故应相互评议监督以防之"①。这种目的明确的经营理念贯穿于商家经营的始终。

在商家家训中，往往将诚信视为为人处世之基本品德，视为行商之根本，而谋求利润在其次。例如：

> 应明财为末、信为本之道理。(《滨口家家宪》)
>
> 德义为本、财为末，勿忘本末。(《茂木家家宪》)
>
> 处世须以正德为本。用心做事，祈望健康。若因不德、不义而多财，反增过错，招致祸灾。(《佐野屋菊池家初代·长四郎训戒》)
>
> 商人之使命，乃通万物之有无，以便万人之用。若徒纵私欲，则误其本义，与神之心愿相违，以致破败其身。(《世俗便利抄》)

近世商人不仅将诚信、正直经商作为一种理念加以提倡，还强调将其具体运用到实际的经商活动中去。例如，强调对待顾客要热情、周到，不可怠慢顾客。《山本家定目》中规定："若顾客来店，即便有何要事，也要暂时搁置并应对顾客，纵然有事而无暇抽身，也要刻吩咐他人应对，万不可疏忽、怠慢顾客。"② 此外，还强调对顾客要一律平等、热忱待之，不能因其所购物品之多寡而礼遇有别。

> 不论购货多少，均需诚意应对。顾客购货完毕离店之时，需送至门口并鞠躬致谢。顾客再次造访时，需称呼客人名号，并以重要顾客之礼节待之。(《白木屋享保定法》)

---

① 「越後組示談定書」、转引自組本社『商売繁盛大鑑』卷一、同朋舎、1984、275頁。
② 「山本家定目」、转引自組本社『商売繁盛大鑑』卷一、同朋舎、1984、238頁。

顾客来店之际，不论购物多少，均以诚意待之，切不可有丝毫疏忽。(《佐羽家家训》)

对于顾客，无论其购物多少，均需热情而同等待之，万事需思虑是否玷污店铺之声誉，是否有损于"暖帘"。(《独慎俗话》)

商家要求平等待客、诚信经商，是因为其已认识到顾客乃是商家之生命所在，是商家赖以维持家业的衣食父母。白木屋家训提出这样的观点，顾客是"与吾等每日之生命息息相关之人"，即便是购物量不多的顾客，"亦为养吾等之命而至"[1]。也正是因为有了这种视顾客为商家生命的意识，白木屋以其良好的企业信誉，历经艰难坎坷与时代变迁，至今仍以旺盛的生命力存在。

商家家训中所体现的以诚为本、以财为末以及平等待客的观点，不仅充分体现了近世商人良好的经营道德和商业伦理，而且表明了近世商人已经认识到建立商业信誉与经营效益实际上是互为因果的，认识到商业信誉是一种无形资产。正是这种良好的职业道德，成就了许多商家连续百年甚至几百年不衰的辉煌业绩。对于现今商业界、企业界中以次充好、欺蒙顾客等不良的商业道德，笔者认为，只为谋求利润，也许会得逞于一时，但绝不会长久，这正是近世商人伦理给予我们的深刻启示。

二　以义制利

商家在重视信誉的同时，也试图谋求"义"与"利"的平衡。"义利之辨"是儒家思想中的一个重要命题。"义"是指庶民百姓在日常世俗经济生活中应遵守的道德准则，属于儒家道德体系的范畴。儒家把"义"和"不义"作为衡量人们日常经济行为及人们所得经济利益是否正当合理的基本道德准则。在商言商，谋利乃是经商之根本。商人通过经商行为获取利益虽属理所应当之事，然如何谋利，则途径不一、手段有异。唯利是图者有之，以义制利者有之。商家是诚信经商、正直待客，获取正当的利

---

① 「独慎俗話」、转引自吉田豊『商家の家訓』、德間書店、1973、360 頁。

益；还是欺瞒顾客，不法行商，攫取不当之利？处理好"利"与"义"的关系，树立正确的义利观并付诸实践，是处理好商业行为与道德规范二者关系最核心的问题。"义与利不一定是相克的，不过也不会总是相辅相成。"① 然而，多数近世商人并没有将二者对立起来，而是企图做到义利交融，以义求利，以义制利。

"所谓商家，乃以财而互通有无之天职，以其余者得以相续。"② 这是中井家初代中井源左卫门在其家训中所说的一句话。此语道出了为商者的社会职能乃是以财互通有无，并以所余利润作为其持续发展的根本。诸多商家家训资料表明，多数商人已经认识到，谋利虽是商人之职，然谋利需采取正当的手段，要有合理性，不能图不义之财。"商内，勿取高利，正直售货，方可繁昌"③，相传这是白木屋吴服店的始祖大村彦太郎可全所作的教训歌，以此训诫后代，使其明白只有以正直之心进行经营，才能真正实现家业繁昌的道理。许多商家在家训中告诫子孙应明确以利为义，贪图不义之财的危害，要树立正确的义利观。

> 贪图金钱，乃愚弄子孙、灭亡祖先遗业之事，即便一钱，也不应贪图不义之财。(《家内谕示记》)
>
> 无理贪财，实为失财招祸之本。(《矢谷家家训》)
>
> 不义之富贵，犹如浮云。(《伊藤家家训》)
>
> 有大志者，不做投机及类似赌博之买卖，即便一时得大利，若将不义之财留于子孙，有何益哉？(《佐野屋菊池家初代·长四郎训戒》)
>
> 家中族众最需关切之事乃为商卖。所卖之物有上、中、下三等之分，需以正直商卖为念。若利欲熏心，贪图蝇头小利，而以下等之物充作上等之物，极尽巧舌奉承而强卖之，此等贪图暴利之事断不可为。(《手津屋林田正助永代记录帐》)

---

① 张德胜：《儒商与现代社会：义利关系的社会学之辨》，南京大学出版社，2002，第46页。
② 小仓荣一郎『近江商人の理念』、サンライズ出版、1991、40页。
③ 「白木屋宽文家伝」、转引自吉田豊『商家の家訓』、德間書店、1973、146页。

此处尤其值得一提的是石田梅岩（1865～1744年）的"商人道"思想对近世中后期商家家训的影响。石田梅岩是近世庶民哲学家，他的"商人道"思想主张在四民平等的前提下，肯定商人的劳动成果和社会地位。同时，石田也非常注重商业道德。针对当时社会出现的一些不道德、不守法，企图一夜暴富的商业行为，石田规劝道："贪欲可使其家破业亡"，只有"知商人道者"，才可"使其弃欲心而怀仁心，顺道而行，发家置业"①。石田还认为，商人道首先表现在"诚实取利"上，商人之经营应"立于诚实取利之上"②。石田的"商人道"思想以及要求商人正直取利、本分守纪、注重信誉的观点，多被商人采纳并写入家训之中。

> 原本贸易之事业，乃互通有无，利人利己也，而非损人而益己。……故曰利与义一体也。（《舟中规约》）
>
> 商人之使命，乃通万物之有无，以便万人之用。若徒纵私欲，则误其本义，与神之心愿相违，以致破败其身。（《世俗便利抄》）
>
> 一日偏离仁义则非人道，然若胸无精算之念，慈悲过分则为愚痴。守仁义，如惠军中之士卒，商可得利也。（《町人考见录》）

此外，大丸下村家的初代大村彦右卫门甚至在1728年（享保十三年）将"先义后利"四字作为自家的家训。通过这些家训内容，不难看出，商家企图将商人的获利行为与儒家的"仁义"思想相调和，表明了商人在义与利相冲突、相对立时，尽量寻求道德与盈利两全所做的努力。他们主张"先义而后利"或"以义制利"，认为违礼背义而牟取富贵的经济行为是不道德的。

三　悯贫济弱

如前所述，近世商人极其强调勤俭对于家业发展的重要性，并且努力将其运用于日常生活和商业经营的实践中。但与此同时，商家也在家训中

---

① 石田梅岩「都鄙問答」、转引自柴田実『石田梅岩全集』（上卷）、清文堂、1956、77頁。
② 石田梅岩「都鄙問答」、转引自柴田実『石田梅岩全集』（下卷）、清文堂、1956、635頁。

指出了勤俭与吝啬的区别，表现之一就是商人自身虽极力提倡俭约，但仍不忘拿出部分所得救济与体恤他人，关心社会公益事业。

许多商家家训中强调商人要以经商之所得尽力救恤他人，怜贫扶弱。如《伊藤家家宪》中指出："己身之事应严守俭约之道，对他人则常持恩惠、救助之心。"① 又如松坂屋伊藤家规定，"顾客宅中抑或其他有交情者附近有火灾时，应即刻前往救援"②。商家悯贫济弱并不止于对亲属、友人的救助。近世时期的大多数商人是从行商开始其创业生涯的，他们肩挑货物，披星戴月，跋山涉水，行走于四处。"行商于他国，不可仅思吾事，应以他国之所有人为念，切勿贪图私利。"③ 可见，悯贫济弱的思想显然已突破了地域的限制，在客观上体现了商人对社会的贡献。在江户时代初期，对于意欲维持幕藩体制的各藩统治者来说，商人的行为无疑是对自给自足的经济体制的破坏，有的藩甚至向领主提出禁止商人进入自己的领国。但江户时代中期以后，各藩为了强化本藩的经济力量，对各藩所特有的产品生产大为推广，并希望能将本藩生产的特色产品推广至其他领国，因此这一时期不但不对商人的流动进行限制，反而大加鼓励。综上，对其他领国的经济尽一份社会责任和做出一份贡献，也是各藩允许商人存在和商人自身存在的理由之一。

商家除以财力所许悯贫济弱外，还比较注重公益事业。如《本间家家训》中的第三条，即"尽全力于公共事业，为公益而勿吝其财"④；《佐羽家家训》中提出，"以身份之许可，接济贫苦之人，此乃善行也"⑤。商家家训中关于公益事业的内容，有很多是与对神社、佛寺的资助相联系的。如本间家第三代主人光丘在《自戒三十条》中强调，"要重视对佛寺神社的布施"⑥。

① 「伊藤家家憲」、转引自吉田豊『商家の家訓』、徳間書店、1973、251 頁。
② 「松坂屋伊藤家教諭書」、转引自組本社『商売繁盛大鑑』卷二、同朋舎、1984、217 頁。
③ 「中村治兵衛家家訓」、转引自小倉栄一郎『近江商人の理念』、サンライズ出版、1991、36 頁。
④ 「本間家家訓」、转引自第一勧銀経営センター『家訓』、中経出版、1979、386 頁。
⑤ 「佐羽家家訓」、转引自組本社『商売繁盛大鑑』卷一、同朋舎、1984、70 頁。
⑥ 「本間家三代目・光丘自戒三十条」、转引自組本社『商売繁盛大鑑』卷一、同朋舎、1984、44～46 頁。

再如《中井家家法》中除要求在"精进日①及其前夜，需谨慎小心"外，还规定在"当日，应对贫困之人或僧人施舍每人二百文"②。这些规定的目的在于得到神佛的护佑，以满足商人现实的利益需要。

在人们对社会发展规律还缺乏科学认识的时代，商人们关注公益事业、悯贫济弱的思想背后，反映出的是民间朴素的"善恶"观，如"积阴德"就是商人家训中常有的内容。"阴德"一词出自中国汉代《淮南子》中的"有阴德者必有阳报，有阴行者必有昭名"一语。不少家训中也有"悯贫扶弱，盛施阴德"之类的说法。关于"阴德"，近江八幡商人伴嵩蹊在《主从心得草》中讲道："所谓阴德，乃于人不察觉时尽力为他人做善行，表面上虽未显露，然实质上有益于他人，他人虽当时未觉，然日后必感激之。"③ 在伴嵩蹊看来，关注公益事业、悯贫济弱，乃是一种平时不为人所觉察，于默默无闻中进行的善行，并相信这种善行会得到好报，所以商人们多注重通过善行施阴德。例如，佐野屋菊池家初代菊池长四郎也在家训中教诲家人，在商业活动中，"售者勿贪高利，年年若有蓄金，其半散施于阴德救济"。而施阴德的目的，最终是保护自己。还有就是"行天道"，如佐野屋菊池家有言："圣人云：'富贵在天'，己行若合天道，此二福自然得之。今示其大意于此。若得富贵，则应以其余力，赈恤穷乏，以此作为行仁惠之阶梯。"④ 这种"天道"观念也是日本商家积极悯贫济弱、关注公益事业的一个影响因素。"阴德"思想和"天道"观念反映了商家对社会关系的一种认知，体现了共同体之间相互依存的精神，还反映了民间的一种善恶意识。《河内屋可正处世训》中说道："人生五十载，若为恶行则为恶人，若为善行则为善人。善人来世可得善报，恶人来世则受恶报。"⑤ 换言之，勤施"阴德"、符合"天道"，为"善行"，反之则为"恶行"。这种朴素的善恶观念，体现了道德作为一种精神的实践性、民众对

---

① 精进日，即举行佛事之日。
② 「中井家家法」、转引自組本社『商売繁盛大鑑』卷三、同朋舎、1984、24 頁。
③ 「主従心得草」、转引自吉田豊『商家の家訓』、徳間書店、1973、331～332 頁。
④ 「佐野屋菊池家初代・長四郎訓戒」、转引自組本社『商売繁盛大鑑』卷一、同朋舎、1984、232～236 頁。
⑤ 「河内屋可正処世訓」、转引自組本社『商売繁盛大鑑』卷四、同朋舎、1985、226 頁。

其的广泛认同性，以及可操作性。这种悯贫济弱思想进一步延伸，就是对整个社会幸福的关心。如近世初期豪商角仓家制定的《舟中规约》中指出："上天下地间，民皆同胞，况同国人乎。若有患难疾病冻馁者，则同等救助，勿欲独脱之。"①

悯贫济弱的思想并不单单反映在某一商家的家训之中，尤其是在江户时代中后期，更具有一定的普遍性。这与战国末期至近世初期的某些冒险商人贪图巨利、垄断经营、危害社会的行为已大有不同。商人们已经意识到真正的、具有合理性的"商人道"。但需要注意的是，商家家训中所体现的这种悯贫济弱、关注公益事业的思想，是一种朴素的善恶观念。商人归根结底还是为了通过这些善行为自身树立良好的社会声誉，为家业的发展寻求护佑。不过，商人的这些活动在客观上还是对佛寺、神社的建设以及对贫苦之人的救助发挥了积极的作用。

第三节　经营谋略

商家在从事商业经营活动的过程中，逐渐积累了经商的各种谋略，这些谋略被写进家训中后，成为宝贵的精神财富并惠及后人。

一　知人善用

商家内部实行严格的等级制度，长幼之序井然有序，并且存在严格的晋升制度。但在这种严格的等级体制下，商家也有自己的人才观念，能够在一定程度上做到知人善用、举贤任能。

对于商家来说，正确地任用人才，发挥其优势，并让其坦诚地发表自己的意见和建议，是维护商业经营的一个重要手段。如《大丸下村家家训》中即写道，"与人谈话时，对方观点都与自己相同，因此高兴，然毫无益处。阐述与自己不同观点的人才是真正的谈话对象"②。商家虽然实行严格的家长制，但作为开明的主人，对家族及商业经营中各种事务的处

---

① 「舟中規約」、转引自吉田豊『商家の家訓』、徳間書店、1973、69頁。
② 「大丸下村家訓」、转引自組本社『商売繁盛大鑑』卷二、同朋舍、1984、260頁。

理，也希望别人能够积极进言献策。如手津屋林田正助即非常重视用人中勇于向主人谏言者，认为"若手代等雇人中有谏言于主人者，应视其为忠义者而善待之"①。对于下属，商家应鼓励他们多多发表自己的见解。如住友家家训中讲道，下属成员可根据自己承担的业务进行"自我判断"，只有这样，才能了解自己是否有真正的能力，"如可行，则依其意见处理"②。

随着商家事业的发展，用人参与经营成为必不可少的手段。如有"人才的三井"之称的三井家一直都非常强调重视人才。三井家始祖高利（宗寿）在家训中写道："名将之下无弱卒，贤者、有能者应予以最大关注，在不招致为下者不平及嫉妒的基础上慎重提拔之。"③ 三井家第二代高平（宗竺）在其遗书中同样提到了关于人才的运用问题，"事业经营之要，在于选用俊秀之才、有用之士，并发挥其特长，须淘汰老朽，以雇用崭露头角之人"④。

在近世社会的等级身份制下，商家内部也有一套严格的晋升制度。奉公人在十一二岁时进入商家，之后根据勤务状况、人格品质、业务技能等情况，按照丁稚、手代、番头（或支配人）的阶梯逐级晋升。商家实行的这种晋升制度，明显带有传统主义色彩，略显僵化。若严格按照这种晋升制度执行，则难以让有才能的人尽快脱颖而出，发挥其具备的才能。不过，有的商家已经充分认识到这一点。家训资料表明，不少商家一般不会固守上述严格的晋升制度，而是基于这种逐级晋升制度，适当地采取一定的灵活性措施，对优秀的人才予以更多的关注，适当予以提升和重用。商家这种注重人才的举措恰好弥补了略显僵化的晋升制度的不足，与之形成一种互补关系。

即便累积年功者，若诚实不足或才智不佳，纵依年功顺次晋升并委以相当之职务，亦为不妥。勿论老若新旧，应择持信实之心而兼备

① 「手津屋林田正助永代記録帳」、转引自組本社『商売繁盛大鑑』卷三、同朋舎、1984、253~254 頁。
② 「住友総手代勤方心得」、转引自吉田豊『商家の家訓』、德間書店、1973、118 頁。
③ 「三井高利遺訓」、转引自吉田豊『商家の家訓』、德間書店、1973、77~78 頁。
④ 「宗竺居士遺書」、转引自吉田豊『商家の家訓』、德間書店、1973、84 頁。

才智、实力者加以提拔并委以重任。若待年功之序顺次晋升，则必延缓有才能者发挥其功用，仅依无益之年功顺序，势必令诸事难以进展。①

上述资料摘录于《大丸下村家家训》，乃是其主人之心得。上述内容对商家已经成为惯例的晋升制度予以了抨击，明确指出了其不合理性，并主张在一定程度上对有才能者尽早委以重任，使其更好地发挥优势。"不论老若新旧，勤勉劳作，功绩突出者可提拔重用之"②，这是大丸下村家的京都本店制定的服务规则中的内容。可见，打破晋升制度的桎梏，适当重用有能力者，已经成为当时大丸下村家整个体系中贯彻的经营理念和人才观。

这里需要强调的是，在上述晋升制度之外，还有一类被称为"中年"的奉公人，"中年"并非从正规学徒做起的店员，而是成年之后才受雇于商家的店员。商家一般认为"中年"不如从幼年时就开始培养的正规学徒可靠，所以不会对其委以重任，尤不许其担任管家。在一般商家看来，"中年"进入商家，较之幼年进入者，地位和待遇都是相对较低的。如《佐羽家家定》中规定，"中年者，据其职务，俸禄分为两种，与手代同等身份的'若者格'则不予俸禄"③。可见，初次进入商家的"中年"，地位是低于"幼少时奉公之手代"的。对此，美国学者贝拉也持相同观点④。但笔者在仔细查阅了许多家训资料后发现，不少商家还是比较注重任用有才能的"中年"的：

不赞成让年少者担任支配人、番头之职，关于奉公人，即便非子饲而中途雇佣者，若对商卖有出众才能，应予以提拔并委以重任。（《市田家家训》）

---

① 「大丸下村家家訓」、转引自組本社『商売繁盛大鑑』卷二、同朋舍、1984、259 页。
② 「大丸下村家家訓」、转引自組本社『商売繁盛大鑑』卷二、同朋舍、1984、244 页。
③ 「佐羽家家定」、转引自組本社『商売繁盛大鑑』卷一、同朋舍、1984、81 页。
④ 〔美〕贝拉：《德川宗教：现代日本的文化渊源》，王晓山、戴茸译，三联书店，1998，第66 页。

不论自幼奉公之手代，还是近年雇佣之手代，只要忠勤奉公，则无新旧之别，应相互配合工作。近年来新采用者，若工作出色，亦可与自幼雇入之手代同样获晋升机会，故应努力工作。(《住友总手代勤方心得》)

有些商家虽没有在家训中做出相应的规定，但在实际经营活动中任用了有能力的"中年"。如三井家在幕府经营处于困境时，启用了具有经营才能，且与当时幕府财政负责人关系很好的三野村利左卫门(1821～1877年)。三野村负责经营代办幕府财政的业务机关"三井御用所"，此时的三野村已经45岁。正是由于他的加入，三井家的经营才出现了转机，才在明治维新以后逐渐走上近代化经营道路。三井家之所以被称为"人才的三井"，启用三野村利左卫门是重要的原因之一。

江户时代存在严格的等级制度，士、农、工、商各执其业，再加上日本传统的父权家长制的影响，森严的等级观念已深深地渗透至商人的思想意识之中。商家内部的等级式晋升制度是时代所赋予的。虽然像三野村利左卫门这样没有"年功"却受到重用的事例并不多，但也说明在等级制度存在的总体时代特征之下，商家能够在一定程度上认识到能力主义的重要性，"在采用子饲的同时，也重用其他人，体现了商人合理主义的一面"①。这种观念和行为，无疑体现了商家注重实用主义的特点。对于商家来说，无论是普遍主义的等级晋升制度，还是特殊主义的对"中年"的重视，目标都只有一个，那就是家业的发展，这一点是值得肯定的。

二　谨慎持重

在幕藩体制下，社会上实行严格的身份制度，每个阶层之间是不可逾越的。对于处于四民之末的商家来说，生存环境尤其险恶。因为武士只要奉公于主君，则可得固定之俸禄；农民只要在其拥有的土地上辛勤耕耘，即可满足自身基本的生计需求；而手工业者凭自己的技能谋生，只要技能

---

① 間宏『日本的経営の系譜』、文真堂、1989、47頁。

不失，即可存活。主要从事商业经营活动的商人则不同，商业具有较大的风险性，稍有不慎或决策失误，就会造成极大的损失，商人从此便一蹶不振。故而商家较之其他阶层更为谨慎持重，为人处世更为敏感，时时刻刻都要思考如何规避不必要的风险，唯恐有丝毫不当而影响家业。各商家的家训制定者也在家训中谆谆教诲，叮嘱后代一定要谨慎持重，以求安稳度日。

面对森严的等级制度，商人无力抗争，唯有服从。要服从，就要忍耐社会的不公。商家在家训中常常教育子孙后辈要从小养成谨小慎微、凡事忍让的品德。鸿池家始祖山中新六幸元在家训中告诫子孙道："人要以忍耐为要。佛语有云：'忍之德，乃所有苦戒苦修所不及者也。'若汝怒而向人，则人亦怒而向汝。衣物、饮食、行住、坐卧，皆不可任性，而要忍之。应谦而不骄，爱惜父母所授之身。"[1] 手津屋林田正助还借用中国古代典故，教诲家人要严守"堪忍"二字，谨守家业。其讲道："昔中国有曰韩信之刚勇之人，此人严守堪忍二字，虽受胯下之辱，终堪任大将之位。吾等身份低微之人，应心存正直之念，能忍胯下之辱，秉承俭约、堪忍、坚韧之性格，日夜不殆勤勉劳作，如此将有天道恩惠与世人之关爱，则商业必繁盛、家业必繁盛。"[2] 商家还强调，在平时的待人接物、人际交往中，要谨慎持重、谦恭待人。如诸户清六在家训中告诫子孙，要"立于人之下风，谦恭者必胜"[3]。谨慎持重的一个重要表现便是"勿多言"，如岛井宗室在家训中告诫子孙，"语多者令人生厌，且于己无益"[4]。本间家第三代光丘曾撰写《自戒三十条》，其中有九条是强调凡事要谨慎小心、谦卑待人的，而在这九条中，又有六条是强调言语谨慎的。

　　　公事及私事，均勿向他人言及。

　　　家内勿有无聊之谈，对至交之人亦出口谨慎。

① 「幸元子孫制詞条目」、转引自組本社『商売繁盛大鑑』卷四、同朋舍、1985、25～26 頁。
② 「手津屋林田正助永代記録帳」、转引自組本社『商売繁盛大鑑』卷三、同朋舍、1984、225 頁。
③ 「諸戸清六遺訓」、转引自吉田豊『商家の家訓』、徳間書店、1973、256 頁。
④ 「島井宗室遺書」、转引自吉田豊『商家の家訓』、徳間書店、1973、35 頁。

人前勿信口开河，炫耀自夸，于家中亦需谨慎。

不得对故交者及自家人造谣中伤。

对武家之人不论身份贵贱，须出言谨慎。

对外人及家人乃至佣人，都不得动怒。

切忌自以为是，傲慢无礼。

勿多嘴多舌，对外人、对家人、对佣人皆如此。

着装之仪，以吾为首，全家均应谨慎。

商家要在身份制度下求得生存与发展，除了加强自律，还要遵守幕府、各藩的法令、规范。如《手津屋林田正助永代记录帐》中在谈到应该严加注意的事项时讲道："家中诸人需严守幕府之法令；将军乃为日本之主君，需敬仰之；国（这里指藩）之主君，与现人神无异，决不可做违背政道之事。"① 地处加贺藩的商人钱屋五兵卫在其制定的家训中要求，"严守加贺藩的各项法令，朝夕不可忘却"②。鉴于商人四民之末的身份，其还要保持高度的身份意识，在严守本分的基础上谋求发展。如名古屋经营五金的商人制定的《冈谷家家训》中有"各安生理"一条，"武士嗜武艺而勤于公役，农民勤耕作而上纳年贡，工匠精于家业而不失祖传之技，商人以商贾为本而以实意勤之。此乃士农工商四民终生所守之道，曰本分是也"③，即告诫家人要"守本分"。还有的商家要求家人严格遵守商人规范，不可有丝毫越轨行为。如《山中家慎》中强调，"商卖因其身份而需谨慎"④。商家尤其禁止家族成员及用人从事各种无益于家业的、不合乎商人身份的游乐活动，"若有不合身份之游玩作乐者，可向负责人禀告"，"即便是支配人，也不得出入风月场所"⑤。

---

① 「手津屋林田正助永代記録帳」、转引自組本社『商売繁盛大鑑』卷三、同朋舎、1984、244～245頁。

② 「銭屋五兵衛家憲」、转引自組本社『商売繁盛大鑑』卷一、同朋舎、1984、256頁。

③ 「岡谷家家訓」、转引自第一勧銀経営センター『家訓』、中経出版、1979、282頁。

④ 「山中家慎み」、转引自組本社『商売繁盛大鑑』卷二、同朋舎、1984、225頁。

⑤ 「引手茶屋近江屋半四郎誓書」、转引自組本社『商売繁盛大鑑』卷二、同朋舎、1984、276頁。

　　尽量避免风险也是商家家训中所体现的商人"谨慎"的表现之一。经商活动具有极大的风险性，略有不慎，就会使商家的经营利润大跌，甚至危及商家的整个经营。商人对这一关乎自身前程的大事尤为重视，在家训中也多有体现。

　　如博多豪商岛井宗室总结自己一生冒险从事海外贸易的经历，告诫后人，"凡事超过自己的能力而行事终归不好"，"羡慕他人与中国、南蛮贸易获取利益，而过分投资，以船只通中国、南蛮之贸易者，一生都要慎重"①。岛井还嘱咐，投资要尽量分散，不可集中于一处，目的就是规避风险。商业行为本身就具有一定的风险性，如果采取投机取巧的方式获得利润，则更具风险性，因此商家大都禁止各种投机行为。如《川喜田家店定目》中即强调，"有投机之嫌的商品交易断不可为，即便有确实盈利的把握，也要经谨慎商讨并等待最佳之时机后进行，即便如此，也不可大量交易"②。

　　禁止或尽量减少各种形式的借贷更反映了商人的"谨慎"。在岛井宗室进行商业活动的时代，抵押贷款还是可行的。"若廉价商品可购入，或以抵押放贷……绝不可无抵押放贷，即使熟人或亲属也如此。"③ 可见，当时只是禁止没有抵押的贷款。但到江户时代中后期，关于这方面的规定就严厉多了。"严禁现金借贷"之类的内容出现在许多商家的家训中。《家内用心集》是一部在江户时代广为流传、面向町人的教训书。其作者顿宫咲月（1662～1740 年，又名顿宫正则，通称忠左卫门）乃仙台一名纸商，因其所制的和纸品质优良而广受赞誉。晚年隐居后取号"咲月"，潜心于写作及教导子孙。《家内用心集》即其于晚年所著。在该著作中，顿宫咲月批评了当时社会上较为普遍存在的相互借贷的现象，并指出了其危害性："近年商风日下，即便富有商人亦多从他国大量借款，若遇失火，则不仅自家财产，且从他国所借之财也必将付之一炬。故因借贷日益增多而最终衰落者为数不少。""昔闻町人破产之例多因贷款无法收回而致。此等状

---

①　「島井宗室遺書」、转引自組本社『商売繁盛大鑑』卷三、同朋舍、1984、209 頁。

②　「川喜田家店定目」、转引自組本社『商売繁盛大鑑』卷二、同朋舍、1984、268 頁。

③　「島井宗室遺書」、转引自組本社『商売繁盛大鑑』卷三、同朋舍、1984、216 頁。

况，如同自身之佣人每日搬运金钱于盗人之手，若此，即便拥有无数金银之富豪也难以维持一代，最终倾家破败。" 顿宫将那些把"所借之物视为己身所有，不予偿还"的人称作"可恶之人"，告诫商人要明白"借金累多，终致败家"① 的道理。顿宫咲月的《家内用心集》影响很大，商人们也在实践中认识到了金钱借贷的危害，并引以为戒。如鸿池善右卫门宗利在其撰写的家训中即强调，"不可借钱给亲属及友人"。原因是"因金钱借贷而引发一族不和之事世间常有"，将钱借给别人，"自然妨碍我家之继承"。实际上，宗利本人就严守这一原则，在其内兄和亲家提出借钱时，他"断然拒绝，一钱未贷"②。

商人们尤其禁止借款给大名、武士，这也是在无数教训基础上得来的经验之谈。在江户时代初期，富商向大名贷款还是正常的。如岛井宗室在遗书中即讲道："平户（今长崎县平户市）的松浦家若有需要，则可满足其需要，其他大名一律不予借贷。"③ 由于岛井家与平户的大名松浦家关系尤为密切，因此借贷于他，而对于其他大名，则一律不许贷款。本间家第三代光丘也在家训中特别强调，"勿予外地大名援助金"④。江户时代中后期以后，武士阶层日益困窘，不得不求助于商人，向商人们借贷以度日，但其借贷后又无法偿还。为救济武士，幕府不得不于1719年（享保四年）公布法令，宣布不管是旗本还是御家人向高利贷商人借款而引发的诉讼，均令其相互协商解决。这对商人来说是一个很大的打击，不少商人由于借款给大名、武士后无法收回而破产倒闭。因此，商家便逐渐在家训中规定禁止一切形式的大名贷。如《佐羽家家训》中即规定，"不可贷款于诸侯、大名及亲近之商家，即便其以土地为担保，且确切无误，亦不可贷之，因贪蝇头小利而尽失本金者不胜枚举"⑤。可见，商人对贷款于大名也有一个认识的过程。刚开始时以为可获取更多的

---

① 「家内用心集」、转引自組本社『商売繁盛大鑑』卷十、同朋舎、1985、132~135 頁。

② 「宗利家訓」、转引自組本社『商売繁盛大鑑』卷四、同朋舎、1985、53 頁。

③ 「島井宗室遺書」、转引自組本社『商売繁盛大鑑』卷三、同朋舎、1984、216 頁。

④ 「本間家三代目・光丘自戒三十条」、转引自組本社『商売繁盛大鑑』卷一、同朋舎、1984、46 頁。

⑤ 「佐羽家家訓」、转引自組本社『商売繁盛大鑑』卷一、同朋舎、1984、70 頁。

利益，也可与大名建立一定的关系，利于自己的商业活动发展。但后来发现事情并不简单，大名日益穷困，最终无法偿还债务。商家故禁止一切形式的大名贷。关于这点，本间家深有体会："对诸大名之借款，此前因错误之认识而贷出之分虽属无奈，然不可拘泥于此。若有愿认购此前贷出之借款者，可让渡之。"① 钱款已经借出且无法收回，无奈之下，本间家只得寄希望于认购者。

商家家训中关于禁止向大名借贷的规定有很多，这表明向大名借贷给商家带来风险已不是个别现象。有学者在分析近世许多豪商在江户时代后期发展停滞的原因时发现，豪商企图与幕藩势力相勾结，从而导致不良债务的产生是其中一个重要原因②。

除上述行为与措施外，注重契约关系和对情报的收集与分析，也是商家谨慎行商、规避风险的重要策略。商家与雇佣人之间要签订契约，就要有担保人。但是，具体到商家内部的家业经营来看，却严禁各种担保行为。如《中井家家法》中即规定，"严禁订立承包契约或作为保证人签押"③。《冈谷家店则》中也明确规定，"不得向乡亲、亲属及客户借贷，亦不可充当中介人"④。伊藤吴服店甚至规定，即便是"口头之保证亦不可"，还强调，"若有请求做保者，则以本店禁止做保为由一律予以回绝"⑤。商家禁止各种担保行为，主要担心如果发生某些纠纷，则会被牵扯其中，从而危及商家的家业经营。另外，近世时期的社会是一个很重视信息的社会，丰臣秀吉和织田信长就非常重视对信息的收集和分析，这可能源于战争之需要，知己知彼方可百战不殆。商业行为更是如此，如果不注重对信息的收集，不了解市场行情，则会给商业决策及商业行为带来极大的盲目性和风险性。因此，商家也非常注重对商业信息的收集。如《町家

---

① 「本間家三代目・光丘家法定書」、转引自組本社『商売繁盛大鑑』卷一、同朋舍、1984、30 頁。
② 藤田貞一郎、宮本又郎、長谷川彰『日本商業史』、有斐閣、1978、152 頁。
③ 「中井家家法」、转引自組本社『商売繁盛大鑑』卷三、同朋舍、1984、19 頁。
④ 「岡谷家家訓」、转引自組本社『商売繁盛大鑑』卷二、同朋舍、1984、228 頁。
⑤ 「伊藤呉服店家訓録」、转引自吉田豊『商家の家訓』、德間書店、1973、169 頁。

式目》中即认为，"行情乃维持家业重要之行为，应仔细研究"①。《家内用心集》中更是规定"每逢与人交谈，需询问各种商品之行情并向主人及番头禀告"②。这些商家对于商业信息、市场行情的关注与收集，在一定程度上避免了盲目的商业行为，自然也避免了不必要的风险。

---

① 「町家式目」、转引自吉田豊『商家の家訓』、德間書店、1973、321 頁。
② 「家内用心集」、转引自吉田豊『商家の家訓』、德間書店、1973、315 頁。

第五章

商家家训所见之经营管理

家业经营通过一定的经营管理体系来实现，这些经营管理体系是商家在商业经营过程中逐渐积累、总结而产生的。它从实践中来，并在家业经营的再实践中得到不断充实和完善。商家家训是我们了解商家经营管理的宝贵资料。

第一节　经营体制

本家—分家—别家的同族经营体制是商家独特的经营体制。它既是家族组织，也是经营组织，对商家经营的扩大与稳定发展起了非常重要的作用，是大多数商家家业历经数百年而不衰的一个重要原因。

一　同族集团

随着家族规模的扩大，家族世代的繁衍，家庭总要分裂。但在重视"家"的纵式延续的前提下，商家一般由长子继承家业及大部分财产，长子继承的家被称为本家。本家也称宗家，是商家的主干和代表。商家的家督继承在一定意义上就是指对本家的继承，包括家长的地位——家长权利与义务，家业——家产、代代从事的商贾买卖、经商的技能以及祖先传承下来的作为家的标志的屋号，祭祀祖先的权力——准备祭具、墓地等。本家的兴旺与否是商家成败的标志，故本家是同族集团的核心，是同族共同维护的对象。虽然本家继承了绝大部分家产，但长子以外的子弟或多或少也可得到部分财产。相对于长子继承的本家，次子建立的家被称作分家。

如《鸿池家家训》中规定："善右卫门家业繁盛，生有多子，然从先祖处继承之一切工具、房产皆归嫡子所有，次子等重新购置住宅，予其适量资金许其分家。凡事以本家第一为重，财产十之八、九归本家之继承人所有，余者次男以下继承。"① 需要明确的是，在中国，分家是一个动词，乃分户析产之意；日本的"分家"则是名词，毫无分户析产之意，它只是存在于长子以外的，由其他次子建立的家庭。

在三井家于 1722 年（享保七年）制定的家训——《宗竺遗书》中，确定了三井家族是由总领家（相当于本家）一家（八郎右卫门）、本家（相当于分家）五家（元之助、三郎助、治郎右卫门、八郎次郎、宗八）、连家（相当于别家）三家（则右卫门、吉郎右卫门、小野田八助）② 构成的同族集团。在资本方面，各家按不同比例共同出资，由"大元方"③ 进行管理和运营，并按比例分配利润。分配比例为：总领家 28%，本家各为 10% 左右，连家各为 3% 左右④，余下部分"作为储金，用于各家次子以下成员的分家费用"⑤。这种同族体制（近代以后修订家宪时又增加了两连家）一直为三井家族严格遵守，直到战败后财阀解散。三井家的这种利润分配法是希望"通过兄弟间的连带关系，维系'家'的运营与继承"⑥。

分家的建立在很大程度上依托于本家的经营状况，它们要在共同的暖帘下参与经营。故而在商家经营繁荣、事业发展时期，常伴随分家的创设；当本家事业发展停滞时，则会相应地限制分家的进一步创设和发展。例如鸿池家即如此，自鸿池家始祖山中新六幸元的八男鸿池善右卫门正成继承大阪店以来，正成的兄弟善兵卫家（次子）、又右卫门家（三子）、新右卫门家（七子）纷纷独立建立分家。到第三代宗利时，已建有八家分

① 「鴻池家家訓」、转引自吉田豊『商家の家訓』、徳間書店、1973、134 頁。
② 「宗竺遺書」、转引自組本社『商売繁盛大鑑』卷五、同朋舎、1985、244 頁。
③ "大元方"制度于 1710 年由三井家族创立，即由同族共同出资，而运营与管理诸事则统括于"大元方"，由"大元方"对资金进行分配和协调。"大元方"由三井家的高平、高治、高伴三人组成，而日常事务由担任类似于总经理之职的"元缔役"中西宗助来管理。"大元方"制度类似于现代的股份公司。
④ 中野卓『商家同族団の研究』、未来社、1981、127 頁。
⑤ 「宗竺居士遺書」、转引自吉田豊『商家の家訓』、徳間書店、1973、85 頁。
⑥ 米村千代『「家」の存続戦略：歴史社会学的考察』、勁草書房、1999、108 頁。

家。但此后分家的创建数在逐渐减少，至鸿池家第六代时，分家创立的情况就几乎没有了①。

别家是由长期服务于主家的用人在经主人允许后依附于本家建立的分支机构。商家的"子饲奉公人"（从小培养的用人）在经过"丁稚""手代"的阶梯晋升至"番头"后，商家主人便从中选择忠诚、业绩出色者，为其提供资金，或让其使用本商家的商号（暖帘），甚至转让一部分顾客给其，允许其开设分号单独经营，称为别家。如《吉村家永代定目》中即规定："支配人不间断地奉公八年，依定法可令其独立。"② 建立别家者实际上成了主家的终身用人，有时甚至几代人都服务于同一商家。一般来说，别家以手代、番头建立者居多。对于用人来说，数十年的奉公生涯极其艰苦，经常有人经不起苛酷的环境考验或不堪主人的虐待而中途告退。再加上其他一些因素，能够成功者只有少数，"善始善终达于别家者，十人中不过二、三"③。尽管如此，在有严格身份制约束的社会中，与没有家族背景就不能出人头地的武家和被束缚于土地上、生活贫困的农家相比，在商家奉公可谓唯一的、充满希望的、立身出世的阶梯。

别家一般分为三种。第一种是丁稚经手代、番头或支配人后，据其功劳允许其建立别家，称为"通勤别家"。这种别家的建立者不仅是终身奉公人，而且其子子孙孙世代都奉公于主家。第二种是根据奉公人自身情况，主家允许其单独建立别宅，享受别家待遇。第三种是由主家给予若干资本和作为商家标志的暖帘，将别家作为支店进行独立经营，有的主人还会将自己的顾客与贩卖区域划归别家，以示关照。

主家与用人之间本来是一种契约关系、利益关系，但在商家的同族集团中，让非血缘关系者以别家的形式参与经营活动，目的在于使其与本家共同构成一种同族经营集团，以进一步拓展业务、开拓市场。"本来是利益关系的雇主与奉公人的关系，却转化成了信赖的关系"，其媒介便是

① 安岡重明、天野雅敏『日本経営史・1・近世の経営の展開』、岩波書店、1995、109～110頁。
② 「吉村家永代定目」、転引自組本社『商売繁盛大鑑』巻一、同朋舎、1984、248頁。
③ 「商家心得草」、転引自『日本経済叢書』巻七、日本経済叢書刊行会、1914、576頁。

"暖帘制度"①，雇主和奉公人构成了处于统一暖帘之下的经营共同体。从商家的经营观念来看，别家增多是商家兴旺的标志，是显示商家"家格"的标志，有的商家甚至将多建别家视为对祖先的孝行。

主家、由商家后代建立的分家以及由奉公人建立的别家，共同构成了商家的同族经营集团。在这一同族集团中，虽然存在血缘关系，但是比较淡漠，主要是基于经济要素（家业）形成的群体，是一种依据纵式主从关系建立的经营体制。维系这种纵式主从关系的纽带便是家业。这种同族集团，一方面，可以通过分家、别家的创设来拓展经营业务及经营范围；另一方面，同族集团内部既是一种纵式的主从关系（分家、别家处于从属于本家的地位），又是一种相互协作、相互扶持的信赖关系。更为重要的是，同族集团为商家分散经营风险、维护家业经营的稳定起到了重要的作用。

二　主从关系

独立后的分家或别家，与本家的主从关系依然延续。为保持同族集团内部的凝聚力与稳定性，本家对同族内的各分家、别家具有较大的统治权。本家的家产是同族集团的物质基础，例如《三井高利遗训》中规定："各家经营所得之总收入，除去一定储蓄后始分配各家（分配以总本家为最多）。"②同族集团以本家为核心进行生产经营，三者祭祀同一祖先，相互协作与扶持。日本学者富永健一称，日本的同族集团是家族集团的一种形态③，同族集团的内部结构是"家"的扩大，将亲子关系（抑或模拟的亲子关系）与主从关系结合在一起，便形成了独特的家族主义经营。

商家继承人以外的子弟在建立分家后，必须时刻保持与本家的联系。在本家进行婚丧嫁娶等活动仪式时，要前往参加并尽心服务。如《佐羽家家训》中规定，在每年的"正月元日、盂兰盆会之十五日、五节句及晋升

---

① 米村千代『「家」の存続戦略：歴史社会学的考察』、勁草書房、1999、108頁。
② 「三井高利遺訓」、转引自吉田豊『商家の家訓』、徳間書店、1973、76頁。
③ 富永健一『社会構造と社会変動：近代化の理論』、放送大学教育振興会、1987、191頁。

之时，分家需至本宅表示祝贺"①。对于分家来说，要承认本家的祭祀权，遵从本家的生活习惯。由于分家仅靠分得的财产难以自立，所以分家独立后与本家之间仍存在经济上的依赖关系，在很大程度上要接受本家的庇护。如鸿池家曾在1733年（享保十八年）专门制定了一则《关于分家之规定》，内称："对于经营困难而诚实之分家，调查其详情后可适当融通资金，该资金无利息，并可分年偿还，以维持其经营。"但这种帮助并不是无限制的，"求助于本家者仅一人可也，然若申请之分家渐次增多，即会妨碍本家之事业"。也就是说，不能因为帮助分家而影响本家的家业经营。也正因如此，这则家训中对各分家明确讲道："独立之分家今后将渐次增多，故本家无法如从前那样予以各方面以关照，望诸位相互体谅。"② 尽管本家对分家的救助与庇护是有限的，但分家对本家却必须表现出无限的忠诚。如果分家的某人在本家陷于危难之际做出了特别重要的贡献，那么从此以后，该分家便会与本家形成一种特殊的关系，分家的成员在主人家中也往往被奉为上宾③。与日本分家建立后仍与主家（本家）保持着主从关系相比，中国的分家则表现出很大的独立性，中国的分家"所分的不仅仅是财产和人，在分财产的同时，也获得了一种新的权力。因此分家不只是经济上的独立化，也是权力、决策的独立化。家一分，一个独立的社会组织单位便产生了"④。

本家对于与别家之间主从关系的要求则更为严格。别家建立后，其经营情况的好坏，将直接影响到主家甚至同族集团的整体经营利益。因此，对于奉公人长年奉公后是否可以建立别家，主家一般要经过慎重的考虑和严格的考验才能决定。《大丸下村家家训》中对建立别家之事所采取的谨慎态度可窥一斑。其中讲道：

---

① 五节句，即江户时代幕府规定的五个节日。分别是人日（正月七日）、上巳（三月三日）、端午（五月五日）、七夕（七月七日）、重阳（九月九日）。参见组本社『商売繁盛大鑑』卷一、同朋舎、1985、77頁。

② 「別宅についての規定」、转引自组本社『商売繁盛大鑑』卷四、同朋舎、1985、78～79頁。

③ 〔美〕贝拉：《德川宗教：现代日本的文化渊源》，王晓山、戴茸译，三联书店，1998，第60页。

④ 麻国庆：《家与中国社会结构》，文物出版社，1999，第58页。

让支配人建立别家，许其另行开设店铺时，应是在对该人充分考察基础上进行的。然自始自终对其进行考察实为难事，常有中途出现心术及品行不端者，忘却主人之恩，肆意鄙视他人者亦有之，此乃心之浮华所致，较身之浮华更为可恶，让此等人担负领导之责，则家风必乱。今后，应常观其意志及行动，对言行不一、不诚实者要尽速放弃日后让其建立别家之想法。①

对别家主人的选择要慎重和严格，即便在确定建立别家的人选后，有的商家也会要求别家向主家"交一份别家证明书，对不许违背本家的主张，或重视与本家之主从关系等内容立誓约"②。商家家训中有很多要求别家严守主从关系的规定。如《吉村家家训》中规定，"别家及通勤者之妻，需于年初、五节句之时拜访本家……若因病等不能出席，要将缺席理由报告本家"。吉村家甚至还对本家与别家之间的礼尚往来做了详细的规定："关于各种仪式之献礼，做如下规定：本家致别家或通勤者之献礼为金百疋；别家或通勤者致本家之献礼为金五十疋；别家或通勤者之间之献礼为金一铢。"③在吉村家的另一则家训《吉村家家法定目书》中，还规定别家必须与本家保持共同的宗教信仰，别家"此前有各自檀家④寺院，终归不好，今后均改为一言院檀家，关于馈赠之物，盂兰盆、岁末各捐赠三文钱，若另有临时捐纳，则按本家指示行事"⑤。有的家训对手代、番头建立别家后的结婚问题也有规定，如住友家专门为奉公人制定的家训《住友家总手代勤方心得》中即规定："手代建立别家之时，有关娶妻之事须与本家商量，不得随意行之。"⑥别家对于主家，除了履行上述义务并与本家保持一致外，还有重要的一条，那就是"本家经营不佳时，别家须全力援

---

① 「大丸下村家家訓」、转引自組本社『商売繁盛大鑑』卷二、同朋舎、1984、261 頁。
② 竹中靖一、川上雅『日本商業史』、ミネルヴァ書房、1968、214 頁。
③ 「吉村家家訓」、转引自組本社『商売繁盛大鑑』卷一、同朋舎、1984、242、243 頁。
④ 德川幕府时期，为了禁止基督教，幕府强制要求各家都要成为某一寺庙的施主，日语称"檀家"，并供奉该寺庙所属流派的佛像。
⑤ 「吉村家永代定目」、转引自組本社『商売繁盛大鑑』卷一、同朋舎、1984、240 頁。
⑥ 「住友総手代勤方心得」、转引自吉田豊『商家の家訓』、德間書店、1973、123 頁。

助"①。从上述内容不难看出，别家并未完全从主家中独立出来，二者之间仍是一种从属关系，相比本家与各分家之间构成的亲子关系，由与商家主人并无血缘关系、有能力的奉公人建立的别家与主家之间构成的则是一种基于主从关系的模拟亲子关系。

值得注意的是，别家作为商家的一员，在履行上述义务的同时，对本家还负有监督、规劝的责任。这主要是针对本家家业继承人而言的，如西川家在家训中规定："本家家督继承之际，需将由本家父子二人共同签押的附件交由别家收藏。"别家还对本家家长有规劝和监督的职责，"若家督万一忘却先祖之厚恩，有违家法，别家应共同商谈，从感激祖先恩惠的立场出发极力规劝。若家督仍不听规劝，且其品行仍日渐惰弱，则毫不留情令其隐居"②。可见，别家与主家之间在主从关系外，还有一种相互监督、相互扶持的协作关系。这与家长的隐居制一样，具有合理性。

由本家—分家—别家共同构成的同族经营体制，是日本商家独具特色的家族结构的体现。在这一体制中，本家处于同族的顶端，分家和别家因自身"对于本家的从属性"③而成为商家经营的重要组成部分，充分发挥了家族主义的统合功能，维护了家业的完整性，同时又吸收了有能力者参与家业经营，对扩大家业和经营的规模颇为有益，体现了商家对家业的实用主义态度。从商家同族集团这一经营体制来看，可见日本近代企业经营之萌芽。明治维新后，许多新兴企业的经营体制是在模仿近世商家同族经营方式的基础上，结合近代因子确立的。因此，同族经营堪称近世商家经营的精髓，也是日本近代企业经营的起源。

第二节　雇佣管理

商家在发展过程中，逐渐形成了适应自身经营需要的雇佣体制，既对以往传统有所继承，又具有自身的特色，对近现代日本企业的人事管理、

---

① 「主従心得草」、转引自吉田豊『商家の家訓』、徳間書店、1973、339 頁。
② 「西川家定法 - 細則」、转引自組本社『商売繁盛大鑑』卷三、同朋舎、1984、50~51 頁。
③ 米村千代『「家」の存続戦略：歴史社会学の考察』、勁草書房、1999、108 頁。

雇佣制度产生了一定的影响。本节即以商家家训为中心，从雇佣制度和教育管理两个方面对商家的雇佣管理进行分析。

一 雇佣制度

当商家的经营规模逐渐扩大，管理逐渐复杂时，商家主人自身既操作具体事务，又从事经营和管理，就会力不从心。于是，商家往往会雇入一些"奉公人"来参与经营。"奉公人"即商家雇入的用人。"奉公"一词，本意是指在封建的主从关系下，臣下或隶属者对主君履行的义务。在武家社会，武士之"奉公"，即为主君出生入死、奋战沙场，以及对主人尽各种义务。主人对臣下则予以保护，并给其俸禄，这被称作"御恩"。通过臣下的"奉公"与主人的"御恩"，双方之间形成了牢固的主从关系。商人社会的主从关系则体现在商家的雇佣制度中，即雇入的"奉公人"为主家服务，主家则通过一定的方式对其进行培养。在日本独特的"家"制度下，上述主从关系一经确立，商家主人与奉公人之间模拟的亲子关系便会形成。双方之间的契约关系、剥削与被剥削关系，皆被掩盖于其下。这种制度是模拟的血缘关系这一日本家族制度的特征在商家中的具体体现。对于商家的雇佣制度，可从以下三方面进行分析。

第一，奉公人的雇入。就奉公人的雇入渠道而言，有亲戚或熟人的子弟，有他们推荐的人，有经客户介绍者，也有经中介雇入者。由于一般长子要在家中继承家业，因此服务于商家的用人绝大多数为次子或三子，有的商家甚至在家训中明确规定："雇入学徒、伙计之时，因长子将来要继承家业，恐生麻烦，故应尽量避免。"[①] 李卓也认为，"按传统习惯，长子是要继承家业的，不会终身受雇于商家，因此一般商家在录用奉公人时忌收长子"[②]。一些大商家（如三井家和鸿池家）往往先从本商家的别家子弟中雇入奉公人，称为"谱代子饲"。挑选奉公人一般有两条标准。一是要可靠。在选拔奉公人时，"考其先祖，有信用者""考其出处，有信用者"

---

① 「東浦賀干鰯問屋橋本家店改革の掟書き」、转引自組本社『商売繁盛大鑑』卷二、同朋舎、1984、235頁。
② 李卓：《家族制度与日本的近代化》，天津人民出版社，1997，第171页。

这样的在商家与奉公人签订的承诺书中多有所见。二是要求奉公人一定要聪颖，有培养前途，将来能够掌握一定的技能。因此，为了习得一技之长，有些家境不错的商人子弟也会去当奉公人。就长期奉公人而言，农村出身的并不占很大比例，日本有种说法："蛙之子为蛙，商之子为商。"商家雇用的大都是商人子弟或居住于町内的人，尤其以经与商家世代有交往或有生意往来的人介绍者为多，而经中介介绍者较少。但也有例外，如《虎屋汤浅家相续讲》中即规定："切勿从客户处雇入奉公人、见习学徒或丁稚，此行为将有害于店之永续，断不可为。"① 不过，大多数商家还是就近从当地或邻近地区雇入奉公人。据远藤正男对福冈藩商人的用人进行的研究，商家多从农村起家，他们雇入的奉公人中有 56% 是从同郡的农村招募而来的，而其中有 67% 来自同一藩内，只有 33% 是从别的地方雇入的②。近江商人和伊势商人也多录用同乡，如伊势商人长谷川家，其开设于江户的分店在文政年间（1818~1830 年）雇用了 114 名奉公人，94% 出身于伊势③。这一现象说明在血缘关系基础上产生的地缘关系起着重要的作用。当然，有的商家在雇入用人时，会有意选择那些远离商家所在地的农家子弟，以便切断他们与自己家族的联系，并按照商家的规范对他们进行塑造和培养。两种雇入方式虽从不同的角度出发，但无论何种方式，都是着眼于将来商业经营、家业的利益。

第二，奉公人的年龄。奉公人入店的年龄以十几岁居多。根据鸿池家从元禄四年（1691 年）到元文元年（1736 年）的《万留帐》，可知当时鸿池家奉公人的入店年龄情况（见表 5-1）。

表 5-1　鸿池家奉公人入店年龄情况

入店年龄（岁）	9	10	11	12	13	14~19	20~30	31~40	41~50
人数（名）	1	4	13	10	10	9	21	8	4
所占比例（%）	6.25		41.25			11.25	26.25	10.00	5.00

资料来源：根据安冈重明、天野雅敏《日本经营史·1·近世经营的展开》第 173 页数据整理。

① 「虎屋湯浅家相続講」、转引自組本社『商売繁盛大鑑』卷一、同朋舎、1984、214 頁。
② 转引自宮本又次『近世商業経営の研究』、清文堂、1971、117 頁。
③ 藤田貞一郎、宮本又郎、長谷川彰『日本商業史』、有斐閣、1978、134~135 頁。

　　三井家的《出勤帐》记载了文化二年（1805 年）六月到嘉永四年（1851 年）二月百名入店者的年龄情况。

表 5 - 2　三井家奉公人入店年龄情况

入店年龄（岁）	11	12	13	14 ~ 19	20 ~ 29	30 ~ 39	40 ~ 49	50 ~ 59
人数（名）	17	40	10	2	23	5	1	2
所占比例（%）	67.00			2.00	23.00	8.00		

资料来源：根据安冈重明、天野雅敏《日本经营史·1·近世经营的展开》第 173 页数据整理。

　　从表 5 - 1 和表 5 - 2 可看出，奉公人入店的年龄以 19 岁及以下居多，鸿池家为 58.75%，三井家为 69.00%。其中，最多的是 11 ~ 13 岁，鸿池家为 41.25%，三井家为 67.00%。有的商家也对奉公人入店的年龄有更为具体的规定，如《佐羽家家定》中即规定入店者的年龄须为 12 岁[①]。

　　第三，雇佣关系的确立。对奉公人的选择是一件大事，要有严格的程序。对于商家来说，都希望雇入的用人聪明、能干，有培养前途，将来可以参与家业管理。所以，最初的选择很关键。一般来说，对自己应募或别人推荐来的人，要进行面试。如果主人认为其天资欠佳，将来难以掌握必要的技能，就会在面试阶段将其淘汰。例如三井家京都吴服店，在 1721 年（享保六年）到 1723 年（享保八年）的三年间，前来应募的共有 70 人，其中有 18 人在面试阶段即被淘汰，采用率为 74%[②]。

　　经面试合格后，商家与奉公人之间要签订契约。关于契约的内容，各商家大同小异，如奉公人的出生地、姓名、奉公年限、薪金、预支、按季节配发的衣服、信仰等。在签订契约的同时，还会给奉公人部分薪金或实物。对于契约中的事项，需要保人作保。例如，有的商家家训中规定："雇人奉公人之际，遵照家法，无论老幼，必须取得保人之保证后方可录用。"[③] 保人大都为拥有屋号的商人，奉公人家庭情况各异，生活很艰苦，

---

① 「佐羽家家定」、转引自组本社『商売繁盛大鑑』卷一、同朋舍、1984、80 頁。

② 『三井事業史』（本篇一）、三井文庫、1980、246 ~ 247 頁。

③ 「東浦賀干鰯問屋橋本家店改革の掟書き」、转引自组本社『商売繁盛大鑑』卷二、同朋舍、1984、235 頁。

地位也低下，因而保人之责任尤为重大。

近世初期，由于商家多处于创业阶段，经营规模较小，所需从业人员也并不是很多，因此并未形成一套比较完善的雇佣体制。商人与用人之间也未结成像武家社会那样牢固的"奉公"关系。如商人岛井宗室不仅将用人看作单纯的劳动力，甚至还在遗书中告诫子女"下男下女，皆盗贼也"[①]，要时时处处提防他们，反映出他对用人人格的蔑视。随着商家经营的发展，用人的需求量增多，过去那种把用人作为单纯劳动力的做法已经不利于商家的经营管理。于是，在经营实践中，商家逐渐形成了一套较为系统的雇佣制度。这就是按照丁稚—手代—番头[②]到最终建立别家的阶梯式晋升制度。这一过程往往需要经历十数年甚至二十多年，其间意志薄弱者、身体不适者，或在一定期间内不能掌握商家所要求之技能者，都将被淘汰。阶梯越高，则晋升越难。

一是丁稚阶段。商家的用人从 10 岁左右开始进入商家"奉公"，首先要从"丁稚"做起，故称为"丁稚制度"。"丁稚制度"不仅是单纯的谋生手段，更是一个商人所必须进行的修业，是"一种商业实习教育制度"[③]。丁稚奉公的时间一般为七八年。初入商家的"丁稚"，主要是做些看孩子及清扫擦拭等杂活。等到稍大一些，便开始在店内帮忙做零活。到十五六岁"半元服"[④]时，就开始从事包装货物之类的劳动，并见习货物金钱的收受等属于手代的业务，同时仍兼做其他杂务。

二是手代阶段。丁稚到十七八岁时，商家要为其举行成人仪式——"元服"。这时，主人通常会为其举行晋升手代的宴会，还会赐给其缀有家纹的衣物。手代的奉公年限通常为十年，最初同"半元服"的丁稚一起从事一些杂役。随着奉公年限的增加，手代便在番头的指导下，开始管理出纳、记账、商卖之类的事务。手代在番头或支配人的手下干活，未经允许，是不能随意处理商业往来业务的。手代的工作一般分为店内工作和外

---

① 「島井宗室遺書」、转引自吉田豊『商家の家訓』、徳間書店、1973、48 頁。
② 丁稚即学徒、徒弟，手代即伙计、二掌柜，番头即掌柜、领班、总管。本书多处使用，不再另做解释。
③ 中野卓『商家同族団の研究』、未来社、1981、178 頁。
④ 元服是古时男子成年开始戴冠的标志，这里的半元服意即半成人。

出跑业务两种，店内的工作是手代必须先经历的，然后才会被允许外出与客户联系。

三是番头阶段。如果一切顺利，当手代的奉公年限结束时，即可晋升为番头。番头本来是中世纪庄园中庄民们从事各种徭役时的主管者，由具有一定资格的名主轮番担任，因此被称为番头。这一名称到了近世，成了商家奉公人经丁稚、手代之后得到的最后一个阶段的称谓。番头有一人制与多人制两种。多人制时要设置首席，即"支配人"，"支配人"代主人管理店内一切事务，拥有商卖上的权限。一人制时番头即"支配人"，统率手代及以下人员。番头大多可以另建居所，称为"通勤番头"，即成成商家的终身雇佣人，通常代代奉公于商家。

二　教育管理

通常丁稚、手代要奉公十数年甚至更久，成为番头后仍要继续为商家服务。几十年的生涯都将在其所奉公的商家中度过。在此期间，为了店铺的繁荣与发展，以及培养服务于自身的经营人才的需要，主人还会对奉公人进行严格的管理和教育，以达到自己所希望的标准。主要体现在以下四个方面。

一是思想意识方面。商家对奉公人进行教育与管理，主要目的是让奉公人能够更好地为商家服务。因此，商家首先要求奉公人在思想意识上明确奉公于商家的重要性。商家所强调的奉公又分为对外的奉公与对内的奉公两个层次。对外的奉公，主要指对统治阶级的奉公，也就是对幕府的奉公。在近世社会，仅占总人口十分之一的武家居于统治地位，将军即事实上的主君。因此，多数商家家训将"坚守武家诸法度"之类的内容作为家训第一条。商家遵守武家法度，服从于武家，是在严格的身份等级制度下做出的无奈选择。商人无论经济实力如何强大，都是被统治者，社会依然是武家之天下，不要说与武家发生正面冲突，即便稍有不恭，也会招致全家覆灭。不少商人正是因为触怒幕府而被没收财产或被流放的。商人很清醒地认识到自己是无法与武家相抗衡的，只有遵从武家的政策和法度，严守封建统治的种种规约，才能立身于社会。这也可以说是商家对奉公人进行教育与管理最基本的要求和原则。

如果说服从武家的统治是商人在不平等的社会条件下被迫做出的选择，那么对内部主从关系的强调，则是商家为了自身的发展而采取的积极主动的措施。商家要求奉公人把商家作为自己的家，把主人当成自己的父母。白木屋的《独慎俗话》（又名《白木屋管店书》）中这样解释"奉公"二字："何为奉公？即以吾身奉仕主人，身体发肤，受之父母，要将父母所授之身奉于吾之主君。"[①] 许多商家家训强调对奉公人的奉公意识进行培养，如住友家在家训中教育奉公人要明确"尽忠节于主人，乃奉公人当然之道。如由此而使主家达于繁荣，则也是奉公人自身之繁荣"。住友家甚至认为，较之学习写字、算盘等，明白奉公之本义才是最重要的，"有些手代、丁稚认为大致能读、写、打算盘便可工作，然若不明道理，不懂向主人奉公之本义，即便于读、写、打算盘上下工夫甚多，也不能说具有作为手代的觉悟，故下至丁稚，皆应认真思量如何忠勤奉公"[②]。商家的奉公与武家的奉公虽对象不同，但实质并无二异，即忠诚于特定的主人。商家对奉公意识的强调，使商家获得了经营所必需的人才。长年的奉公生涯造就了奉公人的忠诚品格，他们把自己的一生融于商家的家业之中。事实证明，凡是经营得好的商家，都与其有得力的伙计或管家有直接关系。

二是人格品德方面。奉公期间不仅是奉公人塑造人格、养成做人的基本素质的关键时期，而且是商家培养适合经营管理的人才的重要阶段。因此，在对奉公人的教育与管理方面，商家对奉公人的人格品德尤为重视。

对于以商卖为中心的商家来说，如果不具备良好的人格和品德，其商卖是不会繁盛的。奉公人常常要应对顾客，故热情服务、诚信待客的品德是极为重要的。因此，商家不仅要求奉公人忠诚于主人，同时强调"对他人的态度应与对主人的态度相同"[③]，要学会平等地对待他人、尊重他人，以诚信之心应对商业经营。商人虽是近世较为富有的社会阶层，但许多腰缠万贯的商人仍将"俭约"作为自己崇奉的信条。商家的经营与衣食、采

---

① 「独慎俗話」、转引自吉田豊『商家の家訓』、徳間書店、1973、359 页。
② 「住友総手代勤方心得」、转引自吉田豊『商家の家訓』、徳間書店、1973、118～124 页。
③ 「主従心得草」、转引自吉田豊『商家の家訓』、徳間書店、1973、342 页。

买等日常生活几乎都由奉公人安排，奉公人掌握着商家经营、生活、消费等重要环节。只有把住奉公人这一关，才能真正做到"俭约"。如前面"勤俭治家"一节中涉及的内容，有许多是针对奉公人制定的规范。另外，奉公人之间能否相互协作，共同致力于商家的家业经营，也是十分重要的。因此，商家既要求包括奉公人在内的全体商家成员要齐心协力，共同繁荣家业，又要求奉公人之间在业务上要相互协作。如有的家训中要求，"（奉公人）各人在工作之时，要观察其工作情况，相互检查商品之良否"①，以保证所售商品的品质。住友家长崎店还规定，当"幕府御用之铜到港卸货之时，手代等应同心协力验货并接收"②。

三是文化知识与专业技能方面。学习文化知识、接受商业技能训练是奉公人教育的主要内容。商家通常利用业务及闲暇时间，教授奉公人基本的文化知识。在商家家训中，对佣人的教育以习字与练习算盘最多。如水口屋在家训中规定，"每晚，手代三人交替教授丁稚算盘和习字"③；绘具屋也规定，"日落至晚上十点，为丁稚习字与学习算术的时间"④。等到丁稚晋升为手代后，便教其商家经营管理方面的专门知识，如以经营铜矿发家的住友家即规定："对铜之贩卖与精炼之法毫无知晓，碌碌无为度日，皆不用心所致。今后手代亦须进入炼铜所，学习关于铜的知识，可就此突然向手代提问，故平日要认真学习。"⑤一般来讲，都是店内有些文化的手代教授丁稚学习。但也有商家从外面聘请教师，如《鸿池家家训》中规定，"如果手代需要的话，遇有优秀的老师，则可聘至宅中，向手代讲授业务以及业务以外的各种学问"⑥。

虽然商家鼓励用人学习基础文化知识和专业知识，但这些知识必须是与商业经营有关的，用人不可以随心所欲地去学习自己想学的东西。如水口屋小川家在家训中规定，"算盘、习字之外的学习决不可为，违反者严

---

①　「家内用心集」、转引自吉田豊『商家の家訓』、徳間書店、1973、313 頁。

②　「住友長崎店家法書」、转引自吉田豊『商家の家訓』、徳間書店、1973、100 頁。

③　「水口屋店方掟書」、转引自吉田豊『商家の家訓』、徳間書店、1973、191 頁。

④　「絵具屋手代昼夜心得事」、转引自吉田豊『商家の家訓』、徳間書店、1973、224 頁。

⑤　「住友総手代勤方心得」、转引自吉田豊『商家の家訓』、徳間書店、1973、114 頁。

⑥　「鴻池家家訓」、转引自吉田豊『商家の家訓』、徳間書店、1973、139 頁。

加处罚"①。白木屋在家训中也讲道:"对于商人来说,闲暇或夜间阅读无关之军书或女孩阅读的绘草纸,是浪费时间,下围棋或玩双六也是徒费夜晚大好时光的行为。"② 可见,商家鼓励用人学习,是为了使用人更好地服务于商家,用人学习的内容、范围带有明确的目的性。《佐野屋菊池家店教训》中更是非常明确地讲道:"诗、文章等嗜好之学问学习也易,但以寻常奉公人之气力,商人难以熟稔此道。最终用心商道乃第一要务。"同时要求:"围棋及象棋虽为娱乐,然因其妨碍商人之经营,故作为店铺之风,予以禁止,且禁止阅读无益之通俗小说。"③ 可见,商家对奉公人的教育,带有明显的功利主义和实用主义色彩。无论是教育奉公人读书和学习算盘,还是教其经营管理的方法,都是从商家自身的家业经营角度考虑的。

四是对奉公人日常生活的管理。奉公人的奉公生涯是极其辛苦的,他们必须忠诚于主人,辛勤劳作。在学得技能的同时,还必须做大量烦琐的家务工作。《松翁道话》④ 中这样描述奉公人的生活:"每日尽心工作,暮归,则有汲水、烧洗澡水、收拾衣物及做饭四项夜业。晨亦早起,则炊食、扫除。"⑤ 相对于奉公人的辛勤劳作,商家则负担奉公人的衣、食、住和其他杂费,将其当作家族的一员对待。如《诸户清六遗言》中即认为,"欲致巨富,即便丁稚下女之事也要予以关注"⑥。山中屋右兵卫门第二代在《山中家慎》中还直截了当地指出,"对待奉公人,要施以温情"⑦。对此,各商家有不同的方式。有的体现在对奉公人生病时的悉心照料上,如《住友总手代勤方心得》中规定:"手代生病,悉心护理。看顾粗疏即是对主人不忠。故万事须尽心考虑。"⑧ 有的则是"根据其每年的工作情况予以

---

① 「水口屋小川家店方掟書」、转引自組本社『商売繁盛大鑑』卷二、同朋舍、1984、213 頁。
② 「白木屋管店書」、转引自組本社『商売繁盛大鑑』卷二、同朋舍、1984、59 頁。
③ 「佐野屋菊池家店教訓」、转引自組本社『商売繁盛大鑑』卷一、同朋舍、1984、216~221 頁。
④ 《松翁道话》由江户时代后期心学者布施松翁所著。
⑤ 宫本又次『近世商業経営の研究』、清文堂、1971、128 頁。
⑥ 「諸戸清六遺訓」、转引自吉田豊『商家の家訓』、徳間書店、1973、256 頁。
⑦ 「山中家慎」、转引自吉田豊『商家の家訓』、徳間書店、1973、186 頁。
⑧ 「住友総手代勤方心得」、转引自吉田豊『商家の家訓』、徳間書店、1973、122 頁。

判断，依据主人之财力，相应地予以奖赏"①。当然，商家对奉公人"施以温情"，主要是考虑到家业。商家的目的在于，通过些许的"恩惠"感化奉公人，令奉公人在对商家心存感激的同时更加勤勉于劳作。这种"温情主义"在一定程度上掩盖了二者之间雇佣与被雇佣、剥削与被剥削的关系。"温情主义"的背后是商家对奉公人忠诚度、勤勉度的强化以及其贯彻始终的家业第一的观念。

一旦成为商家的奉公人，就必须遵守商家的各种规定，无故请假或无故不出勤都是不允许的，也禁止奉公人为其他商家工作。商家还对奉公人的外出与休假有诸多规定，如《绘具屋手代昼夜心得事》中规定，手代每月可有一次外出之机会，主人还会给其一些小费，但要求手代必须在傍晚以前归店②。在奉公人的休假方面，有些商家实行每隔几年让其回原籍省亲的"登"制度。例如，三井家将其称为"中登"，一般每隔七、八年让奉公人回原籍省亲、休养一次。这样，在奉公全过程中，奉公人可以有三次休假机会。一般情况下，第一次的天数为四十到四十五天，第二次和第三次分别为六十五到七十天③。对于奉公人来说，在家省亲、休养的同时，也是等待商家决定对其是晋升还是淘汰的时间。如果商家不满意，休假后就不会再通知其归店了，意味着其被解雇。对于奉公人来说，"登"制度"通过一种激励机制，增强其勤劳欲望的同时，对于商家来说，也是对不适合经营的奉公人采取的一种淘汰制度"④。奉公人如果被解雇，一般不会再被其他商家所雇用，即便其他商家要雇用，也必须与原雇主进行照会，以求得谅解。

总之，商家的雇佣制度主要是出于商家家业规模扩大的需要，商家雇入用人为其服务并对用人进行管理和培养的制度。这种制度，较之契约关系，更注重被模拟为亲子关系的主从关系。商家着力培养和教育奉公人，除对家业经营的考虑外，还考虑到当时日本的行会制度还未充分发展起

---

①　「町家式目」、转引自吉田豊『商家の家訓』、徳間書店、1973、320 頁。

②　「絵具屋手代昼夜心得事」、转引自吉田豊『商家の家訓』、徳間書店、1973、222 頁。

③　『三井事業史』（本篇一）、三井文庫、1980、253～254 頁。

④　米村千代『「家」の存続戦略：歴史社会学的考察』、勁草書房、1999、113 頁。

来，优秀的经营管理人员无法从外部进行调配，只能在商家内部自行培养产生。这种雇佣制度业已出现近现代终身雇佣制、年功序列制以及企业内教育培训制度的萌芽。明治维新后，商家纷纷投身于近代产业，较之近世，其经营业种和规模都发生了很大变化，但近世雇佣制度经过与近代因子的整合，发展成了近代日本企业雇佣关系的核心。

第三节　经营及管理方式

商家家训有别于其他阶层制定的家训，很重要的一点就是商家家训中有许多内容涉及商业经营管理。这些经营管理方法是商家在从事商业经营的实践中积累的经验，并逐渐形成惯例。这里仅就商家家训中体现出的较有代表性的经营委任、合议制度、质量管理进行分析和研究。

一　经营委任

随着商家经营规模的日益扩大和雇佣人员的不断增多，商家主人已不可能事无巨细地管理一切事务。于是，一些大的商家开始实行经营权的委任制度，这似乎已成为一种惯例。如前所述，一般奉公人进入商家，经丁稚、手代阶段后，若表现良好且具备一定的管理才能，就会被晋升为番头。番头有一人制与多人制之分，多人制时设置首席，即"支配人"；一人制时番头即"支配人"，也称作"大番头"。因此，所谓的经营权委任制度，就是将日常的业务管理委任于支配人，让其代行主人之职。支配人统率全体奉公人，代替主人管理店内一切事务，拥有商卖上的一定权限。在江户时代中后期，商家大多实行家店分离的制度，但分离得并不彻底，故支配人往往也管理商家的一些家政事务。

由于支配人的职位非常重要，因此商家对支配人的选拔非常慎重，要经过多年的考察和历练方使其就任该职。如《大丸下村家家训》中即规定了支配人选定的三个原则："支配人之选定尤为重要。应选择具有正直之秉性，待人公正，无偏袒之私心，严守家法之年轻者进行考察。将虽年轻，但富有决断力，明辨善恶之人及时提拔到支配人之位。将累有实绩，享有信用，堪为持家之重镇者定为管理负责人。"① 这样的选拔原则也体现出三个步骤：第一步是经过各方面的观察，物色有才能的年轻人，将之视为候选对象；第二步是将通过考察的年轻人逐步向上提升，使其继续接受磨炼和考验；第三步是对有能力者最终委以经营权。

被委以经营权的支配人拥有管理大部分日常事务的权力。其职权范围大致包括以下两点。第一，管理和安排店内日常事务。如《大丸下村家京都本店服务规则》中即规定："店内诸事，需由支配人安排，而不可听从他人指示。店内之事，事无俱细，须报告支配人并与之商讨。倘若支配人有事缠身，经支配人允许后方可直接向本家报告。"②《市田家家则》中则规定，"金银收支结帐时，支配人及番头都要在场，确保资金运用无欠缺"③。奉公人外出处理店内公务，如"通信赠答等事项"，也要"先向支配人禀告，经同意后方可行事"④。第二，管理其他奉公人，并安排具体事务。如《市田家第三代·市田清兵卫净林家训》中就规定："店内所有人等，年少者需听从年长者，手代需服从番头的指示，商卖上的一切事务，番头需听从支配人的指挥。"⑤《佐羽家家训》中也规定，支配人负有对奉公人的调教之责，"支配人等需以奉公人为念，常怀怜悯、慈爱之心。即便有些许失误，也不应令其即刻停止工作，要主动询问并尽力说明后再做处置。若将来有望成才者，稍犯小错也要谅解，并鼓励其奉公。不可以暴躁态度叱责之"⑥。

支配人虽代行主人之职，但其职权范围毕竟是有限的。支配人作为实际的经营管理者，必须以主人家业为念，"不可将商家之财产视为己身所有之物"，而要"以治家为第一要务"⑦。此外，商家还通过各种机制加强

---

① 「大丸下村家家訓」、转引自組本社『商売繁盛大鑑』卷二、同朋舎、1984、258 頁。
② 「大丸下村家京都本店服務規則」、转引自組本社『商売繁盛大鑑』卷二、同朋舎、1984、246～247 頁。
③ 「市田家家則」、转引自吉田豊『商家の家訓』、德間書店、1973、92 頁。
④ 「岡谷家店則」、转引自組本社『商売繁盛大鑑』卷二、同朋舎、1984、228 頁。
⑤ 「市田家三代目·市田清兵衛浄林家訓」、转引自組本社『商売繁盛大鑑』卷三、同朋舎、1984、36 頁。
⑥ 「佐羽家家訓」、转引自組本社『商売繁盛大鑑』卷一、同朋舎、1984、69 頁。
⑦ 「大丸下村家家訓」、转引自組本社『商売繁盛大鑑』卷二、同朋舎、1984、254 頁。

对被委以经营之责的支配人的约束和监督。许多商家通过制定"店则"的方式对支配人进行约束，支配人必须严格按照店则的规定行事。如《吉村家家训》中规定："支配人未经主人许可，不可娶妻建立家庭，也不可积累个人财产。"① 佐野屋菊池家也规定："支配人因其为主人之代行，故与其他人等不同。纵然如此，衣装打扮应尽量俭朴。"② 商家主人还经常通过巡视店铺、核查账簿等方式，对支配人进行监督。如近江商人对各分店会定期巡视，主人到达分店时，必定检查各种账簿，并召集店员诵读家法③。《宗竺遗书》中规定，"本店要求各支店实施会计报告，并监察其内容，以图统一并防止紊乱"④。为了防止支配人独断专行，有的商家还鼓励店员对支配人进行监督，并可向主人告发。如信州松代的商人八田家规定："支配人等若有不当或有偏袒行为，可致书信禀告于本家。"⑤ 京都吴服商人千切屋吉右卫门家也有类似的规定，对支配人如有意见，"丁稚也可手书一封投于意见箱中，并于集会时披露详情，纵支配人有不当行径，亦可予以批评，以辨善恶"⑥。

经营权委任制度是商家经营的一大特色，事实证明，凡是经营得好的商家，都得益于这些支配人的大力相助。前述三井家的"大番头"三野村左卫门即如此。三野村幼年时家境贫寒，从 19 岁开始即在江户奉公于商家，后以卓越的管理才能被三井家启用，并晋升为支配人，拥有管理三井家经营事务的权力。三野村最大的功劳是"与幕府有关人等多方斡旋，成功免除了三井家 32 万两的御用金"⑦，从而使三井家度过了面临倒闭的危机。另外，住友家的广濑宰平（1828～1914 年）也因在近代转型时期为住

---

① 「吉村家永代定目」、转引自組本社『商売繁盛大鑑』卷一、同朋舎、1984、248 頁。
② 「佐野屋菊池家衣服規定心得」、转引自組本社『商売繁盛大鑑』卷一、同朋舎、1984、230 頁。
③ 安岡重明、天野雅敏『日本経営史・1・近世の経営の展開』、岩波書店、1995、136 頁。
④ 「宗竺居士遺書」、转引自吉田豊『商家の家訓』、徳間書店、1973、84 頁。
⑤ 转引自宮本又郎など『日本経営史—日本型企業経営の発展・江戸から平成へ』、有斐閣、1995、58 頁。
⑥ 转引自宮本又郎など『日本経営史—日本型企業経営の発展・江戸から平成へ』、有斐閣、1995、58 頁。
⑦ 『日本における企業家精神の生成』、土屋喬雄、由井常彦訳、東洋経済新報社、1965、181 頁。

友家做出巨大贡献而被称作"住友中兴之元勋"。广濑自 11 岁起便在住友家的别子铜矿做学徒，因勤奋好学，颇得主人赏识。1865 年，39 岁的广濑被升任为住友总裁，执掌住友家的商业经营。"在幕末维新的政治混乱中，大阪的豪商十之八九倒闭，而由于广濑宰平的得力经营，使住友得以生存下来，并使住友铜矿的近代化事业得到发展。"① 进入近代以来，广濑宰平成为名副其实的住友家的管家总裁，在其主持下，住友家制定了《住友家家宪》，确立了住友与三井、三菱并列的财阀体制。广濑宰平任住友总裁长达 29 年，作为住友家的顶梁柱，素有"住友的广濑，广濑的住友"之称，并与三井的三野村左卫门一起被称作"东西两大关"。此外，明治中后期，三井家的中上川彦次郎和益田孝等也是因以管家的身份统揽企业经营而著称的。

二　合议制度

商家是一个经营体，商家的家业非家长一人所有。关于商家的经营，不能由支配人独断，即使是商家的主人，对重大事务也要听从集体的意见，这便是商家的合议制度。所谓合议制度，即家族全员（包括支配人）共同协商处理家族事务的制度。如中井家在家训中即规定："家内店内诸事一切需要商讨之事，无论大小，皆由责任人召集，畅所欲言，在商讨决定后再做处理。"② 合议制度的实施，使家业经营处于良好、积极的运行状态。这也是许多历史悠久的商家成功的原因之一。

关于参加合议的人员构成及合议的召集时间，大多数商家并没有明确的规定。一般是主人与番头、支配人等店铺的负责人一起商讨进行决策。如鸿池家始祖山中新六幸元在家训中这样讲道："万般小事，当由本人定夺。然大事须经众人之商议后行之，如此，即便有所过失，亦应为全员之责。"③ 鸿池家的《宗利家训》中也讲道："规定商谈之日，共同商谈诸事。无论何事，不可一人定夺，须与支配人等一一商谈，意见一致后再行

① 李卓：《家族制度与日本的近代化》，天津人民出版社，1997，第 155 页。
② 「中井家家法」、转引自组本社『商売繁盛大鑑』卷三、同朋舎、1984、20 頁。
③ 「幸元子孫制詞条目」、转引自组本社『商売繁盛大鑑』卷四、同朋舎、1985、26 頁。

决定。"① 有的商家规定得比较具体，如《大丸下村家家训》中规定："店之支配人二人，其上再设置一人，作为领导，三人共同进行商谈，决定诸事。"② 再如，《越后屋上州店式目》是三井家越后屋上州分店的服务规则，制定于1722年（享保七年）。其中规定："定每月两次集会，认真合议。另，从京都、江户来出差的手代，也可加入合议。"③ 三井家本家关于合议制度的规定更为具体。早在创业初期，三井家就认识到全员团结与合作的重要性，遂于1710年（宝永七年）创立了"大元方"。在一族中选出三名德高望重者，每月召开一次会议，支配人以及见习手代均须参加，进行商事评议。从此，"大元方"便成为三井家的最高事业本部和决策机关，在三井家的发展中发挥了极其重要的作用。

从家训的相关记载来看，近世商人比较重视集体协商解决问题并做出决策。在当时，商家重大家族事务必须经过集体商议处理。如三井家的《宗竺遗书》中规定："同族应相互戒饬，避免失误。若有敢行不义者，经同族协议后速速处分之。"还规定，"凡婚姻、借债或债务担保等事宜，必经同族协议而后实行"④。川喜田家在谈到日后对家训的修订时，也强调经合议后方可进行，"（家训）随时间之推移，若想有所变更，必须在与支配人为首的全员商谈的基础上进行"⑤。家族中最为重大的事务莫过于选择家业继承人，鸿池家的《宗利家训》中规定："若有行为不轨者，皆应规劝并使之理解，若有不听规劝者，倘纵容之，则子孙之继承并家业之繁荣难成矣，故应在商谈后令其隐居，而改立其他继承人。"⑥

商品、店铺经营方面的重大事务也必须经合议后处理。如市田家家训中规定，"如另发展新的业种，需经店内有关人等商谈"。还规定，在选购商品时，"应与店内同仁仔细协商，选择购进正品、良品"⑦。住友家规定，

---

① 「宗利家訓」、转引自組本社『商売繁盛大鑑』卷四、同朋舍、1985、55頁。
② 「大丸下村家家訓」、转引自組本社『商売繁盛大鑑』卷二、同朋舍、1984、258頁。
③ 「越後屋上州店式目」、转引自組本社『商売繁盛大鑑』卷五、同朋舍、1985、285頁。
④ 「宗竺居士遺書」、转引自吉田豊『商家の家訓』、德間書店、1973、83～86頁。
⑤ 「川喜田家店定目」、转引自組本社『商売繁盛大鑑』卷二、同朋舍、1984、275頁。
⑥ 「宗利家訓」、转引自組本社『商売繁盛大鑑』卷四、同朋舍、1985、52頁。
⑦ 「市田家三代目·市田清兵衛浄林家訓」、转引自組本社『商売繁盛大鑑』卷三、同朋舍、1984、37頁。

158

在决定商品价格时，需经慎重合议后方可交易，如《住友长崎店家法书》中规定："进行铜的交易，要慎重考虑价格，在与同僚仔细商谈后再行交易。"①

商家内部实行的合议制度，对家长以及握有经营权的支配人形成了一定制约，使其无法凭借手中拥有的职权肆意妄行，从而保证了商家相关决策的合理性与可行性，避免了重大失误的发生。同时，合议制度使每人都置身于家业的经营管理之中，从而增强了全员的参与意识和责任感。正如对近江商人颇有研究的小仓荣一郎在谈到合议制度时所讲的那样，"企业的意志决定依存于众议的同时，也对作为领导阶层的经营者在诸如业种转换、战略决策等方面的独裁起到了抑制作用。换言之，使得店铺并非主人个人所有的观念得以确立，基本的经营决策应由众议决定这种新的企业概念得以产生"②。合议制度体现了集体利益至上的原则，商家所有成员都要全心全意致力于家业的发展。尽管商家处于严格的身份制度统治下，但商家的合议制度无疑是一种积极的、具有民主色彩的管理体制，对近代以后的企业管理也产生了较大的影响。

三　质量管理

商人主要以商品流通为职业，商品的选择、保存、管理以及商品质量的好坏无疑是极其重要的，可以说是商家的根本所在。因此，在商品的采买阶段，多数商家就一再强调要购入品质优良且价格低廉的商品来出售，保证货真价实。如《山中家慎》中规定，在选购商品时，要"确实购进优质商品来贩卖，切勿购入不良的、粗劣的商品，也不要希望获取暴利"③。有的商家为了能够购入优质的商品，还强调对商品的原产地进行仔细的调查，无误后方可购入。如奈良屋杉本家即规定："诸商品，需在仔细调查采购地后购入质地优良的货品，且尽可能以低廉的价格售出。"④ 白木屋甚

---

① 「住友長崎店家法書」、转引自組本社『商売繁盛大鑑』卷四、同朋舎、1985、110 頁。
② 小倉栄一郎『近江商人の理念』、サンライズ出版、1991、107 頁。
③ 「山中家慎」、转引自吉田豊『商家の家訓』、德間書店、1973、184 頁。
④ 「奈良屋杉本家定」、转引自組本社『商売繁盛大鑑』卷一、同朋舎、1984、172 頁。

至将选择质优价廉的商品出售看作商家经营的根本所在，如其家训《独慎俗话》中即讲道："即便是订购少量物品者，亦不可疏忽待之，万事需尽诚意，择质地优良之物且尽量廉价出售，此乃根本也。"①

购进商品的价格越低则赚取的利润越多，这是显而易见的道理，有的商家对此也有充分的认识。如三井家越后屋上州店在该店的"式目"中讲道："在当地进货，较之从京都进购同样的货物价格低廉，故可得利润便可在江户、大阪以低廉价格拓展销路。""然若购入粗劣品、手感不佳之品或须开销各种经费之商品，其结果必然使直接从产地进购所生之利润尽失。"如果在进货后发现质量问题，则"不可在京都店出售，只许在集市出售"，故"尽量在不花费过多经费之基础上购优质商品"②。由此可见，在商卖中，最重要的环节是选购优质商品。

商品的出售阶段也是非常关键的。有了质优价廉的商品，但不能以公正的价格出售，或者分量不足，都是不行的。如果说商家对于商品的管理，在采买阶段注重的是购入商品的质优价廉，那么在商品的销售阶段，注重的则是出售价格的合理性和分量的准确性。出售的商品既要保证商家有利可图，又不能随意提价，失去公正性，更不能以次充好，欺瞒顾客。商家在家训中也对此予以了足够的关注。如《若狭屋捉书》中规定："金银、米谷、药种以及其他物品，绝不进行不正当的交易。"③ 本间家也规定："即便是世间稀缺商品，仍要遵循惯例，断不可抬高价格出售。"④ 对于商品的计量，以销售绿茶而闻名的山本家规定："茶之计量需谨慎、仔细。给量不足，是无可申辨的重大过失。"⑤ 三井家始祖三井高利更是开创了"现金交易，言不二价"的新商法，树立了三井家良好的商业形象。三井高利后人三井高治在其所作的《商卖记》（也称《三井商卖记》）中解

---

① 「独慎俗話」、转引自吉田豊『商家の家訓』、徳間書店、1973、363 頁。
② 「越後屋上州店式目」、转引自組本社『商売繁盛大鑑』卷五、同朋舍、1985、284～285 頁。
③ 「若狭屋捉書」、转引自吉田豊『商家の家訓』、徳間書店、1973、177 頁。
④ 「本間家三代目・光丘外出の家内制詞」、转引自組本社『商売繁盛大鑑』卷一、同朋舍、1984、38 頁。
⑤ 「山本家定目」、转引自組本社『商売繁盛大鑑』卷一、同朋舍、1984、239 頁。

释"现金交易，言不二价"的商法时说：

> 七十年夜以继日致力于商卖，关于商卖之法提出了多种方案。布料不同于其他商品，其色、品有诸多高下等级之分，极难辨别。故较之实际售价，虚假价格居多。若非鉴别品质之能手则难以购买布料。故此，宗寿（高利）开创了"现金交易，言不二价"的新商法。无论是远方来客、妇孺抑或眼睛有障碍者来购物，都能买到称心如意的商品。……故顾客云集，有时从早晨至中午等待购物的人络绎不绝。[①]

可见，三井高利在商业经营中注重商品的质量和售价的公正性，不仅赢得了众多顾客的喜爱，也赢得了更多的商业利润。从诸多商家对商品及其质量管理的各种规定以及三井高利的新商法可以看出，投机取巧、哄抬物价、缺斤少两并不是赚取更多利润的途径。即便通过这种不正当的途径赢得了一些利润，也只是暂时的，久而久之则会丧失人心，顾客也会越来越少。只有正直经商，注重商品的质、量、价格，才能长久地拥有顾客，赢得长久的利润。

---

① 三井高治「商売記」、转引自組本社『商売繁盛大鑑』卷五、同朋舎、1985、204 頁。

第六章
商家家训在近现代的传承与发展

近代日本企业有相当一部分是江户时代商家的延续，即使是明治维新后创立的新兴企业，也无不是在家的基础上形成和发展起来的。因此，过去用于治家的家训并未随着新的历史时期的开始而消亡，而是随着近代资本主义企业的兴起，在新的社会条件下有了更为广阔的发展空间。进入近代以来，那些原来以"家"的面目出现的财阀和家族企业，为了家业的维持与发展，不断地将家训进一步系统化、具体化，而且多以"家宪"相称，以突出家训对家的法律效力，如《三井家家宪》《住友家家宪》《鸿池家家宪》等。就内容而言，维护家业、善待雇员、勤俭自持等思想意识仍是近代家宪的主要内容。但与此同时，近代财阀和家族企业为了适应时代的要求，在家宪中注入了诸如提倡创新、合理用人、增强国家观念等新的思想内容，从而使家宪在财阀和家族企业的管理中发挥了更加重要的作用。而且，这些"老字号"的家训或家宪中所表现出的经营哲学，对后来日本众多实业家的经营理念产生了重要的影响。大正初年，日本对第一次世界大战的介入，致使国内经济出现战争景气。以此为契机，日本陆续出现了一批新兴资本家，并成立了"家宪制定会"，制定家宪成为一时之风气。但随着经济不景气现象的出现以及第二次世界大战的爆发，制定家训、家宪之风渐衰。战后，随着民主化进程的发展，"家宪""家训"早已成为陈年故纸，但在同一集团内工作的人必须坚守某些信条却已成为传统，最突出的表现就是日本现代企业几乎无一不以"社是""社训"规诫员工，而这些无非是家训、家宪的派生物罢了。近世商家家训、近代企业家宪、现代企业社训，三者之间既有传承，也有创新与发展，共同构成了日本独具特色的经营理念体系。

第一节　近代企业家宪

明治维新后，日本积极倡导"文明开化"和"殖产兴业"，由于废除了森严的等级制度，平民从此摘掉了"二等公民"的帽子，许多商人转而经营新型工厂和企业。但由于明治维新的不彻底性，人们在建立近代企业时，不得不在经营组织上依赖封建时代的家族制度，德川时代商家的家族式结构及其经营理念逐渐被移植到近代资本主义企业中，形成了企业的家族式经营，日本近代财阀大都是以此为基础建立起来的。这些近代的家族式企业不仅在组织结构上类似于近世时期的商家，而且在经营理念上纷纷模仿商家制定"家宪"。这些近代企业的家宪，宗旨及基本精神都与近世商家家训一脉相承。

一　近代家族企业的产生

随着日本资本主义的确立与发展，明治时期的企业家活动首先在东京、横滨兴起，接着推广至大阪，并向全国扩展。在此期间，各种类型的企业家不断成长起来。

第一类是动荡中崛起的旧商人。这类企业家主要是幕末的地方商人和兼营商业的豪农。幕末开港后，进出口贸易激增，廉价的外国产品大量涌入日本，德川幕府财政更显危机。在这种社会经济空前动荡的形势下，有些商人逐渐从传统的商业秩序中摆脱出来，趁机向开港城市横滨、东京等地发展。他们凭借多年的经商背景和对时势的准确判断，迅速扩充财力，积极开展企业活动。如经营生丝贸易的甲州（旧甲斐国，今山梨县）商人若尾逸平、雨宫敬次郎在幕末抓准机遇，前往横滨发展，在生丝、蚕茧、绢布的对外贸易中大发其财，明治维新后转而投资实业，经营电力与铁道事业。原江户富商越后屋藤右卫门在 1859 年（安政六年）得到神奈川开港之消息后，毅然变卖祖上房产，移居横滨，积极与外国商人开展贸易，并大获利润。另有部分近代企业家是利用明治维新变革之机迅速发展起来的。如在 1868 年的戊辰战争中靠采购军需品获取丰厚利润的大仓喜八郎和森村市左卫门；趁明治维新前后货币制度混乱、变动之机，巧妙地运用资本，并最终发展成为金融巨商的安田善次郎；等等。

第二类是"政商"型企业家。所谓政商，是指在明治前期，"遵循政府的振兴实业政策，或者利用政府给予的特权，或者承办政府的任务而形成巨大资本积累的商人"①。作为近代财阀典型代表的三井和三菱，即属于政商型企业。三井在幕末就与倒幕势力取得联系，趁机积极开展企业活动。明治维新后，三井得到以井上馨为首的政府领导人的格外关照而势力急速扩张。三菱的创始人岩崎弥太郎则利用西南战争等机会，在政府的支援下，迅速扩大船队，成为海运业的霸主。另有部分政商型企业家是利用明治政府廉价拍卖官营企业起家的，经营造船业的川崎正藏就是典型代表。他曾买下官营的造船厂的设施并接收了原有人员，经过一系列的投资和改革，在东京与神户建立起川崎造船厂，成为今日川崎重工的基础。

第三类是官僚型企业家。明治政府强调实业的进步性、实用性，鼓励发展实业，因而出现了一批由官僚转化而来的企业家。如学者出身的福泽谕吉和大藏省出身的涩泽荣一就是这一类型的代表人物②。福泽谕吉不仅是教育家和思想家，还积极从事实业，参与了丸善、明治生命、横滨正金银行等企业的创建工作。此外，他还大力提倡实业教育，致力于培养文明开化的实业家。与福泽谕吉的文明开化思想相比，涩泽荣一则着重强调传统价值的作用。1873 年，他辞去大藏省的官职，配合政府的工业化政策，亲自发起、创建了第一国立银行，还参与造纸、纺织、运输、保险、铁道等众多行业并设立企业，成为实业家的楷模，被尊称为"日本资本主义之父"。与涩泽荣一齐名的实业家五代友厚也是辞去在政府外国事务局（外务省的前身）的官职后进入实业界的著名人物。他先后创立了大阪通商公司、大阪贸易公司、大阪活版印刷所、弘城馆（经营矿山）、堂岛美商会所、大阪股票交易所、大阪制铜公司、大阪商船株式会社等许多著名的公

① 〔日〕柴垣和夫：《三井和三菱》，复旦大学历史系日本史组译，上海译文出版社，1978，第 11 页。
② 侯庆轩、王巍巍：《日本的家论理与现代化》，吉林人民出版社，1998，第 41 页。

司和企业。

明治政府实行"文明开化"的政策，大量引进西方的先进技术与设备以发展近代经济，可以说解决了硬件问题，但在软件方面，胜任近代企业管理、通晓经济、有经营意识且拥有一定资本的新兴企业家和管理人员却比较缺乏。因此，那些幕末的大商家以及新兴企业家凭借丰富的经营管理经验和充足的资本，在明治政权的扶植下，开始向新的领域发展，开展多元化经营。他们是日本财阀形成的基础。从这点来看，财阀这种企业形式"正是在闭关自守的日本，乍一接触先进国家的近代经济时，为了适应形势而做出的历史性的英明创举"[1]。

日本财阀的突出特征是家族性。一部财阀的发迹史就是一部家族的发展史。以三井、三菱、住友、安田四大财阀为代表的大大小小的财阀，都是在家族关系的基础上发展起来的。江户时代，商家大多以家业为中心，按照本家—分家—别家的序列形成同族经营集团。这种在近世商家中已普遍形成惯例、遍及社会各个角落的家族体制，为近代日本工业化过程中企业的形成提供了既现实又实用的模式。因此，在日本资本主义走向垄断的过程中，日本的企业集团多模仿近世时期的同族经营体制，采取"家族康采恩"的形式。家族康采恩组织系统中的最高层是所谓的"合名公司"（如三井、安田）或"合资公司"（如三菱、住友），具有统辖本系统中各公司的控股公司的性质，类似于近世时期商家同族经营集团中的本家。在其统辖下，把属于财阀家族的企业作为直系公司（类似于分家）；在模拟家族关系的形式下，通过股份收买建立旁系公司（类似于别家）。家族总公司、直系公司、旁系公司构成了金字塔式的公司群结构。"在日本的传统家族中，本家的家产是家族存在的物质基础。按照本家—分家—别家的序列，本家的经济实力越强，则本家对于分家和别家的约束能力就越强，就越能维持整个家族的团结。财阀事业也正是依据这一原理而不断发展的。"[2] 企业的最高层（总公司）由严密的家族组织控制，居于金字塔型家

---

① 〔日〕高桥龟吉：《战后日本经济跃进的根本原因》，宋绍英等译，辽宁人民出版社，1984，第203页。

② 李卓：《家族制度与日本的近代化》，天津人民出版社，1997，第150页。

族康采恩顶点的持股公司虽采取"合名公司"或"合资公司"的形式,但出资者仅限于财阀家族的成员,属下各公司,尤其是直系公司的股票几乎都为持股公司或同一家族所有,这使得财阀企业具有了很大的封闭性,财阀资本也明显地带有家产的性质。

进入昭和年间(1926年为元年)后,新出现的财阀虽然在控股公司的公开性或直系、旁系的形成等方面有所差异,但其家族性的特征并没有改变。更重要的是,无论是旧财阀还是新财阀,都是在日本国家权力的庇护下产生和发展起来的。

二 家族主义经营的形成

从明治中期开始,日本的近代企业逐渐由官办转为民营,民间资本日益扩大,资本家们以追逐利润为直接目的,致使工人劳动条件恶劣,工资低且没有保障。许多工人不堪忍受,未等雇佣期满就逃跑,造成工人的高度流动性。1901年对关西16家纺织厂调查的结果表明,"工人连续在一家工厂中工作不满一年者几近半数。通常无论哪个纺织厂雇入又退出之职工数,都相当或超过各厂现有职工数。换言之,工厂职工每年都要悉数更换"[1]。此外,日本与19世纪的欧美各国不同,"没有等待就业机会的城市无产阶级做产业预备军,其劳动力主要来自农村"[2]。急速的产业革命浪潮使文化技术基础薄弱的日本不可避免地出现了人才不足的现象。另外,资本家的残酷剥削和劳动条件的恶劣迫使工人团结起来,进行各种各样的反抗,并越来越引起社会舆论的关注。受十月革命的影响,工人运动由以往的突发暴动型活动转为社会主义思想指导下的有组织的活动。资本家、企业主们在感叹过去工厂主与职工间"亲睦协和恰如师徒的关系渐渐消失","雇主与被雇者的规律紊乱"[3] 的同时,不得不正视劳动力的强度大和频繁移动造成的熟练工人严重不足的现实,亟须改变原有的防止逃跑的监禁式监督体制,转而将传统的家族制度与家族道德导入企业的管理中,以掩盖

① 大石嘉一郎『日本産業革命研究』(下)、東京大学出版会、1979、164～165頁。
② 侯庆轩、王巍巍:《日本的家论理与现代化》,吉林人民出版社,1998,第71页。
③ 堀江保蔵『日本経営史における「家」の研究』、臨川書店、1984、96頁。

对工人的赤裸裸的剥削。

由于工人的不断斗争，政府不得已于1911年制定了以限制女工、童工劳动时间为主要内容的《工厂法》。由于从一开始就遭到了资本家的强烈反对，所以用以与企业经营者妥协产物的《工厂法》拖延至1916年才得以实施。究其原因，与日本根深蒂固的家族主义大有关系，政府和企业始终想在劳资关系中维持旧的主从关系、亲子关系，家族主义经营正是在上述背景下产生的。日本家族主义经营的代表人物有钟渊纺织公司的武藤山治、仓敷纺织公司的大原孙三郎，以及涩泽荣一等。根据上述代表人物对家族主义经营的理解，又大致分为两种类型：以钟渊纺织的武藤山治、仓敷纺织的大原孙三郎等为代表的人，主张以日本家的传统为本，并吸收西方基督教的博爱精神；以涩泽荣一和日本国铁等为代表的人，则主张继承旧的家宪、家法、家训等传统，并结合现代企业的理性原则[1]。

钟渊纺织公司的武藤山治（1867～1934年）借鉴美国和德国一些大企业的劳务管理经验，出台了一系列"职工优待"政策。他学习欧美先进经营方法，为方便从业人员，建立乳婴保育所，设立职工卫生基金，改食堂承包为直接经营，建立消费组合以向工人提供生活必需品的廉价贩卖服务，建设社宅和单身宿舍等福利设施，并受美国俄亥俄州现金计算机制造公司经理帕特森的启发，创设了"意见箱"制度。他还发行旨在沟通劳资双方感情的社内杂志《钟纺汽笛》《女工之友》，发动职工献计献策以改进经营，并向职工渗透劳资协调思想。此外，他还组织少年工人通过企业内"养成学校"接受技能养成教育，组织成年工人在岗训练，等等。1905年，钟渊纺织公司引进德国克虏伯钢铁公司的互助会制度，在公司内创立了由公司和员工共同出资、以救济职工为目的的"钟纺共济组合"。武藤山治将这套管理体系称作"大家族主义"。他认为，"如按我国家族制度，把一家族内每个人之亲密关系推广于社会，任何人都能感到满足"。因此，他

---

[1] 土屋乔雄将以武藤山治和大原孙三郎等为代表的主张称为"以基督教伦理为根本的经营理念"，将以涩泽荣一等为代表的主张称为"以儒教伦理为根本的经营理念"。参见土屋乔雄《续日本经营理念史》，日本经济新闻社，1967。另外，有中国学者将前者称为"日欧结合型经营家族主义"，而将后者以及日本国铁的主张称为"传统型经营家族主义"。参见侯庆轩、王巍巍《日本的家论理与现代化》，吉林人民出版社，1998，第79～85页。

提倡将存在于家族间的温情导入雇佣关系中，这样"对双方都极其有益"①。大原孙三郎（1880～1943 年）的父亲大原孝四郎是仓敷纺织的创始人。大原孙三郎早年深受基督教的虔诚信奉者、终身致力于孤儿救济事业的石井十次（1865～1914 年）的影响，因此其在领导仓敷纺织公司期间，贯彻基督教的人道主义精神，进行了一系列经营改革。诸如建立了"分散式家族型宿舍"，创设了期末奖金制度。1919 年，大原孙三郎还开设了大原社会问题研究所、仓敷劳动科学研究所，组织进步学者研究劳动问题、社会问题。此外，大原还于 1930 年设立了大原美术馆、冈山孤儿院、仓敷中央医院等，以丰富人们的文化和福利生活。虽然武藤山治和大原孙三郎在各自公司经营改革中的一些做法明显地渗透了欧美的经营理念和基督教的人道主义精神，但两人的家族主义经营理念仍以日本传统家族主义为根本，欧美的经营理念以及基督教的人道主义精神等只是起一种辅助作用，是对作为根本的日本传统家族主义经营理念的一种补充。

较之以上述两人为代表的家族主义经营理念，涩泽荣一则主张在经营中贯彻传统的家族意识，主张"道德经济合一主义"，提倡"论语加算盘"和"义利两全"。涩泽以上述思想为指导，成功地参与了 500 多家股份公司的建设，被誉为"日本实业界泰斗"。另外，日本国铁也提出了类似的方针。1906 年，按照《铁路国有化法》，日本对十七家地方和私营铁道实行国有化，成立了日本国铁。为使国有化后的各公司管理制度、工资待遇等走向统一，以及解决国有化初期经营秩序的混乱局面，时任日本铁道院总裁的后藤新平于 1909 年提出了"国铁一家"和"铁道大家族主义"的口号，确定以"完善铁道从业员的家族生活，贯彻重信义、以爱情为主的信爱主义"为从业人员管理的基本方针，又归纳出"严守本分，遵法诚实，研究改进，社会服务，诚恳谦恭，互助合作，人格修养，质朴刚毅，廉洁公正，明朗快活"十精神②，并以"献身奉公、和合敬爱、修养练磨"为家族主义经营的三大支柱，以使国铁十多万名员工形成一个整体。

上述企业家所奉行的家族主义经营理念是植根于日本传统的家族制度

① 間宏『日本式経営——集団主義の功罪』、日本経済新聞社、1978、91 頁。
② 侯庆轩、王巍巍：《日本的家论理与现代化》，吉林人民出版社，1998，第 84 页。

以模拟的亲子关系为中心建立的。它通过改善劳务管理，体现资本家和企业的家族式温情，本质仍是为资本主义企业攫取高额的利润服务，只是这种剥削更具隐蔽性。它缓和了劳资矛盾，提高了劳动生产率，但也抑制了工人运动和生产关系的变革，在资本家和工人之间构筑了一道工人运动的防波堤。

第一次世界大战前后，以"国铁一家""大家族主义"为口号的家族主义经营管理逐渐受到企业界的广泛重视。终身雇佣制、年功序列制、企业内福利制逐渐在日本各企业中得以实施和不断完善，并在大企业中逐渐形成惯例。各企业都强调"忠于公司的精神"、"对企业的归属意识"及"一臣不仕二君"的思想，纷纷将家的伦理运用于对工人的思想教化中，刻意在企业内营造一种家族气氛。1937年，日本发动了全面侵华战争，全国各行各业都被纳入战争体制。从1938年开始，在企业界推行的"产业报国运动"使日本统治阶级极力推行的家族国家观在企业界内得到彻底落实。每个工厂、企业都成立了"产业报国会"，要求人们发扬事业一家、家族和睦的精神，尽职尽责地为国家和战争服务。资本家、职员、工人都是没有身份差别的"产业人"和"劳动者"，是一个大家族中的成员，阶级区别被彻底抹掉了。在劳资关系方面，原来的"劳资协调"发展为"劳资一体""事业一家"。在战争体制下，尽管经济上的极度混乱使终身雇佣制、年功序列工资制受到剧烈冲击，企业内的福利制度也不能照常施行。但是，企业经营中的家族主义意识形态却达到前所未有的高峰。

三　近代企业家宪的制定

明治维新以后，日本走上了资本主义的发展道路，日本传统的家制度受到了很大冲击，但近世商家以家训治家，对商业经营行为进行规范、约束的传统，在与近代的诸多时代特征相结合后，最终以近代企业家宪的形式继续存在并发挥功用。无论是家族企业的新兴商人，还是近代的实业家们，大都继承了近世商家以家训治家的传统，纷纷制定家训，并多以"家宪"相称。而且，有的近代财阀本身就是在近世商家的基础上发展起来的，如三井财阀和住友财阀，这些财阀制定的家宪更是与近世的商家家训一脉相承。近代企业家宪不仅将家训进一步系统化、具体化，而且为了适应时代的要求，还在其中注入了新的思想内容，使家宪在家族企业的管理中发挥了更加重要的作用。

以三井家为例，如前所述，三井家最早的家宪是 1722 年三井高平制定的《宗竺遗书》，几百年来一直具有严格的约束力。明治维新后，备受三井家长三井八郎右卫门信任的管家三野村利左卫门于 1873 年制定了《大元方改正条目》和《大元方规则》，对此前《宗竺遗书》中规定的"大元方"制度进行了改革和完善。1900 年，三井财阀为了适应时代潮流，组织人马重新修订家宪，为家宪注入近代法思想。这些人在修订过程中，发现他们对《宗竺遗书》中所揭示的基本精神未能有丝毫触动。修订后的《三井家宪》继承了过去《宗竺遗书》中的基本精神，因而更加完善、系统和规范化。《三井家宪》的序文充分体现了该家宪制定的基本原则：

> 三井家祖先辛苦百端，谋同族之永续，子孙之繁荣，至宗竺居士定严正家制和不可侵犯之家格，以固同族之基础。我同族之经永久、愈兴盛以致今日之团结，全赖祖先之余泽。故确守居士之遗箴，统理同族之家政，子孙不忘其至恩。而今世运一变，仅以遗箴古例则不可规矩，且为不以惠福贻害后裔，有设新条规之必要。基遗箴之宗旨及古例之精神，有鉴时势，兹赖同族一致协定制定此家宪。庶几我同族俱受祖宗之垂训，日夜不忘，将来小大皆遵守此家宪之条章，传家门之荣光以至无穷。①

住友家族也是如此。住友家最早的家训是其始祖住友政友于 15 世纪前期为后人留存的《住友政友遗训》，奠定了住友家家训的基础。此后，住友家对其家训不断完善，又增加了《住友长崎店家法书》（1721 年）、《住友总手代勤方心得》（1750 年）、《住友家九代·吉次郎友闻之"俭约法"》（1814 年）等。明治以后，住友总经理广濑宰平于 1882 年对以往的家训、

---

① 「三井家憲」、转引自『三井事業史·資料篇·3』、三井文庫、1974、344 頁。

规则予以取舍、增补，经住友家家主裁定，制定了《住友家法》（共 19 款 196 条）。该家训"既明示了住友的传统精神，又规定了对应转换期的具体方法"①。例如，其中第一款第三条讲道："我经营以信赖为旨，计时势之变迁、理财之得失而兴废，万不可苟趋浮利、贸然轻进。"这便是"原封不动地继承了（住友家）旧有家法之根本理念"②。再如三菱财阀，虽是近代才发展起来的企业，但其家宪与近世商家家训大致相同。1885 年，三菱财阀创始人岩崎弥太郎去世，其遗言被作为岩崎家家宪而为后人严格遵守：

（1）小不忍则乱大谋，实乃经营大事之方针；

（2）一旦着手的事业，必须求其成功；

（3）绝不可经营投机事业；

（4）以国家观念为基础经营事业；

（5）任何时候都要保持至诚服务之观念；

（6）勤俭自持，慈善待人；

（7）仔细鉴别人才技能，以求达到适才适用；

（8）善待部属，应尽量将事业收益多分予他们；

（9）大胆创业，谨慎守成。③

从上述内容来看，近世商家家训中经常出现的顺从、勤勉、节约、守成等内容均在岩崎家家宪中有所反映。

不仅兴起于近世时期的许多近代企业的家宪对商家家训有所继承，而且近代后兴起的许多实业家制定的家宪也在形式和内容上多有效仿近世商家家训之处。近代新兴实业家涩泽荣一于 1891 年制定的《涩泽家宪》即如此。首先就体例而言，《涩泽家宪》共分三则，第一则为"处世接物之纲领"，第二则为"终身齐家之要旨"，第三则为"教育子弟的方法"，与

---

① 宇田川勝『日本企業家史』、文真堂、2002、51 頁。

② 宮本又次『近世日本経営史論考』、東洋文化社、1979、175 頁。

③ 「岩崎家家憲」、转引自北原種忠『家憲正鑑』、家憲制定会、1917、233 頁。

近世大多数商家家训体例并无二异。其次从内容来看，诚实、孝敬父母、勤俭节约、对子弟严加管教等条项也是近世商人家训中常有的内容。

四　近代企业家宪的特点

近代企业家宪虽在形式和内容上对近世商家家训多有继承，但时至近代，为了适应时代的需要，各家族企业也在家宪中注入了一些新的思想与内容。三井家就是在认识到"今世运一变，仅以遗箴古例则不可规矩，且为不以惠福贻害后裔，有设新条规之必要"①以后才制定了《三井家宪》。可见，财阀家宪在强调祖先功绩的同时，也认为"今时运一变"，"有设新条规之必要"。这不仅道出了新家宪与旧家训之间的关系，也指出了新家宪与旧家训的区别所在。相对于旧的家训，近代企业家宪为了适应新社会和新的企业形态的要求，增加了许多新的特点，具体如下。

第一，强调国家观念与公益观念。明治维新是在尊王攘夷的背景下，以天皇的名义实现的。明治维新后，武家政权转为君主政体，效忠对象由将军、大名转为天皇和民族国家。1889 年颁布的《大日本帝国宪法》标志着天皇专制主义政权的确立，以法律的形式确定了天皇在政治和宗教方面的权威。1890 年，又颁布了《教育敕语》。从此，忠孝一致、忠君爱国成为天皇专制主义意识形态与国民道德的核心，国家主义氛围弥漫于全国。在这种政治气候中，强调国家观念、国家利益也成为家宪中的主要内容。

　　以国家观念为基础经营事业。(《岩崎家家宪》)

　　忠君爱国乃臣民之本分，义勇奉公，一旦有缓急，则舍家报国。(《本间家家宪》)

　　常存爱国忠君之心，奉公之事不可疏。(《涩泽家家宪》)

　　义勇奉公，坚守国法。(《爱知县伊藤家家宪》)

　　本家族为图皇室之尊荣和同胞之福利，以每年地租额之一半作为贮蓄，以充公共紧要之费用。(《长野县曲尾家家宪》)

---

① 「三井家憲」、转引自『三井事業史・資料篇・3』、三井文庫、1974、346 頁。

所有事业要以国家观念进行经营。(《三重县伊藤家家宪》)

事业要以国家概念为本，与公益相一致。(《片仓家家宪》)

进入 20 世纪后，直至第二次世界大战之前，在甲午中日战争、日俄战争中靠经济掠夺实现经济发展的日本更加狂热地渲染国家主义，大力提倡传统的连续性，家族国家甚嚣尘上。当时的日本，"国与家之关系犹如一身由细胞构成，国由家构成，家依靠国而存在，舍家则无从言国，舍国则无从言家"①。制定于这一时期的家宪，突出体现了"产业报国"的思想。如制定于 1935 年的《丰田纲领》中的第一条就是"上下一致，至诚服务于业务，举产业报国之实"②，"松下七精神"的第一条也为"产业报国精神"。

日本近代国家的建立和经济建设的成功，提高了日本国民作为近代国家国民的自觉性，人们的视野也渐渐从家族向社会开放，企业要服务于社会的观念为人们所提倡。在近代家宪中，多有这方面的内容：

以公利为先，以私利为后。(《爱知县神野家家宪》)

为公共事业尽力。(《鸿池家家宪》)

为公共事业竭全力，为公益勿吝财。(《本间家家宪》)

对公共慈善事业决不落于人后。(《土仓家家宪》)

住友家的广濑宰平甚至把《司马温公家范》中的"积金遗子孙，子孙未能守，积书遗子孙，子孙未能读，不若积阴德于冥冥中做子孙长久计"一句话作为自己的座右铭③。

各家企业不仅在家宪中强调国益观念，还积极将这些训诫付诸行动。如从事酱油酿造的滨口家遵守"尽力施阴德，决不求应报"的家宪，出资

①　北原種忠『家憲正鑑』、家憲制定会、1917、15 頁。
②　「豊田綱領」、转引自日本経営政策学会『経営資料集大成·Ⅰ·経営理念集·社訓社是集』、日本総合出版機構、1967、311 頁。
③　小倉栄一郎『近江商人の理念』、サンライズ出版、1991、74 頁。

在家乡建立学校，致力于强化家乡子弟教育；冈山县经营盐业的野崎家遵照家宪中"为公共利益不得有丝毫吝啬"的规定，在明治初年捐资冈山市街道建瓦斯路灯以方便市民出行；中井正治右卫门为草津横町建立长明灯；古川铁治郎捐资建立了丰乡小学校；等等。著名的东京大学安田讲堂就是安田财阀创始人安田善次郎于1925年捐资兴建的。由于日本近代史中的大半时间与战争联系在一起，故支援战争就成了当时各企业最大的"公益"事业。如山形县富豪本间家就曾因在战争中捐资数万元而受到表彰。

第二，关于同族构成的规定。在家宪中确立家族资格，这在财阀家族中表现得尤为严格，因为财阀家族是财阀财产的所有主体，为防止财产的分散，确定家族资格对保证财阀资本的完整性十分重要。如三井家早在《三井高利遗书》中确定了三井家族由总领家一家、本家五家、连家三家组成的体制。在三井高利的继承人三井高平当家时，又追加了两连家，并在《宗竺遗书》中明确做出了"同族仅限于十一家"的规定。180年后，三井家在于1900年（明治三十三年）制定的《三井家家宪》中重申了这一原则，"同族即祖先三井宗寿居士（三井高利）后裔之各家及依从来之家制而特列于同族之内之各家、总计三井十一家之总称"，"同族各家要对基于祖宗遗训之此家宪规定的同族永世不渝，将来不论有何种事由，均不得废家或退族，他家也不许加入同族"，"将来同族中有分家者时，可将其作为基本家的分家，但不可让其加入同族"①。同样，在安田善次郎亲自起草的《保善社规则》中也专列了"家格"一款，对家族资格进行了规定，规定安田家一族由同家六家（其中宗家一家）、分家两家、类家五家总计十三家构成②。家长安田善次郎为总领家（宗家），其他则依据血缘关系的远近确定在同族中的地位。除规定的同族成员外，其他人均无家族资格。而且，家族资格一经确定，就具有世袭性。在四大财阀中，唯有住友财阀一直采取一家之体制。但住友却将常年服务于住友家族的管家作为分家，住友财阀的家宪对同族构成的规定除强调家督继承制外，还承认了没有血缘关系的分家为本家同族团中的一员。

---

① 「三井家家憲」、转引自北原種忠『家憲正鑑』、家憲制定会、1917、220～226頁。
② 「保善社規則」、转引自北原種忠『家憲正鑑』、家憲制定会、1917、246頁。

第三，关于家族协议机关的规定。随着家业经营规模的扩大，家业管理、运营也渐趋复杂。因此，家族内协议机关的设置便显得十分必要了。比如，三井家族在18世纪初期就遇到了实际问题：家族成员分别在京都、江户、大阪等地开店，经营情况好坏不一，大家深感建立一个共同的管理机构的必要性。于是，1710年（宝永七年），为了加强家业管理，保护家族财产，三井家族成立了管理机构——大元方，其成员有各家家长以及管家。大元方成立后，便成为三井家族的最高事业本部。1893年，在大元方的基础上，三井成立了"三井同族会"，以适应规模日益扩大的家业经营。同族会以同族十一家的户主为正式成员，以总本家的户主为议长，后来又在《三井家家宪》中对必须经同族会决议的事项进行了规定：

> 同族各家的继承、婚姻、养子收养、离婚、隐居、禁治产、准禁治产等有关身份方面的事宜；
> 各营业店的利润、公积金的分配、岁费金额的确定及其支出等事宜；
> 一旦出现营业店解散的情况，处理其财产；
> 各营业店定款的变更、事业的伸缩兴废、营业准备公积金的监督、共同财产的增减处分、同族各家家计的预算及决算。

安田财阀的保善社也是这样的同族协议管理机构。如其家宪所说："安田一族是由现有十三家构成的财团，保善社主旨是基于至爱之情，不把一家之财富视为己有，而将其作为一家一族共同繁荣之物。进而同族共同努力，深谋远虑于把安田氏多年勤勉节俭而积累的财富永世相传。"①《涩泽家家宪》中也规定："同族会决定的事情，即使是琐事，同族成员也不得违背。不管涉及同族与个人，凡有重大事情，必须经同族会议决议后方可实行。"② 同族协议机关的首脑就是本家的家长，其成员从同族中选任，虽也吸收一些族外人参加，但只是列席而无投票权。从明治后期到大正初年，这种财阀协议机关随着垄断的形成而逐渐发展为财阀家族康采恩

---

① 「保善社規則」、転引自北原種忠『家憲正鑑』、家憲制定会、1917、247頁。
② 「渋沢家家憲」、転引自第一勧銀経営センター『家訓』、中経出版、1979、321～322頁。

的中心。

第四，对家长的制约。家长是家业的管理者，被称作"祖先的手代"①，家长的品行和继承人的选择关系到家业的兴衰。这一点在江户时代就已经引起人们的重视。近代家宪中也多有约束家长的规定，例如：

主人乃一家之模范，我勤众何怠，我俭众何奢，我公众何私，我诚人何伪。(《安田家宪》)

继承住友户主者为家长，勤俭处世，诚实励业，厚祭祖宗，以身率家，统督一家之全部，是家长当然之责任。(《住友家家宪》)

主人是一家之模范，要比他人多勤劳。(《土仓家家宪》)

家庭风波多生于主人的淫邪，不溺酒色则身家共全，故应尊奉五戒。(《爱知县伊藤家家宪》)

主人要与雇人共同劳动。(《嘉纳家家宪》)

身居家长之位，并不意味着实行"终身制"，这是家对家长最现实的约束。作为家长，如果品行不端，或因种种问题不能胜任家长一职，则随时都有"离任"的可能。如三井家早在《宗竺遗书》中规定，无能者虽为总领（家长），但也要与其断绝关系，令其出家。近代以后，不少家族在家宪中做出类似的规定，例如：

继承家业之人，即使是总领，若不热心商卖、对父母不尽孝行，品性放纵，则在家中协商基础上，令其改名隐居。(《若狭屋家宪》)

主人如果品行不端，行为不轨，或有不守家法之事时，要集中全店人员进以忠言，如若不听，则要召开家族会议，对主人予以罢免。(《京都矢代仁吴服店家训》)

不堪维持我一家之任者，虽嫡子亦废之，而以次子负其责并继承家业。(《住友家家宪》)

---

① 「主従心得草」、转引自吉田豊『商家の家訓』、徳間書店、1973、331页。

谨言慎行，如行为不轨不接受训诫又不知悔改，不妨废其继嗣资格。(《京染之安田多七家训》)

以发明清酒而闻名的关西富豪鸿池家就有罢免家长的实例。明治维新后，身为家长的第十代鸿池善右卫门不思进取，整日沉湎于俳句与风流之中，不仅影响了家业经营，也损害了自身的健康。鸿池家经过集体商讨，不得不让其隐居，并在稍后制定的《鸿池家宪法》中写入了"如果蔑视家名或损害了家产，可依据誓书之明文，废除家长之名义，并使其退身"的条文①。

为了培养家长的才能，陶冶其品格，有的家宪还做出了一些特殊的规定。比如，山形县富豪本间家家宪规定："了解世态人情以修养身心乃治理一家之要事，故宗家之子必须漫游全国。"之所以做出如此规定，是因为本间家家业的开创者本间久四郎光丘曾长期在外漂泊，从中体察到人情之微妙和处世之艰难，深感外出旅行对于人生的教益，故其在开致富之端绪后，便立下了这样的家训，要求有可能继承家业的子弟要在值得信赖的亲戚或家庭教师的陪同下漫游全国，当然这种漫游不是游山玩水，而是进行社会调查，从中了解世态人情风俗，体验百姓生活的劳苦，知人生之艰难，以积累经验，提高判断、处理事务的能力。只有有了这种经历，再加上长期的家业经营的见习和熏陶，并在商家充分检验其能否胜任一家家业管理之后，该子弟才有可能成为新任家长。商家实际上是以这种方式促使家长增长经营才干。

在家业继承人的选择上，近代家族企业往往更重能力和品行。如住友家家宪中规定，"不堪维持我一家之任者，虽嫡子亦废之，而以次子负其责并继承家业"，还要求家长"谨品行，重德义"②。为了家业的延续，与其选择无能不才的长子，莫如选择德才兼备的次子，有的家族甚至抛弃骨肉之情，择养子或女婿继承家业。如在东京马食一丁目经营纸业的中庄家在家宪中规定："自家的男子应建立别家或遣他家当养子，与佣人同样使

---

① 宫本又次『大阪の研究・4・蔵屋敷の研究・鴻池家研究』、清文堂、1970、703 頁。
② 野田信夫『近代日本経営史』、産業能率大学出版部、1988、364～366 頁。

用，永远不许儿子继承家业，家的继承只限于养子。"据此，中庄家的继承人全部是养子或婿养子，而自家的男子或隐居，或去别家当养子，皆与家业无缘。这样的事情在中国人看来是不近人情的，但在日本却不足为奇。当然，将自家男子全部排斥在外，只以养子和婿养子继承家业的做法不免有些绝对，而且也不是普遍的现象。但是它所体现出的家业重于血统的思想理念，对于企业和家业的经营显然是有利的。

第五，重视子弟教育。不论是近世的富商，还是近代的企业家，都十分重视子女教育，正如京都糕点店西尾八之桥家家训所言："积金以遗子孙，子孙未必守；积书以遗子孙，子孙未必读；不如积阴德，冥冥之中以为子孙长久之计，圣贤格言乃后人之龟鉴也。"[1] 有"日本实业界泰斗"之称的涩泽荣一指出："子弟教育关系到家道之盛衰，故父母尤要慎重待之，教育之事不可忽视。"一家之兴亡在于子孙，人是延续家业的根本，这是人们从实践中得到的深刻体会。许多财阀和家族企业将教育子孙的内容写进家训之中。

在教育子女方面，各家无不以忠孝为首务，强调子孙后代的道德修养：

> 勿忘父母是我身之本。要牢记父母之恩。(《冈谷家家宪》)
> 须注意子弟的教育，涵养忠孝之心。家庭之清肃在于严守长幼之序，绝不可紊乱之。(《本间家家宪》)
> 德义为本财为末，勿忘本末。(《茂木家家宪》)

千叶著名的酱油酿造商茂木家不仅有严格的家训，而且制作了"忠孝带"每天系在身上，提醒家人不忘忠孝之大义。

在强调忠孝传统的同时，为了适应时代的要求，近代企业家们在教育子女的方式上也出现了变化。比如，注重培养子女的独立自强精神。涩泽荣一亲手制定的《涩泽家家宪》中专设"教育子弟之法"，规定"子弟满8岁就要辞退保姆而附以严正的监督者"；"要使子弟自幼小之时知世间之

---

① 島武史『家訓から商人の成功学を学ぶ』、柏書房、1983、216 頁。

难苦，养成独立自活的精神，且男子外出时尽可能步行"；"子弟满 10 岁以上，虽可给予少量金钱作零花钱，但要严格按其身份定其额度，并提醒会计对此予以注意"；"凡男子至成年之前，要与大人区别对待，衣着必着棉服，器具类尽量以质素为主，只有女子外出或接待客人时方可着绢布"。涩泽荣一尤其注重对男孩子的教育和培养，"男子 13 岁以后，要在假期与品行端正之师友同行到各地旅行"；"男子的教育重勇壮活泼，常存敌忾之心，修内外之学，使其养成在究其事理之后，忠实遂之的精神"①。涩泽家家宪中的"教育子弟之法"在近代家宪中颇有代表性，其内容即便在今天看来也是很有教益的。再比如，要求子女接受近代学校教育，近世商人对子弟的教育主要限于家庭教育，在明治维新以后新的社会条件下，企业家们开始重视子女接受近代学校教育。如从事制茶业的繁田家在 1903 年制定家宪的同时，专门制定了"家庭训"，其中提到，"学校教育应为子弟男女之第一要务，应把从小学到中学毕业，再入各种学校作为最重要的事情对待，才能培养年轻有为的人。幼时家庭教育学校教育做周到，才能使俊才辈出。为父兄者应切切注意"。该家训还要求，"用于男女子弟学校教育之事的花费，不可吝惜钱财"②。《三井家家宪》中规定，"子女达到学龄时，必让其进入相当的学校就学"。为了在家族子弟中培养经营人才，三井家在 1873 年就选拔了族中的五位年轻人③，派他们到美国纽约的银行进行业务见习和考察，这些人回国后都成了三井事业的顶梁柱。

第六，提倡在经营中实施温情主义。所谓温情主义，就是把家族关系运用于企业经营。温情主义理念所反映出的第二次世界大战前日本企业劳资关系的特征，是日本式经营的基础。在近世商家经营中，善待用人，将雇佣关系视为模拟血缘关系的做法已经非常普遍，而且在商家家训中已多

---

① 「渋沢家家憲」、转引自北原種忠『家憲正鑑』、家憲制定会、1917、237～242 頁。
② 「繁田家家憲」、转引自第一勧銀経営センター『家訓』、中経出版、1979、313～314 頁。
③ 这五位年轻人分别是：三井高景，当时 23 岁，后来成为三井矿山社长；三井高悠，当时 21 岁，客死美国；三井高尚，当时 18 岁，后成为东神仓库社长；三井高栋，当时 16 岁，后成为三井合名公司社长；三井高明，当时 17 岁，后成为三井物产社长。参见日本经营政策学会『経営資料集大成・Ⅰ・経営理念集・社訓社是集』、日本総合出版機構、1967、25 頁。

有体现。随着德川时代商家经营向近代企业转变，商家的家族经营传统与经营习惯不可避免地被带进近代企业的经营中，成为近代企业家族主义经营的基础。然而，德川时代商家的家族经营传统虽是近代企业家族主义经营的原型，但并不意味着近代企业家族主义经营的产生是德川时代商家经营传统发展的必然结果。而且，由于时代背景不同，两者的基本含义也不同，前者是体现了封建的家族制度原理，后者则是受资本原理支配的模拟的家族制度原理，并不是日本近代资本主义企业一成立，德川时代商家的同族经营传统就自然而然地演变为家族主义经营了。事实上，如前所述，这种经营传统是在明治前半期被抛弃殆尽后，又被重新认识，从而被运用到近代企业经营中去的。所以，在明治时代制定的企业家宪中，多有提倡温情主义的内容。例如：

> 爱怜抚恤家仆卑奴，使其常存忠心奉公之念。(《涩泽家家宪》)
>
> 优待佣人，以家族一员待之。(《片仓家家宪》)
>
> 善待部属，应尽量将事业收益多分予他们。(《岩崎家家宪》)
>
> 佣人如树的枝叶，应给予优遇而图一家之繁荣。(《若尾家家宪》)
>
> 主人要与雇人共同劳动。(《嘉纳家家宪》)
>
> 家族成员要与雇人吃同样的饭菜。(《滨口家家宪》)。

综上所述，近代财阀家宪不仅对近世商家家训有诸多继承之处，进一步强化和系统地完善了近世商家家训，而且适应时代的变化，注入了许多新的思想和内容，使其具有了新的内涵，体现了时代的特征。

第二节　现代企业社训

第二次世界大战结束后，随着民主改革的深入，家的传统建制已不复存在。但是，在企业长期的经营实践中形成的家族主义经营传统却与日本人的传统家族道德一样，并未因一纸法律而销声匿迹。日本企业的经营管理者巧妙地运用日本人的家族传统与家族道德，将战前企业的"经营家族主义"移植到现代企业的经营管理之中，使家族传统通过"日本式经营""爱社精神""全员经营思想"等形式再次表现出来，从而形成了战后日本独特的企业文化。这种企业文化的载体之一便是现代企业广泛制定并实施的社训。社训是在日本传统的近世商家家训、近代企业家宪的基础上，结合现代企业的经营理念而形成的。

一　战后日本的企业文化

企业文化是一定的社会文化在企业中的具体化，企业的经营习惯、管理方法、历史传统乃至职工的精神面貌都是企业文化的反映。战后日本的企业文化是以家族为基本特征的东方企业文化，具有悠久的历史传统和深刻的社会根源。传统的家族制度原理及家族道德被运用于企业的组织、经营管理和职工的思想训导中，在战后日本经济振兴与高速发展过程中发挥了巨大作用。这种家族主义企业文化主要通过以下三个方面表现出来。

其一是家族式的企业组织结构。日本的企业不仅是一个经济实体，同时是一个家族化的社会集团。从明治维新到战前，财阀这种家族式企业集团作为日本传统家族制度与近代资本主义企业发展互相结合、渗透的突出范例，一直是日本经济的主体。在战后的民主化改革中，解散财阀作为重大措施之一，从根本上否定了企业的家族性和封建性，但财阀企业的经营观念和经营传统却被保留了下来。尤其是历来最了解财阀经营特色的一些财界人士，他们在财阀被解散后不久又重新集结起来，形成了代替财阀的另一种社会集结形式——企业集团，继续构成战后日本经济的主体，企业集团在组织上不过是旧财阀体制的变种。不仅如此，日本独特的综合贸易公司体制也在一定程度上继承了旧财阀体制的衣钵。这样一来，战前的家族主义经营被巧妙地改变为"集团主义经营"和"公司主义经营"，战前的"一切为了家"的观念也变为"一切为了企业"。日本传统家族伦理最具特色之处是不拒绝非血缘关系和阶级身份不同的人进入家庭，因而，模拟血缘关系被作为一种纽带，将职工与企业紧紧拴在一起，使企业的所有人员形成一个相互依赖的"命运共同体"。这种模拟血缘关系在企业中的运用，直接表现为职工对企业的依赖和对集体总体利益的追求，以及对企业的忠诚。因此，有人认为，"日本的经营组织类似日本的家族组织"是"日本的从业员勤奋、工作热情惊人之高的原因"①。

其二是家族主义的经营管理。企业既然按人伦关系将自身模拟为一个大家族，那么其在运营的各方面都离不开家族的轨道。战前家族主义的经营传统，在战后新的社会条件和经济体制下，再次发挥出它的影响力。具体说来，家族主义经营有以下几方面内容。第一，在雇佣关系方面，继承战前的终身雇佣制。像家庭中的父子关系是终身之缘那样，雇主与雇员也是一种终身关系。这种以雇佣双方永久性承诺为特征的终身雇佣制的实施，不仅增强了职工的安定感和对企业的忠诚心，也使企业有了稳定的职工队伍。第二，在工资制度方面，实行年功序列制。这是一种根据职工的工龄、资格提薪晋级的工资制度，体现出经营秩序上的身份制。日本的企业不仅在用人上实行明显的论资排辈，而且职工的工资也按其在企业内连续工作的工龄来决定。第三，实行企业内福利制度。在日本的企业中，除了要求职工对企业服从和忠诚外，也提倡经营者讲究恩情主义。在企业这一大家族中，大都有保障其成员生活的较完善的企业内福利制度，以保证职工全心全意地为企业效力。显示了企业的家族性和经营者的"恩情"的企业内福利制度，在很大程度上弥补了日本社会福利的不足，增强了企业的凝聚力和职工对企业的归属意识，使企业和职工成为荣辱与共的命运共同体。

其三是劳资关系中的家族主义意识形态。在日本人的家族观念中，家的利益高于一切，家庭成员为了家的存续而不惜牺牲个人的幸福。这种观念被引入企业，就成了企业的利益高于一切。"劳资一家""企业一家"的口号受到大力提倡，大大淡化了职工的阶级意识。企业向职工灌输的是忠与和的思想，要求大家在企业这一命运共同体中有福同享、有难同当。很多工人相信，有了企业的繁荣，才有他们的幸福，而企业的繁荣是靠每个人的辛勤劳动换来的。因此，职工与企业经营者的高度一心一意意识堪称日本家族企业文化与劳动道德的结晶。

---

① 占部都美『論日本式経営』、中央経済社、1986、151 頁。

家族主义传统被运用于企业经营中，与强调个性与个人才能的欧美企业经营传统相比，具有较强的凝聚力，能更有效地激发人们的劳动热情和责任感。它最明显的作用是促进了工人与企业双方的通力合作，以及雇佣关系的稳定，使企业很少面临欧美国家那种职工与企业离心离德造成的困境，能够实现事业的长期发展。企业所有成员团结一致、齐心协力推动企业发展这一点，不能不说是日本在明治维新后迅速实现经济的近代化，在战后实现经济高速增长并在国际竞争中取胜的关键因素之一。

二　现代企业社训的形成

战后民主改革从根本上否定了企业的家族性和封建性，尤其是随着战后经济的高速增长，新兴企业越来越多，家宪已经彻底退出历史舞台。然而，作为家宪派生物的社训、社是却普及至日本的各个企业。据日本国际行销传播经理人协会（Marketing Communications Executives International，MCEI）于20世纪80年代中期对该组织所属的大中型企业进行的"企业经营理念"调查，发现在157家企业中，拥有社训、社是的企业比例高达93%[1]，几乎可以说有社就有训。

"所谓社是、社训，就是通过简短的语言来概括企业的经营目的及使命感。"[2] 日本国际行销传播经理人协会（MCEI）东京支部理事、日本市场营销研究所会长水口健次认为，日本现代企业普遍制定并贯彻的社训、社是主要具有以下功能：

（1）是为企业长久延续与繁荣制定的基本战略；
（2）是集结公司员工能量的基础；
（3）塑造企业形象的无形资产。[3]

如同近世商家家训一样，日本现代企业的社训也是名称各异，或曰社

---

① 水口健次『発展中会社の社是・社訓研究報告』、総統社、1988、354 頁。
② 日本実業出版社『社是社訓実例集』、日本実業出版社、1982、まえがき。
③ 水口健次『発展中会社の社是・社訓研究報告』、総統社、1988、354 頁。

是，或曰社训，或曰社则，或曰经营理念。人们往往将社是与社训相提并论，实际上二者是有区别的。一般来说，社是偏重于基本的理念，社训偏重于行动规范。用富士制铁公司原任社长永野重雄（1900～1984年）的话说就是："社是是公司的理想形象，社训是告诫从业人员如何做的教训。"①不论社是还是社训，都是把企业的经营理念、纲领、指导方针或目标用简明扼要的语言表达出来。其作为企业经营的灵魂，无声地约束着人们的言行，被称作"看不见的经营资源"。

现代企业因何要制定社训，主要有以下三方面的原因。

一是受传统文化的影响。企业制定社训传统的形成，与日本历史上通过制定家训这一形式来维护家业、管理家业的传统有直接的渊源。正因为日本向来就存在通过家训这一形式来管理家族企业、统和人心的传统，才会有现今日本企业制定社训风气的形成。上述日本国际行销传播经理人协会进行的"企业经营理念"调查还发现，在157家大中型企业中，有些老企业自创立起就一直沿用原来的社是或社训，它们约占被调查企业的三分之一；另有不少现代企业的社训是在继承旧的家训、家宪传统的基础上，结合现代企业的经营理念形成的一种新的企业规范。

二是公司管理的需要。作为企业，能否统一全体员工的思想，使全体成员团结一致，形成强大的凝聚力，无疑是企业成功与否的关键。如株式会社熊谷组在制定企业社训时就说道："企业虽已创立，但应认识到，如果没有相当大的牺牲，就难以希望将来有更大的发展。此数年来，较之以营利为目的，更希望全员能同心协力，使企业日后有更大的飞跃发展。"②20世纪60年代，日本企业界对51家拥有社训、社是的企业进行了有关社是、社训作用的调查，只有1家企业认为社是、社训没有任何作用，而有45家企业认为社是、社训明确传达了公司的主张。该项调查还分析了社是、社训在公司管理方面所起到的作用：

① 日本経営政策学会『経営資料集大成·Ⅰ·経営理念集·社訓社是集』、日本総合出版機構、1967、305頁。
② 「株式会社熊谷組·社訓」、転引自日本実業出版社『社是社訓実例集』、日本実業出版社、1982、4頁。

（1）确定了公司事业活动的目的；

（2）表达了指导公司活动的伦理原则；

（3）上述目的与伦理传达给公司职工，创造了一个良好的氛围；

（4）全面指导员工在此基本点上的行动。①

三是扩大企业的需要。随着企业规模的扩大，从业人员数量比以往有所增加，管理事务也日趋繁杂。在这种情况下，没有一种有效的统合机制是不行的，而通过制定企业社训的形式来加强对企业的管理，恰好是发挥了统合机制的作用。例如，高砂热学工业株式会社在订立社是时的理由是，"该社经营之基本思想，自创业以来并无成文规定，然随着企业规模之扩大，社内的认识未必统一"②，因而企业需要订立社是，以统一全体员工的认识。再如京滨急行电铁公司（明治三十一年创立，1948 年成立公司）在 1953 年时曾经制定社是，内容有"通过电车、汽车事业为社会服务"，"为公众提供便利，完成把东京、横滨到三浦半岛形成一体的使命"，等等。后来，该公司的事业范围扩展到全国，原来的社是显然已经落后。于是，该企业于 1982 年又制定了反映新的经营目标与经营理念的新社是。

那么，现代企业社训又是在怎样的情况下制定的呢？

首先，大多数是在企业创立之时制定的。众多企业在创设之时就制定了社训，以此表达企业创设者的心迹。如日本著名的建筑公司熊谷组在 1938 年成立，当时的社长熊谷三太郎亲自执笔制定了该企业的社训并于转年公布。其内容为：

（1）要发展公司事业，努力提升公司信用；

（2）施工中以亲切为主旨，努力消除客户的不安；

（3）以共存共荣为基础，一致协力，发展业务，为提高成绩而

---

① 日本経営政策学会『経営資料集大成・Ⅰ・経営理念集・社訓社是集』、日本総合出版機構、1967、306 頁。

② 「高砂熱学工業株式会社・経営理念」、転引自日本実業出版社『社是社訓実例集』、日本実業出版社、1982、9 頁。

努力。①

　　这三条社训作为熊谷组下属所有企业员工的行动指南，从该社成立至今丝毫未改。熊谷组在当初成立时是只有 40 万日元资产的小企业，如今已经发展成为日本的六大建筑公司之一，在世界上也享有盛名。

　　其次，由以往类似的规章制度逐渐发展而成。例如，另一从事建筑的企业株式会社竹中工务店成立于 1936 年，其创立之时制定的"店是"是：

　　　　（1）坚实遵守走正道重信义；
　　　　（2）勤勉从业尽职尽责；
　　　　（3）钻研进步贡献于斯道；
　　　　（4）上下和亲以期共存共荣。②

　　此"店是"虽然被制定于公司创立之时，但实际上，该企业在创立公司以前已经拥有了 300 多年的经营历史（1610 年创业，经营神社、佛寺的建筑业）。长期以来，该企业一直将"贯彻品质第一，常把最好的作品留给世界，贡献于社会"作为企业的经营理念。该公司成立时制定的"店是"则是对该企业以往经营理念的具体体现和进一步延展。

　　最后，由先辈的传统精神自然形成。许多拥有悠久历史的企业的社训并不是专门制定的，而是遵循先辈遗留的惯例或传统精神。如伊藤组土建株式公司（1893 年创业，1946 年成立公司）的"社是"即如此，可以理解为"创业以来至今，由诸先辈自然酝酿而成之物"③。经营土木建筑的加藤组（1897 年成立）的社是只有简明扼要的四个字——"诚心诚意"④，是其在近百年经营历史中遵守的经营信条。久而久之，该经营信条被作为社是而为全体员工所遵守。

---

① 水口健次『発展中会社の社是・社訓研究報告』、総統社、1988、86 頁。
② 水口健次『発展中会社の社是・社訓研究報告』、総統社、1988、180 頁。
③ 「伊藤組土建株式会社・社是」、転引自日本実業出版社『社是社訓実例集』、日本実業出版社、1982、7 頁。
④ 第一生命保険相互会社『社是社訓集』、第一生命保険相互会社、1987、29 頁。

三 现代企业社训的要点

由于现代日本企业大多有通过社训、社是的形式来表达经营理念的传统，故而随着现代企业的增多，社训、社是不仅大量存在，而且由于行业不同、理念不同，呈现多样性的特点，但同样作为企业，现代企业社训、社是还有一些共同的特点：

1. 诚实、积极向上

作为现代企业，以诚待人、善待顾客，是企业人必须具备的基本素质。积极向上则体现了企业全员齐心合力，共同致力于企业发展的信念和良好的精神状态。因此，在许多企业的社训、社是中，都把此内容置于显著位置。如成立于 1940 年的朝日涂料公司的社是为：

> 满怀诚意，信用第一；
>
> 变不可能为可能，积极经营；
>
> 为实现高收益、高工资而努力生产。

家庭食品工业公司（1913 年成立）的社是为：持诚意、创意、热意。夏普公司（1912 年创业，1935 年成立公司）经营信条的第一条就是，"诚意乃为人之道，以诚心面对所有工作"。梅田机工株式会社社是的第一条为"诚实、努力"。该企业对此社是的解释是，"日本式经营的要义，首先要诚实、勤恳地对待自己所从事的业务，尽自己的最大努力去做。只有这样，才算是尽职尽责"①。这样的社是，能让人感觉到蓬勃向上、积极进取及健康的企业形象。

2. 全员团结协力

企业如果难以形成一个团结的集体，没有凝聚力，必定难以长久地繁荣发展下去。日本传统文化历来注重"和"，为了实现企业内与企业外的团结协作，作为日本传统文化重要载体的企业社训、社是，非常强调

---

① 「梅田機工株式会社·社是」、转引自日本实业出版社『社是社訓実例集』、日本实业出版社、1982、188 頁。

"和"理念在企业中的运用。

例如，信越化学工业公司（1926年成立）的社是只有四个字——"众心维城"，区区四个字，充分体现了该公司以和为贵、团结即可克服一切困难的精神。

从事贩卖业的JUSCO公司（1969年创立）的宪章中有这样的内容：

JUSCO尊重信义与团结；

JUSCO尊重自主与责任；

JUSCO尊重交流与互助；

JUSCO尊重集中与分权；

JUSCO尊重创造与革新。

1887年创立的帝国饭店的《帝国饭店十则》中的第一条是：每个员工既是所属系统的一员，也是饭店整体的一员。要持和衷、协同的精神专念于完善的服务。以生产立邦漆而闻名于世的PAINT公司（1881年创业，1898年成立公司）的社是第一条是："我们要基于共存共荣的理念，举亲和协力之实，通过公司的事业贡献于社会公共福利。"

3. 信用与服务质量

信用是一个社会经济、文化、历史综合作用的产物。信用的形成、维持和消亡不仅取决于人类社会的一些共有因素，还取决于特定社会的文化道德观念和历史传统。信用一旦建立起来，对于一个企业来说就有了一种有价值的社会资本。在日本社会，信用是衡量企业经营状况的重要标准，而信用的树立与维护是同企业产品质量与服务质量直接联系在一起的。因此，体现企业基本经营理念的社训、社是也对树立与提高信用与服务质量多有强调。

有关企业的信誉，前面提到的朝日涂料公司的社是第一条就是"满怀诚意，信用第一"。还有许多这样的例子：

满怀爱与诚心和感谢之情，创造被客户喜爱的不二家。（不二家，

1910 年创业，1938 年成立公司）

重信用，以诚实为主旨，努力钻研技术。（清水建设，1804 年创业，1937 年成立公司）

信为万事之本。（日清制粉公司，1900 年成立）

全力创造客户信赖、喜爱的日本 COMSYS。（日本 COMSYS 公司，1951 年成立）

有关提高服务质量和产品质量的社训、社是更是举不胜举，例如：

品质向上——我公司谦虚接受消费者的品质评价，致力于提高品质与钻研技术，提供业界最佳的商品。（朝日啤酒公司，1949 年创立）

以优良的商品便宜的价格提供给消费者，奉仕于丰富的生活。（象印热水瓶公司，1918 年成立）

提供美味的和式点心，让顾客高高兴兴地品尝。和式点心全部自家制造，用最好的原材料，制作最佳的商品。（虎屋公司，拥有 500 年以上的历史）

正规的服装，正规的服务，正规的驾驶。（池田运输公司，1962 年成立）

以最高的状态将制品从工厂送到客人的口中。（明星食品公司，1950 年成立）

这些内容既具体又现实，充分反映了现代日本企业塑造企业形象的良好愿望。

4. 贡献于社会

受社会环境的制约，制定于战前的企业社训、社是非常强调报国思想。这一点可以说是战前日本企业家宪、社训的特点之一。如成立于 1935 年的松下电器产业公司遵奉的"松下七精神"的第一条就是"产业报国的精神"；明治乳业公司自 1917 年创业以来，就一直以"营养报国"为社是。战后，随着时代的发展，明治乳业公司的社是才于 1978 年更新为

"贡献于国民的健康与生活文化的创造"。1940 年，武田药品公司（1781年创业，1943 年由武田长兵卫商店改为武田药品工业株式会社）的社长武田和敬亲自制定了五条社规，至今仍是该企业活动的指导方针。其中第一条为"以向公奉国为第一义"。当然，随着战后社会的变化和经济的发展，这类内容越来越少，取而代之的是"服务于社会""奉献于社会"之类的内容，并被越来越多的企业奉为行动宗旨。如拥有 400 多年历史的养命酒制造公司的社是只有一句话："奉仕——通过养命酒，服务于人们的健康生活。"① 在京滨急行电铁公司的社是中，首条就是"通过作为都市生活的支柱事业，创造新的价值，贡献于社会的发展"。还有不少这样的实例，例如：

以长达 350 年间酿造的酒为核心，以创造日本新文化的综合食品企业为目标，贡献于社会。（月桂冠公司，1637 年创业，1927 年成立公司）

深刻认识汽车产业的使命，积极贡献于我国及世界的经济与社会发展。（丰田汽车公司，1937 年成立）

创造更美好的都市。（东京瓦斯公司，1885 年成立）

贯彻事业的社会使命，服务于国家与社会。（东京平板玻璃公司，1918 年成立）

我公司的制品品质第一。以优良的技术与合理的管理把优质廉价的制品推向世界，贡献于社会。（第一制药公司，1915 年创业，1918年成立公司）

社会与大众，是企业的生命之源。只有服务于社会，服务于大众，企业才能生存，才能发展。这是社训、社是以此为主要内容的根本原因。

5. 技术改革与创新

战后，尤其是在日本经济高速增长时期，涌现出许多知名的大企业，

---

① 日本生产性本部『新版社是·社训』、日本生产性本部、1998、331 頁。

日本在国际上的地位日益提高，参与国际竞争的机会越来越多。为了在激烈的国内、国际竞争中站稳脚跟，不至于败下阵来，不断进行技术改造和创新便成了现代企业面临的重要课题。因此，重视技术革新和产品创新成了战后企业社训、社是所重点强调的内容。尤其是 20 世纪 70 年代中期以后，日本已经成为仅次于美国的第二大经济强国，此后制定或修订的社训、社是有一个明显的倾向，就是追求世界第一，包括创造一流的产品、一流的技术和一流的服务。要实现这一目标，就要不断开拓进取，进行技术创新。如生产照相机等精密仪器的佳能公司（1937 年成立）把"制造世界第一的产品"作为目标；美能达照相机公司（1928 年成立）的社是为"提供受欢迎受信赖的商品与服务以贡献国际社会"；伊藤忠商事公司（1858 年创业，1918 年成立公司）把"连结世界的伊藤忠"作为公司的标语；理光公司（1936 年成立）的口号是"成为值得信赖，具有魅力的世界级企业"；象印暖水瓶公司把"进军广阔的世界市场，扩大企业地盘"作为自己的社是。为了达到上述目标，各企业都以积极的姿态进行新技术、新产品的研制和开发。如生产电子产品的索尼公司（1946 年成立）把"索尼的窗户永远朝未知世界敞开"作为"公司纲领"之一，在这一精神的指导下，索尼不断开发新产品，使其在电子产品行业一直居于世界领先的地位。伊藤忠商事公司（1858 年创业，1918 年成立公司）遵循"维持现状就是落后"这一社训，不断开拓业务，从"综合商社"发展为国际型综合企业，成为日本著名的商社之一。正是因为创新与努力，日本的企业才在国际上一直拥有强大的竞争力。

6. 以人为本

在战后浓厚的家族主义企业文化氛围中，日本的企业就像个大家庭，员工除了在经济上对企业有终身依附之外，企业文化和规章制度也培养了员工个人的价值取向，使个人的发展与企业的发展具有了统一性。以人为本，提倡"人本主义经营""人本管理"，是日本式经营的一大特色，这些理念也充分体现在企业的社训、社是中。日本企业强调企业与全体职员之间共存共荣的关系，以培养职工对企业的依赖感与忠诚心。如有"日本经营之神"之称的松下幸之助认为，事业在于人，制造产品固然重要，但培养人更重要。在他亲自制定的"松下电器应该遵奉的七精神"中，除了"产业报国精神"之外，其他的"光明正大精神""和亲一致精神""奋斗向上精神""礼节谦让精神""顺应同化精神""感谢报恩精神"均是为了对员工进行思想教化，以提高员工道德修养。朝日啤酒公司（1949年成立）把"尊重人"作为经营理念之一，其具体内容为，"我公司在事业即人的信念下，尊重人性，实施人才培养与公正的人事，努力创造十二分发挥全体人员力量的自由而豁达的社风"。经营建筑业的明星工业公司（1947年成立）也把"事业即人，应以人和为本"[①]作为企业的社训。与此同时，社训中也体现出浓浓的家族式温情主义气氛。例如：

> 我公司追求公司的繁荣与全员幸福的一致。（京滨急行电铁公司）
>
> 我们要注意健康，保持健全的家庭，尽全力于公司事业。（ALPS电气公司）
>
> 我等全员乃一家族，相互信爱且敬，以共苦乐。（近电公司，1944年成立）
>
> 谋求对员工的公正的分配与有品位的生活。（砺波运输公司，1943年成立）
>
> 留意员工的生活安定，为提高工资水平尽最大努力。[三和SHUTTER（门窗）工业公司，1956年成立]

这类社训、社是与企业的终身雇佣制结合在一起，对增强企业的凝聚力和员工对企业的归属感发挥了积极的作用。

四　制定企业社训的意义

日本企业制定社训、社是，不仅仅停留在形式上，更重要的是让它深入人心，落实到员工的实际行动中去。为此，企业通过不同的方式做了大量的努力。多数企业将社是、社训装裱在镜框中，悬挂于墙上；有的则将

---

① 日本生产性本部『新版社是・社训』、日本生产性本部、1998、311頁。

其制成标语，甚至将其刻在石碑上；还有的则将其印在公司手帐（记事本）上，或将印有社是、社训的小册子、卡片等发给全体员工。目的是让大家耳濡目染，将社训、社是铭记于心。日本大多数企业有"朝礼"制度，即每天早晨上班铃声响起时，人们都在自己的位置上起立，在值日员的带领下，齐声朗诵社训、社是。"朝礼"的目的在于使员工精神饱满地投入一天的工作，齐诵社训则是为了增强员工的责任感。

现代企业的社训、社是是日本企业经营理念中极其重要的组成部分。它不仅对日本企业的发展起到了至关重要的作用，对日本经济发展所起的作用也不可忽视。日本现代企业社训、社是的制定和运用对我国企业建立和完善企业经营理念，树立企业的价值观念等，无疑具有十分重要的借鉴意义。

第一，以简短、精练的语句概括了企业的经营理念，树立了企业形象。较之近世商家家训与近代企业家家宪，现代日本企业社训、社是的语言简练，概括性强。通过企业的社训、社是，人们可以非常便捷、准确地了解该企业所奉行的经营理念、发展目标等。在竞争日趋激烈的当今社会，企业如果不能做到这一点，就难以在众多的竞争者中独具吸引力并树立自我形象，必定会失去许多商机而最终败落于他人之手。因此，一个优秀的、具有竞争力的企业，必须通过现代企业社训抑或类似的方式，在众多的企业中凸显自己的特色，树立良好的形象，把握商机，实现企业的发展。

第二，增强了企业的凝聚力和员工的归属感。众所周知，日本企业员工极具团队精神，企业本身具有很强的凝聚力。笔者认为，企业社训、社是的制定和运用是日本企业具有强大凝聚力的主要原因之一。社训、社是不仅规定了企业应遵循的各种行动规范，更重要的是明确了企业的宗旨和总体发展目标。可以说，社训、社是即企业的总纲领。日本现代企业要求所有员工必须熟知企业社训、社是的内容，通过这种形式，有效地增强了企业员工的团队意识，进而促进了企业经营的良性发展，使企业在激烈的竞争中立于不败之地。此外，企业是现代社会的基本组织单位。在日本，大约每四个人中就有一位是企业的员工，其余的则大多为员工的后备军、家属或退休职工。在终身雇佣制下，企业成了大多数日本人的归宿。日本企业将传统的"家"的意识、"忠"的观念等贯彻到企业的社训、社是中，员工一进入企业就受到社训、社是的熏陶和影响。通过这一形式，不仅增强了员工对企业的归属意识，培养了员工"爱社如家"的情感，还激发了员工以主人翁的姿态参与企业建设的积极性。

第三，培养了员工对企业精神的认同感。一个成功的企业除了拥有卓越的领导者、先进的生产工艺、出色的推销艺术及人才资源外，更重要的是拥有全体职工的"心"。只有大家齐心协力，企业才能兴旺发达。日本企业根据自己的特点和目标制定的社是、社训，可以使全体员工了解本企业奋斗的方向与目标，并激励他们为此而努力。如日立公司与松下公司的发展，从根本上说，离不开"和、诚、开拓精神"（日立公司）和"松下七精神"的指导。这些通过社训、社是形式所体现出的企业精神，往往把企业的目标同国家、社会乃至人类联系起来，通过反复地灌输，使员工认识到不仅是在为自己、为企业工作，而且是在为社会尽力，完成企业工作不仅是挣钱养家糊口的手段，而且是实现自我价值、寻求生活意义和情感归宿的重要途径，从而培养了员工对企业精神、所在企业的认同感，增强了员工的使命感和自豪感，有效地激发了员工的工作热情和积极性。

第四，成为企业员工教育培训的重要组成部分。日本企业非常注重对员工的企业内教育培训，这种教育培训不仅限于对专业知识、技能的培训，更重要的是对员工进行企业道德教育，培养员工对企业的忠诚心。因此，许多日本企业将了解并熟知企业社训、社是作为员工教育培训的重要内容。通过对企业社训、社是的学习，不仅可以了解企业的发展历史、奋斗目标，更重要的是可以了解作为一名"企业人"应该具备的道德品质和基本素养，培养员工对企业的忠诚心和奉献精神。

综上所述，从形式上看，现代企业社训、社是乃是旧有的以家训治家的传统在现代社会中的延续。然而，时过境迁，它又被赋予了新的生命与内涵。反映企业经营理念的社训、社是与代表企业形象的社徽以及鼓舞企业员工士气的社歌，共同构成了日本企业文化的突出特点，形成了一种强有力的经营动力。可以认为，日本经济迅速发展的原因之一就在于此。

第七章

终　章

以家训治家是中国家族文化的一个显著特色，也是东邻日本在吸收中国文化过程中模仿的内容之一。日本商家的家训，不仅发挥了教育子女的功能，而且还被作为维护和发展家业的重要手段之一，使家训在日本近世商家独特的"家"的经营体制下表现出较强的社会性。商家家训不仅与近代企业家宪及现代企业社训有一脉相承的关系，而且对近现代日本的企业经营也产生了深远的影响。中国前近代商人虽也制定了家训，但由于社会结构，尤其是家族制度的不同，两国商人家训中所体现的商人意识存在较大的区别。日本商家家训以家业的传承与发展为核心，而中国前近代商人则受"耕读传家"和"学而优则仕"思想的影响，在一定程度上并未将经商作为最终目的，这是两国商人在近代以后走上两条不同发展道路的重要因素之一。

第一节　商家家训的基本特征

商家家训是日本传统家训的重要组成部分，商家家训的制定者从事各自的商业经营，所处地域也各不相同，不同时期制定的家训也各有侧重。总体来说，商家家训具有以下基本特征。

一　核心功能重在家业

商家，顾名思义为经商之家，家业是商家赖以生存和发展的根本。商家家业包括金钱财产，但更主要的是积累钱财的商贾买卖及经商技能，甚至是信誉以及象征家业的"暖帘"。商家的代代成员无人不把延续家业作为首要任务来对待，使得近世商家的家业观念具有稳定性和延续性的特点。由于商家的一切经营活动都围绕家业展开，因此商家家训的核心功能主要在于对家业的维护与发展。

商家之所以制定家训，目的在于统合全员，使之团结协作，共同促进家业的稳定与发展。商家家训中的商家继承人选择、对奉公人的教育和管理、商家经营组织的确立以及商家经营理念的传承等内容，无不体现着家业第一的原则。商家贯彻家督继承制的原则，既保证了家业的稳定，又维护了财产的完整，使商人在明治维新后新的经济形势下，有能力、有资本投资新的经营活动。在商家家业由祖先到子孙传承的这场接力赛中，家长担负着将家业传递下去的重要责任。因此，家长的选择也是以家业为前提的。长子虽具有优先权，但如难以胜任，商家则宁可以次子或非血缘关系的养子代替。此外，商家崇拜的祖先是一个具体而现实的概念，是创建家业、直接给自己带来恩泽的人，是一种切切实实、关乎切身利益的存在。商家的宗教信仰也是如此，从许多家训来看，大多商家并未对信仰何种宗教有特别的要求，认为只要能为家业的存续与发展带来实际的利益即可。从参与商业经营的人员来看，只要对家业有利，即使是没有血缘关系的人，也可作为商家的一员参与经营，甚至成为继承人，从而打破血缘关系的限制，为家业的稳定、延续提供活力源泉。再从子弟教育来看，许多关于学习和教育的内容也围绕家业进行。有的家训强调，识字、读书在不影响正常商业活动的情况下方可进行；有的则强调，相对于一般的识字读书，对经商基本技能的学习更重要。如手津屋的林田正助在家训中有言，"为人双亲，与其授之子孙以无数之金银，莫如精心养育子孙，授其以家业商卖之法，若此，较之授之以金山予子孙更能得家业之绵长"[①]。这种"授之以鱼，不如授之以渔"的教育方式更是完全以家业的存续为出发点，反映了商人追求家业长久的愿望。

一切以家业为重，是商家家训一直贯彻的指导原则，家训的制定、内

---

① 「手津屋林田正助永代記録帳」、转引自組本社『商売繁盛大鑑』卷三、同朋舍、1984、253 頁。

容的设计乃至家训的实施，无不体现这种指导原则。在此原则指导下，商家的一切言行、活动会在无形中产生一种向心力，而这个中心便是商家的家业。

二　训诫对象超越家族

中国的家训一般是在家族内部制定并实施的，不轻易示人，只有家族内部的人，甚至是族内的长辈，才有资格接触家训。但日本的"家"在血缘关系成员之外，还有参与家业经营的用人，家族制度本身具有的社会性特点使得商家家训的训诫对象超越了家族。

商家家训训诫的对象除家族成员外，还包括奉公人以及由其建立的别家。如《市田家家则》中指出："店内所有人等，年少者需听从年长者，手代需服从番头的指示，关于商卖之一切事务，番头需听从支配人的指挥。"这条家训适用于所有不同等级的奉公人。对奉公人的各种规定，如衣食住行、商业应对、各种礼仪、教育训练等，都是商家重点强调的内容。有些商家甚至对奉公人的管理专门制定了家训，如1750年（宽延三年）住友家制定的《住友总手代勤方心得》以及1792年（宽政四年）西村家制定的《西村家象彦店奉公人制度》等。针对别家的规定（诸如别家与本家的关系、别家继承人选择等）在商家家训中也有很多，如1736年（元文元年）鸿池家制定的《别家继承人规定》，近江屋觉兵卫等于1856年（安政三年）制定的《近江屋武田家分家·别家誓约书》，等等。别家对于本家和分家来说，并没有血缘关系，是家业这一共同的利益将它们组成了一个模拟的家族集团。

从商家家训的训诫范围来看，更突出了超越家族的特点。在日本商家家训中，像中国商人家训中对子弟的道德教育，诸如兄弟团结、亲族和睦、修身处世等内容并不是很多，更多的是涉及商业经营的内容，如商品管理、商业应对、账簿管理、经营理念、店铺管理等。这也是商家家训不同于其他家训的一大特色。值得注意的是，还有一些商家家训被当作商人教训书而广泛流传。如1719年（享保四年）西川如见的《町人囊》、1728年（享保十三年）三井高房的《町人考见录》、1734年（享保十九年）茂庵老人的《町人常道》以及 1774 年（安永三年）木南子的《世间商卖教训鉴》等，不仅谈商人做人的教训，还谈如何经商的教训，在当时的町人阶层中广为流传，产生了广泛的社会影响。

因训诫对象超越家族的特点，商家家训的影响力也远远超越了家族，有着很强的社会意义，对当时的商业经营及近现代企业经营管理都产生了很强的影响力和渗透力。

三　实用主义色彩浓厚

以家训治家源于中国儒家的传统，日本在吸收外来文化方面，有一个明显的特点，即采取一种实用主义原则，引进和吸收的都是有利于自身发展的。久而久之，实用主义便作为一种思想意识沉淀于日本文化之中，存在于日本人的意识之中。一方面，商家家训很少有长篇大论的理论道德陈述，多是以条文的形式呈现，浅显易懂，具体明确。对于家族成员或普通店员来说，较之空洞的理论说教，这种注重实用、操作性强的教育方式更为有效。也许是出于商人的文化水平较低和实际的需要，家训制定者在制定家训时似乎考虑到了这一点，总之，商家家训中充满了浓厚的实用主义色彩。另一方面，在身份制度下，商家只能经营商业，而不能旁骛，家业的延续是商家关心的首要任务。商家家训的许多内容是围绕家业这一实际的利益制定的，无论是以养子或次子替代无能的长子，还是让非血缘关系者参与家业经营，无论是"俭约"思想的提出，还是对"和"的思想的强调，无论是子弟教育中对实际技能的重视，还是让子弟外出受雇于他人以接受历练，都是非常现实的原则和要求，毫无理想主义的色彩。

实用主义是商家家训的基本特征，也是日本传统文化的特点之一。许译兮在其博士论文《日本武家家训研究》中指出，武家家训也具有实用主义的特征，然而，商家家训与武家家训相比，这一特征更为明显。商家家训是以日本整个传统文化的实用主义特性为其思想前提和文化背景的，故通过商家家训这一日本传统文化的载体，即可窥知日本人与日本文化的特性。

四　教育方式灵活多样

商家家训作为家庭教育的一种重要形式，特点是教育方式灵活多样。家训制定者通过各种形式对家庭成员进行教育。一是教化与约束相结合。中国的家训多为家训制定者对子孙后辈的谆谆教导，即只是从思想上启发、教育和引导，言辞恳切，包含了制定者对后辈的期望与嘱托，语气主要以劝诫、教化为主。中国家训中对家训内容如何执行以及对违反者的处理方式，大多没有明确的规定。日本商家家训则不然，既有对子孙后辈循循善诱式的劝导，也有许多强制性的规定。在某种意义上，已经具有了家法的意义。如《佐野屋菊池家店教训》中对于"俭约"教诲道："各人之生活费用依身份而定。应厉行俭约，切不可挥霍用尽。"接着又对奢侈浪费、挥霍金钱者做出强制性的规定，"倘若屡有借金，则从其退职之奖励金中扣除"[①]。言辞恳切的谆谆教诲，可以使后辈从思想意识上有所领悟；具体的、带有强制性的约束性措施，则为实践上述教诲的内容指出了具体的方向，明确了具体的行为规范。这种从思想意识上进行教化，从具体行为上予以约束的教育方式，比单纯的教育方式有效得多。二是教诲劝勉与标榜示范相结合。许多家训制定者不仅对家庭成员及店铺人员予以劝诫、勉励，还通过自身经验及实际行动为其提供示范。家业初创者经历了艰难的创业过程，积累了宝贵的经验，为使来之不易的家业持续传承下去，这种教育方式在家业初创者制定的家训中表现得尤为突出。如岛井宗室就在家训中多处强调自身的亲身经历，以教育后人。如在谈到外出行商时，其指出，"所谓行商，应尽量步行，久之则成习惯。吾年轻之时从不骑马"[②]。通过这样的家训，既可以使后人懂得做人、处世的基本道理和原则，又使后人学有榜样，能体会到先辈亲身的经历和感受。三是正面教育与反面教育相结合。商家家训在具体的行文中，还常通过正反两方面的事例来说服、教育后人。如鸿池家始祖山中新六幸元即运用该方式教育后人。不仅

---

① 「佐野屋菊池家店教訓」、转引自組本社『商売繁盛大鑑』卷一、同朋舍、1984、219～220頁。
② 「島井宗室遺書」、转引自組本社『商売繁盛大鑑』卷三、同朋舍、1984、218頁。

从正面指出要"举止稳重、诚实待人、严守本业、勤俭持家",还从反面指出沉迷风月的结果只能是"徒费时日,怠慢家业,及至没落其身,令先祖辛勤奠定之家业尽失"①。通过正面教育能使人认识到遵守某种规定的正确性和必要性,通过反面教育则能使人认识到不遵守规定的危害性,从而加强了后人对某种规定的认识和认真执行。

第二节　商家家训之历史评价

商家家训是在一定的社会背景下产生的,它必然有存在的合理性,同时受时代的局限,它也存在保守性的一面。可以说,商家家训是精华与糟粕共在。就影响而言,它既有积极影响,又有消极影响。

一　利于家族稳定

制定家训以家族和睦、稳定、繁荣,子弟能够立身出世为目的,故商家家训的制定和贯彻必然对维护和稳定日本传统家族制度起到促进作用。

首先,商家家训强化了家业永续的观念,对家业稳定、繁荣、持久发展起到了促进作用。前文多处提到,商家家训的内容基本上是围绕家业展开的,无论是家训制定者的谆谆教诲,还是强制性的规定,无论是宏观的理论说教,还是操作性强的具体条目,无论是针对主人或家长的规定,还是针对家族成员及奉公人的规定,都与家业有着密不可分的关系。只是各家家训的侧重点、训诫的对象有所不同。在家训的贯彻过程中,通过集会场合的诵读,以及惩罚违规者的震慑作用,商家的全体成员领悟到家训的基本精神,并在实际的生活和劳作中自觉地实践这些精神。通过制定家训、领悟家训、实践家训的过程,商家的家业就朝着家训制定者所期望的方向去发展。笔者认为,这可以说是家训对商家家业发展做出的最大贡献了。

其次,家训中的许多基本规范、禁止性条目以及强制性措施,在一定

---

① 「幸元子孫制詞条日」、转引自組本社『商売繁盛大鑑』卷四、同朋舍、1985、30頁。

程度上减少和化解了家族内部的矛盾，为家族的稳定提供了保障。商家家训中的一些内容，如提倡家族成员之间和睦团结，共同协作发展家业，又如强调家族内部的尊卑秩序、上怜下孝，再如为人处世、待人接物、出入应对等，这些家族伦理和基本规范对塑造人的良好品德和生活习惯发挥了积极的作用。诸如禁止赌博、禁止出入风月场所、禁止为他人作保、禁止资金的借贷、对违反家训者的处罚等严格的强制性规定，则对规范家族成员的言行，整肃家族风气，实现家族良性发展发挥了保障作用。

再次，家训的可借鉴性为家族的稳定发展提供了诸多有益要素。许多家训是制定者总结一生经历而作，既有成功的经验与心得，也有失败的教训和体会。这些内容对涉世不深的子弟或奉公人来说，无疑是一笔宝贵的财富。只要家族成员或奉公人用心体会，不仅能够借鉴其成功经验，还可吸取已有教训，少走弯路。这自然有益于商家家族的稳定和家业的持续发展。

最后，商家家训有利于社会的稳定。在前近代的日本社会，家与国在本质上是一体的。当时的"国"还不是近代意义上的国家，只是指大名的各藩。家是"小国"，而国是"大家"。只有"家"稳定了，"国"才能稳定。在近代国家形成以后，仍是如此。家庭或家族居于个人与国家之间，个人、家族、国家三者之间的关系从小及大、由内向外。因此，家族对个人的塑造与教育自然关系到国家的稳定与发展。

俗语称，"国有国法，家有家规"。商家家训对所有家庭成员具有规范性和约束力，它将国家传统思想文化的基本内容通俗化，并使之在具体的家庭、社会实践中得到运用。在社会领域，意识形态是根据统治阶级的意识而对社会意识进行的加工和提炼，集中地反映了占统治地位的阶级意志和社会利益。它对社会成员虽然具有普遍的规范性和约束力，但它并不具有直接的影响力。也就是说，社会成员既可能遵循普遍的社会意识来规范自己、约束自己、完善自己，也可能仅仅依照自我意识来设计自我和塑造自我。这种自我设计往往会同普遍的社会意识规范的社会发生冲突。商家家训则在这方面起到一个很好的作用。首先，它对幕府及各藩的法令有辅助作用。例如，在发生家庭纠纷、财产分割时，商家家训作为国法的有效辅助，担负了解决冲突的重任，可以将矛盾化解在家庭内部而不必诉诸幕府或各藩，这样自然减轻了国家的负担；其次，商家家训中对救难济贫、捐资公益的极力提倡，无疑也对幕府及各藩治理地方发挥了很好的辅助作用；最后，家训在某些方面甚至解决了幕府及各藩的法律、法规难以解决的问题，譬如家庭不和、对父母不孝、对长者不尊等涉及伦理道德的问题，有时很难用国家的具体法律对其进行惩罚。但由于商家家训中有很大一部分内容是道德规诫与伦理教育，同时又具有一定的约束力和规范性，通过这种伦理的力量，可以使社会成员自觉地接受传统文化的教化并极力遵守。商家家训的这一功能，既有直接的教育作用，又有潜移默化的影响，较之国家的法规、政令，在庶民阶层中更具有文化的影响力和渗透力，二者可以形成互补关系，共同维护社会的安定。

可见，包括商家家训在内的日本家训是日本封建统治阶级维护社会秩序的强有力的"助手"，在强化了家族观念，巩固了家长地位的同时，进一步夯实了封建统治的社会基础。

二 规范商业经营

商家以商业经营活动为其家业主体，以维护家业存续为主要目的的家训自然会对商家的商业活动起到一定的作用。首先，商家家训在倡导正确的商业道德方面起了积极的作用。在商家家训中，有许多内容涉及诚信、俭约、热情服务、保证商品质量以及关注公益事业等，这些是家训制定者的经验之谈，同时也是为商者的正确选择。它不仅对培养商家子孙后辈及奉公人的良好商业道德具有非常积极的意义，同时也潜移默化地引导着商家的家业经营，为家业的发展提供了一条正确的行商之路。在近世时期，尽管有一些"恶德"商人，但他们不是商人群体的主流。因为这种倡导良好商业道德的内容并非仅体现于某一商家的家训中，而是在商家家训中普遍存在。需要指出的一点是，商家在家训中规定的某些内容，毕竟只是一个理想目标，是家训制定者的一种期望，是否能够成为现实，还要看商家子孙后辈是否真正领悟到了它的重要性，并用以指导具体的商业经营行为。但商家家训对商家信誉、商业道德的强调所具有的积极意义无疑是可以肯定的。无论是在日本还是中国，无论是在近世还是现在，投机取巧、哄抬物价、以次充好等不良的商业行为都多多少少存在，商业道德对商业经营的重要意义在古今中外都是适用的。因此，近世商家倡导的良好的商业道德不仅具有历史意义，也具有重要的现实意义。

其次，商家家训中的家训制定者的许多经营体验和经商心得，对避免不必要的矛盾和风险具有一定的警示作用。在当时的社会条件下，商家靠商业积累财富，发展到一定规模并非易事。有些家训是制定者在实际的经营活动中的心得和体会，而有些则是鉴于自身或其他商家的成败而总结的经验教训。诸如家产分配、继承人选择、同族经营、禁止向大名借贷等规定，都是与商家家业的发展乃至存亡息息相关的。许多商家之所以衰败，也多有上述原因。尤其是借贷给大名，由于利率很高，对拥有资本的商人往往具有极大的诱惑力。然而，从经济学的观点来看，这样的放贷只是一种财富的流失。本来可用于扩大生产的大量资金，却流向了这些实质上属于非生产性的渠道。三井高房在《町人考见录》中对京都许多商家盛衰成败的事例进行分析的基础上，指出大多数商家的失败乃至破产源于向大名借贷。将真实的事例通过家训这一媒介传达给商人，让人们警惕和慎重处理，使家业健康发展，避免不必要的损失，这种家训无疑是极好的商业经营教材。

最后，商家家训对近现代的企业经营理念具有深远的影响。作为近现代企业经营理念的主要表现形式之一的社训与社是，其基本精神来源于商家家训。商家家训中"所表现的经营哲学，对后世的实业家们产生了影响，或者说作为社是、社训依然存在于现代"[1]。近世商家家训、近代企业家宪、现代企业社训三者之间是一脉相承的，近代企业家宪及现代企业社训既继承了近世商家家训中许多商人精神的基本要素，又结合时代的要求、经营环境的变化以及企业本身的特点而有所创新和发展。

以维护和发展家业为核心的商家家训不仅对当时的商业道德、商人伦理有积极的影响，而且对近现代的企业文化、企业经营理念也产生了深远

---

[1] 木屋進『家訓入門』、日本文芸社、1973、38頁。

的影响。日本有许多历经数百年而延续至今的企业，应该说与商家家训这一维系工具（或曰精神纽带）的存在不无关系。

三　推动社会教育

商家家训的表现形式主要以劝诫为主，其主要功能也主要在于教育。近世时期的日本仍然是一种以农业经济为主的社会，家是集生产、生活、娱乐于一体的社会基本单位，在当时的社会结构中占有重要的地位。在学校教育并不充分普及的近世，家庭是进行教育的重要场所。在长期的家庭教育实践中，人们通过不断总结经验，形成了家训这一主要的家庭教育形式。商家家训主要是制定者为教育子孙后辈，使其能够更好地继承、经营、发展家业而做的训诫，是商家子弟接受基本的品德培养和经商经验不可替代的教育方式，也是商家奉公人接受基本的文化知识和商业技能的一条不可或缺的重要途径。

具有重要教育功能的商家家训同一般的学校教育和社会教育相比，在教育的主体与客体、教育的内容与方法等方面，都具有明显的特征。

其一，从教育的主体和客体来看，商家家训的制定者一般是商家主人，而训诫的对象是具有家族亲子关系的家族成员及具有主从关系（抑或模拟亲子关系）的奉公人。家训主要采取的是一种训诫的方式，如商家家训中多用"应……""切记……""……需谨慎对待"等语，两者之间非常易于感化和沟通。其二，从教育内容来看，从为人处世、待人接物、日常礼仪，到服务顾客、正直经商、树立信誉，商家家训或循循善诱，或谆谆告诫。诸户清六在家训中告诫子孙："即便一钱之金也应认真储蓄，轻易到手之钱必易丢失。"[1] 又如岛井宗室在家训中针对应该交往的人教诲道，"终身可交往者乃为热心商卖者，重视家业者，谨慎小心者，讲求信用者。不出风头，性格善良之人，与之亲密交往无妨"[2]。上述这些一般在学校是难以学到的。更为重要的是，商家家训中所体现的教育内容，除基本的识字、算术外，还有一些是与商家的经营活动息息相关的商业技能。

---

① 「諸戸清六遺訓」、转引自第一勧銀経営センター『家訓』、中経出版、1979、418頁。
② 「島井宗室遺書」、转引自組本社『商売繁盛大鑑』卷二、同朋舎、1984、211頁。

以经营铜矿发家的住友家在一则家训中规定道："当家铜的贩卖及精炼内容，不可不知；今后应让手代入铜炼所学习有关铜的知识。"[①] 这更是商家家训不同于一般学校教育或社会教育之处。其三，从教育方式来看，商家家训体现出亲情感化与强制性的结合。成功的教育方式重在引导和激励，毫无感情色彩的纯理性教育是很难达到引导和激励目的的。商家通过家训进行教育，既是情感交融的过程，也具有约束性和强制性的特点。例如，《佐野屋菊池家店教训》中对于俭约之事教诲道："各人之生活费用依其身份而定。应厉行俭约，切不可挥霍用尽。"接着又对奢侈浪费、挥霍金钱者制定了相应的惩罚措施："倘若屡有借金，则从其退职之奖励金中扣除。"[②] 上述这种亲情性与强制性的结合，构成了家训这一传统教育形式的双重特性。

总之，商家家训的制定和贯彻，不仅使家族成员和雇佣人员能够掌握基本的识文断字能力和日常言行规范，而且对他们参与商业经营、掌握商业应对的基本礼仪及经营技能等都有很大的作用。这不仅促进了当时商人教育的发展及实业技能的提高，而且为明治维新后的商家发展积累了大量知识型管理人才和劳动力，为近代新兴企业的发展储备了必要的人才。

四 商家家训的负面影响

作为日本传统文化的重要组成部分，商家家训不仅在国家教育结构不太发达的近世社会发挥了重要的家庭教育功能，对繁荣商家家业、培养商业经营人才发挥了积极的作用，在一定程度上维护了近世社会的稳定，而且对后世商业经营与新兴企业的管理也具有指导意义。

商家家训并非"篇篇药石，言言龟鉴"。在严格的身份制度束缚下，商人为自身生存、发展而制定的家训，带有明显的时代色彩。家训中所体现的商人价值观也产生了许多负面影响。对此，商家要有足够的认识。例如，商家家训中"墨守祖训"的守旧思想在很大程度上抑制了商家的创新

---

① 「住友総手代勤方心得」、转引自吉田豊『商家の家訓』、德間書店、1973、114 頁。
② 「佐野屋菊池家店教訓」、转引自組本社『商売繁盛大鑑』巻一、同朋舎、1984、219～220 頁。

意识和开拓意识。在商家家训发展史上，商家家训大量出现的时间是所谓的"元禄繁荣期"之后。当时的经济正从繁荣走向停滞，商业经济形势日趋严峻，商家的经营也由最初的采取拓展、革新、多元化、多店铺化经营的积极进取战略，向维持现状、守成经营转变。家训的指导思想趋于保守，强调墨守祖业、强调祖先的权威、强调家业的永续和稳定、禁止经营新的商业项目、严格遵守祖训等内容相应增多。这种守成意识制约了商人的自主性，造成的直接后果就是商人维护陈规旧例。尽管商家也试图在积极进取与小心守成这对矛盾中尽可能做到平衡发展，但守成意识无论是对于商业经营的进一步发展，还是对于创新意识与开拓精神的培养，无疑都起到了一定的阻碍、抑制作用，其结果便是商家失去许多发展的机会。例如，鸿池家在江户初期采取了积极的经营拓展活动，发展很快，但到元禄年间第三代善右卫门宗利时，其从酿酒业、海运业撤出，将经营的重点放在以藏元、挂屋、大名贷为主要业务的金融业方面。到18世纪，鸿池家的经营出现了停滞的局面，其经营只限于对已有财产的维持和管理。更为重要的是，这些保守意识还使得许多有着悠久经营历史的商家老铺，在幕末和明治初期的变革之际，由于长期以来固守陈旧的业种和经营方式而趋于没落，在新的形势面前，已经完全失去了应对能力，许多商家由于经不起冲击而倒闭。

商家家训中动辄强调明哲保身的中庸之道虽是社会环境造成的，但也在一定程度上抑制了商家成员作为个体的自我发展意识。商家家训大都训教子孙勿多气、勿多事、戒多欲等，如此之训诫，是商家谨慎处世的思想意识的流露，对于商家的安定和家业的平稳发展起到了一定作用，但负面影响是商家全体成员不得不为了商家家业的整体利益而言行拘束、谨慎小心，必须保持一种与世无争、明哲保身的生活态度。这样自然就压制了商家成员的个性发展，不利于其创新精神和开拓意识的培养。再者，商家家训的内容在不同程度上存在男尊女卑、轻视妇女的思想倾向。如《佐野屋菊池家初代·长四郎训戒》和《佐羽家家训》中都强调"夫妇有别"，甚至认为"夫不能教妇，妻不畏敬夫"，此乃家道衰替的开始。上述思想乃轻视女性的一种表现。

尽管商家家训存在一些负面因素，但从历史唯物主义的观点来看，对商家家训的评价必须结合当时的历史环境和时代背景，将其作为一种时代的产物来分析，而不能用今人的眼光对其进行评价。虽然商家家训在商家经营战略的由攻转守、对家族成员及奉公人个性发展的压制等方面产生了一定的负面影响，但瑕不掩瑜，商家家训作为日本传统文化的一个重要组成部分，作为一种家庭教育的主要方式，更重要的是作为商家开展商业经营活动的一种行动纲领和指导原则，还是发挥了其应有的作用。另外，它对近现代企业经营理念的影响也是值得肯定的。

1979 年，第一劝银经营中心（今みずほ综合研究所的前身）编撰了《家训》一书。其编撰目的至今仍有启迪作用："在价值观日趋多样化且渐近迷茫的今天，是企业经营者面临的最困难的时代。社会强烈要求企业应负起该负的社会责任，企业面临确立新的商业伦理、新的企业伦理的问题。古语有云：'温故而知新'，倘若迷茫或碰壁，不妨'回归原点'。当此多难之时，治国、齐家、祈愿家业的繁荣，这些先人具有历史感且睿智的教诲，不正是所谓的'原点'吗？"① 虽然商家家训作为一种历史产物距今已有二三百年，但我们在实现现代化的过程中，决不应因此而将传统因素与现代化对立起来，而应充分借鉴和发挥其中的积极因素，使之为现代化建设更好地服务。

第三节　对中日前近代商人意识的几点思考

现今仍活跃在日本商界的知名企业，如三井、住友、鸿池等，最早都起源于近世时期，像这样拥有数百年历史的企业或商家店铺在现今的日本数不胜数。反观中国，明清时期的中国商业甚为发达，当时还有徽商、晋商等号称十大商帮的商人群体活跃于各个商业领域，在商界产生了很大的影响。但这些商人群体在近代大都没有延续下来，至今仍活跃在商界或企业界的百年老字号已属凤毛麟角。就家训而言，以家训治家的传统虽源于

---

① 第一勧銀経営センター『家訓』、中経出版、1979、まえがき。

中国，但中国的商人家训与日本商家家训相比，无论是在家训制定方面还是在后世的保存与整理方面，都远远不及日本。究其原因，除中国连年战乱、社会动荡之外，两国家族结构与商人意识的不同也是中国商人家训不甚发达以及中日两国商人在近代后走上不同发展道路的重要因素之一。

一 家训兴衰

从前近代中日两国的商人家训来看，日本近世商家制定的家训不仅数量多，而且后人注重传承与整理，因此成为日本家训史上最重要、最具特色的组成部分。而纵览中国众多的传世家训，几乎都是官宦、儒士的家训，极难觅得商人家训的踪影。正如王尔敏在论述中国古代家训时所言："家训多创作于仕宦阀阅，富贵缙绅之家。"[1] 在中国各类家训集中，也见不到商人的家训，人们只有在家谱、族谱、地方志以及有关的商业笔记中才能看到零星的商人家训，这不得不说是一件憾事。

实际上，中国并非没有商人家训，只是中国商人家训远远少于官宦、儒士家训，又缺乏系统的整理和研究，这才出现了中国商人家训不甚发达的现象。究其原因，与商人的家业观念有关。日本近世商人能够自始至终以经营商业为其家业，具有连贯性、稳定性的特点，其经营管理也显得严密、有序且具有传承性。基于此，突显"家"的特点，强调家业永续，维护共同"暖帘"的商家家训，自然备受商家重视。在人们的观念中，"家宪的有无关系到一家的盛衰"[2]。所以，日本商家普遍制定有家训，且一经制定，便成为家族的法律而被子孙后代严格遵守。而前近代中国商人的家业观念、商人意识具有的弹性和可塑性，使得体现商人价值观的家训也随之具有了可变性的特点。

中国商人家训不发达也与社会结构有关。日本近世是实行严格身份等级区别的社会，商人虽有经济实力，却社会地位卑微。商人的态度是对身份等级制度的默认和对武家统治的顺从，而且，对于他们来说，只有经营

① 王尔敏：《家训体制之传衍及门风官声之维系》，载《近世家族与政治比较历史论文集》（下），1992，第838页。
② 北原種忠『家憲正鑑』、家憲制定会、1917、206頁。

好家业，才能实现自身价值，此外别无他途。这就是商家制定家训之动力所在。而在中国，由于科举制度的实行，各个阶层之间不像日本那样有明确的界限，农民与商人也可以通过科举制度步入仕途，这是平民提高社会地位的最佳方式。另外，受传统儒家文化的影响，中国人历来有重农抑商的传统观念，认为只有耕田和求取功名才是正道。其结果是不仅使得明清以前的商家家训一直没有多大的发展，而且即使是在商品经济已有一定发展的明清时期，商人们也多认为立家应以"耕读"为本，是否科举高中更是真正关乎家族声誉与盛衰的大事，而自己所从事的商业则是相对次要的。在上述观念影响下，明清商人自然没有像日本商家那样对家业有恒常性的认识，故缺乏制定家训的动力。另外，前近代商人具有传统的宗族观念，注重血缘亲情和对宗族的维护，与他们有切身利益关系的唯有他们所依附的宗族。他们虽从事商贾，但与其宗族仍保持着千丝万缕的联系。故虽工商业者多"力学务农，兼事商贾"①，但对他们有直接约束的还是宗族的规约。偶尔有商人欲将自己的人生哲学、商贾之道留给后人，也只是保留于家谱、族谱等资料中。这或许就是明清时期商业虽有较大发展，但少见商人家训的原因了。

社会稳定与否也关系到家训的兴衰。社会经济的稳定发展，是商业繁荣、商人安定、商人家训得以传承延续的基本保证。德川幕府统治时期，天下太平，不仅为商业的稳定发展创造了有利条件，而且对商家家训的传承也起到了一定的作用。再者，日本从近世一直到现今，国内并没有发生过大的动荡，这是日本许多商家家训得以很好地保存至今的主要原因之一。反观中国，每一个时代的更替，无不伴随着社会的动荡不安，明末时期阶级矛盾的激化、清军入关、鸦片战争的发生、八国联军的抢掠等，都严重阻碍了社会经济的发展。尤其是列强在中国的掠夺，使大量珍贵的资料流出国门，其中不乏家训、家谱和地方志等。在20世纪六七十年代，家训、家谱等被列为"四旧"，许多历代保存完好的家训、家谱等付之一炬。因此，能够保存至今并能为人们所知晓的商人家训并不多见。

---

① 万历：《兖州府志》，转引自冯尔康《中国社会结构的演变》，河南人民出版社，1994，第604页。

此外，还应注意家训的特点。由于家训主要是对本家族成员的约束，因而即便是成文的家训，也大多只在家族内部流传，或附记于族谱，或作为传家之物由家长单独掌管。家训要在社会上流传，不仅必须是成文的、具有普遍意义的，而且家训的制定者或后继者必须具有一定的社会地位和经济基础。缺少其中的任何一个条件，家训就很难流传并为外人所知，进而产生社会影响。结果就是，虽然家训普遍存在于中国历史中，家训的作者上至天子贤臣，下至庶民百姓，但能够刊行、流传于世的家训几乎都出自豪门士族之家，一般的商人是与之无缘的。

二　家业传承

日本将商人组织称为"商家"，其成员既包括家族成员，也包括非血缘关系的用人，这是由日本的"家"制度决定的。商家的"家"是以家业为核心的经营体，家业经营关系到家族成员的共同命运。因此，想尽方法延续家业就成为所有成员的共同使命。从祖先到子孙一脉延伸的继承机制，本家—分家—别家的同族经营体制，以及丁稚—手代—番头的晋升机制，都是适应延续家业的需要而产生的。因此，商家的家业具有连贯性的特点。

中国商人经营组织的核心固然也是家，但中国的家与日本的家有着很大的区别。中国的家是由父亲代表的家庭单位，血缘关系是其唯一的纽带。由于明清商人对血缘关系具有强烈的认同感，所以外人是绝难进入其家庭的。他们对用人的态度并不像日本那样，打破了血缘关系的限制，视其为本家族的一员，甚至可以让其建立别家。尽管明清商人家庭中也有许多用人从事家内服务并与主人居住在一起，但并不被真正视为家庭的一员，相对于主人家庭这个亲缘共同体来说，"他永远是一个外来者，即使终生在此服役并且改从主姓"①。对血缘关系的强调和对非血缘关系的排斥，势必造成商人家族的封闭性和保守性，从而对家业发展带来不利的影响。

---

① 高寿仙：《徽州文化》，辽宁教育出版社，1993，第33页。

　　中国家庭中的男性成员地位基本平等，一旦父亲去世，他们便会分家独立（在很多情况下，即使父亲在世，也有很多的人以各种缘由分家），组成新的小家庭。如此循环往复，原先由一个始祖开创的家庭便会扩展为宗族，"上凑高祖，下凑玄孙，一家有吉，百家聚之，合而为亲，生相亲爱，死相哀痛"①。明清时期，宗法制度得到进一步强化，社会成员通过宗亲关系聚而成族。可见，中国的家与宗族虽然也注重纵向的延续，但内部的横向关系更为现实、更为重要，在此基础上形成的乡党意识也非常强烈。正因如此，中国的商人团体多以"商帮"称之，如徽州商帮、山西商帮、福建商帮等。商帮是一种以会馆、公所作为商人在异乡的联络、计议之所，是既亲密又松散、自发形成的商人群体。其亲密性体现在以地域为中心，以血缘、乡谊为纽带，以"相亲相助"为宗旨；其松散性体现在商人团体内部没有共同的经济利益，商帮内部的"相亲相助"只是道义上的相互扶助，而没有日本商家内部那种强烈的主从关系及共同利益，甲家经营的好坏与乙家并无直接关系。

　　一切以家业为重，将家业世代传承发展下去，是日本近世商人意识的主体，也是商人发展商业经营的最终目标，而其独特的继承制度则是实现这种传承的制度保证。商家的继承，无论是家业继承还是财产继承，都以维护家业为前提。家督继承人继承全部或大部分财产的制度，既保证了商家资本的积累与完整，使得家业的持续发展成为可能，同时也为明治维新后产业革命的发生奠定了资本基础。那些无缘于家业的次子、三子们，有的凭借少量的资本拼搏奋斗，开创了新的事业；有的则不得不离开家庭走向社会，或从事其他职业，或受雇于其他商家。这种继承方式不仅促进了社会流动，培养了人们的雇佣劳动意识，而且还成为劳动力的"供给源"。这种继承方式是有利于明治维新后资本主义工业化发展的。此外，日本近世商家是以家业为核心的经济共同体，商家的大多数成员固然有血缘关系，但商家的家族成员"决不是依据生物性的血缘关系来决定的"，毋宁说"具有统一的'血缘'意识更为妥当"②。为了家业的传承，在无子嗣

---

① 《白虎通》卷三。
② 中村吉治『社会史Ⅱ』、山川出版社、1965、141頁。

的情况下，商家常常通过收养儿子的方式来解决，而养子往往都是异姓；即便商家有子嗣，若其无能继承家业，也终将被并无血缘关系的养子所取代。

在中国，血缘关系是家庭与宗族的唯一纽带，家是具有相同血缘关系的人的集合体。在继承制度方面，人们更多考虑的是个人或宗族的利益。换言之，其关注重点并不在商业经营的传承本身，而是血缘的延续及亲情的维护。由于商人无子或子女早逝，由过继的本家子弟继承家业的情况在商人群体中是存在的，但像日本那样由异姓的养子继承家业的事例是很难看到的。这种继承制度在一定程度上造成了商人家业继承的缺陷，使得商业经营很难长久持续地发展下去。另外，中国商人在财产分配上的诸子均分制也是为了家庭内部的稳定和血缘亲情的不疏远。受儒家文化影响，孝悌观念规定了父与子、兄与弟两方面的权利与义务，其中当然包括物质利益与生活权利的保证问题。诸子均分财产正是这种文化孕育出的继承制度。徽州休宁人汪某，"贸易丝帛，克勤克俭，兢兢业业，迨三十年"，但最后留给儿子的是"逐年所置产业"和"承祖田地"，并"因其肥瘠，三子平分，设福禄寿阄书"①。这种平均主义的继承制度，使商人辛勤积累的财产很快被瓜分殆尽。正如《商贾一览醒迷》中所言："经纪人承父祖一脉，流及子孙繁衍"，"人各分受，财入众手"，"富翁子多，产业瓜付，而亲友礼节，各有门风，传至诸孙，业益薄，礼益繁，出无常，入有限，乌得不为困惫乎？"② 可见，诸子均分财产制度虽然在一定程度上实现了诸子之间的平等，但从资本积累的角度来看，却造成了家庭财产的周期性分割，使商人经过艰辛创业积累的家业日趋衰落，严重阻碍了中国商人资本积累。

三 职业定位

在中国，由于科举制度的实行，各个阶层之间不像日本那样有明确的

① 章有义：《明清及近代农业史论集》附录《徽州地主分家书选辑》，农业出版社，1997，第 304 页。
② 李晋德：《客商一览醒迷·商贾醒迷》，载郭孟良《从商经》，湖北人民出版社，1996，第77 页。

界限，农民与商人也可通过科举制度步入仕途。另外，中国人历来有重农抑商的传统观念，社会各阶层都将"耕读传家"视为良好的家风而予以积极提倡。这里的耕主要指农业，广义上也指土地、田宅等农业生活之需；这里的读主要指读书后参加科举考试，步入仕途。

尽管随着商品经济的不断发展，明清时期从事工商业的人数已占相当比例，而且原来以士为首、重农抑商的观念也逐渐向士农工商皆为本业的观念转变。但"耕""读"优先于"商"的职业观念的转变仍是有限的，步入仕途仍是部分经商之人的理想。

中国商人之所以选择商业经营这一职业，一方面是因人多地少，在农业上难以为继而不得不另谋生路；另一方面则是因致仕无望从而转向商业活动。先农后商或致仕无望而经商，是前近代中国人选择从商的一般原因。"士、农、工、商各居一艺，士为贵，农次之，工商又次之。"[1] 在这种职业意识下，"耕""读"是优于"商"而考虑的，经商实是退而求其次的职业。正如陈其南所言："读书入仕，或所谓'举子业'，一直支配了传统中国社会的职业选择。如果客观条件允许，显然绝大多数的男子都会走上'服儒'的选择。"[2] 即便终身经商之人，也对求取功名怀有一种憧憬心理。如歙商汪名镐，经商成绩显著，然对终身未仕之事耿耿于怀，临终时还嘱咐后人，"吾家世着田父冠，吾为儒不卒，然簏书未尽蠹，欲大吾门，是在尔等"[3]。可见，能够以科举入仕，是许多商人最终的目标，即便自身无望，也要寄托于后人，于是就有了第一代经商而第二代摆脱商业、读书入仕的情况，从而造成了中国商业经营的后继乏人。

日本近世实行严格的四民等级身份制度，各个阶层之间不可逾越。这种制度虽然带来社会的不平等，但是为经济发展提供了一种有利的客观环境。商人虽有经济实力，却社会地位卑微，无权涉足政治，不过在武士不得染指的商界具有很大发展空间，这种社会条件使大批富商的产生成为可

---

① 徐秀丽：《中国古代家训通论》，《学术月刊》1995 年第 7 期。
② 陈其南：《家族与社会》，联经出版事业公司，1990，第 285 页。
③ 《汪氏族谱·处士镐公传》（抄本），转引自唐力行《明清以来徽州区域社会经济研究》，安徽大学出版社，2001，第 89 页。

能。因此，近世商人将自己的最终目标始终定位于商业经营，将商业经营活动视为自己唯一的家业。商家历代成员也将保全家业作为最大的孝道。在商人心目中，家业是第一位的、恒常性的，而不断更换的只是"托管者"（家业的继承者）。在这种职业意识的影响下，如何保证家业的延续，便成为商家经营管理的核心所在，社会也因此呈多元化发展。

四　资本运用

在上述职业观念下，商人经商发迹后不同的资本投向直接影响了前近代两国商人的经商情况。受传统的"耕读传家"思想和科举制度的影响，中国明清商人在经商发迹后，往往不会将资本全部投入自己所从事的商业经营中去，而是另有投向。一是事业有成后在家乡置田买地。明清商人除将部分财产用于再生产外，还有相当一部分转向了"求田问舍"，虽然当时的商品经济有了很大发展，但自然经济仍占统治地位，传统的"以末起家，以本守之"的观念依然根深蒂固。因此，商人在积累了一定钱财后，常用来购买土地屋宅，由此转化为固定资产。从经济学的角度来看，将有限的资本投资于田宅，显然对商业经营的长期、稳定发展无益。二是投资于宗族。族人不仅在财力上常施惠于经商者，还在人力上大力支持经商活动，因此，明清商人作为宗族社会的一员，在经商有成后，无不以同族、同宗为念。或不吝钱财，修缮祠堂；或为宗族的修谱提供资金；或在祖先祭祀活动中慷慨资助；或资助族中子弟读书求仕。可以说，明清商人经商的动力来源于宗族，其致富后的资金投向也大多是宗族，以显示商人对宗族、祖先的回报。三是捐官。捐纳钱、粟以换取官职的捐纳制度始于秦汉，盛行于明清。政府常因筹饷、赈灾、备边或兴办工程之需，用捐纳作为经费的来源，因而为商人开启了一条入仕之路。这种情况除了以仕途为重的传统惰性起了一定作用外，还因为以官行商、以官庇商在商业竞争中有着不容忽视的优势。官商能够获得利益，商人家族自然趋之若鹜。

由于中日两国商人的家族结构和思想意识不同，日本的商家成员维护的是家的利益，注重家的纵向延续。较之中国前近代商人大量将资本投之于土地、住宅相比，日本近世商人则将禁止经营其他事业作为延续家业的手段之一。尽管这种做法显得有些保守，但对于家业的稳定和持续发展是有益处的。再从对祖先的祭祀来看，与中国商人那种铺张、烦琐的仪式相比，日本近世商人的祖先崇拜与祭祀并不需要很多的资本投入，更注重祖先带给商家的实际功效。一般的商家多在家中设有佛坛或神龛，只在常例的祭拜活动中感谢祖先的恩德。另外，日本近世时期由于实行严格的四民等级身份制度，各阶层之间有着难以逾越的鸿沟。日本的商人并不像中国商人那样可以通过捐官或参加科举考试来改变命运，从而进入"士"这一阶层。故日本商人除专心于家业，以家业发展、繁荣为己任外，别无他途。四民身份等级制度的实行及其在商人思想意识中的影响和渗透，在很大程度上保证了商人能够将大量剩余资本用于再投资，保证了商家经营能够在不断积累的基础上持续向前发展。

综上所述，前近代中国商人对自己所从事的职业并没有一个稳固的定位，始终存在一种强烈的面向士、农的趋同心理。受传统的"耕读传家"和"学而优则仕"思想的影响，其商人价值趋向大多仍是读书求仕，以便求取功名，跻身于"士"之行列，光宗耀祖。又受古已有之的"以末致富，以本守之"观念的影响，中国商人认为只有田地、房舍才是最牢靠、最保险的投资去向和保值方式。这是中国商业发展出现后继乏人状况的主要原因，也是前近代中国商人缺乏制定家训动力的主要原因。日本近世商人则受四民等级制度的影响，自始至终将自己的职业定位于商业经营，始终将使祖先传下的家业持续发展作为自己的奋斗目标。正是这种价值观成就了日本商业经营代不乏人、持续绵延的特点，而这种价值观不仅为商家家训的制定提供了动力支持，而且也是子孙后代对家训的遵守与传承留世的基本保证。

附录一

商家家训选译

岛井宗室遗书

解题

岛井宗室（1539～1615 年）是活跃于战国末期至德川初期博多①的商人。博多北隔对马与朝鲜半岛相望，西则与中国相望，自古以来就是面向大陆的窗口。从室町时代开始，博多成为日本与朝鲜、中国明朝进行经济交流的中心。岛井宗室通过与朝鲜、中国明朝之间的贸易大发其财，同时兼营造酒业。因其财力与织田信长、丰臣秀吉都有交往，并在为丰臣秀吉进攻朝鲜提供军需物资中获利，晚年转而经营高利贷业。1610 年，岛井效仿圣德太子的宪法十七条的形式，给其养子德左卫门尉写下了《岛井宗室遗书》。该遗书贯穿了实利主义思想，其稳重谨慎的生活态度对此后商家家训的制定产生了很大影响。

正文

致神屋德左卫门尉

一、一生要诚实、正直渡过。尽孝行于父母、宗怡②夫妇及兄弟、亲属，应相互和睦。对相识之人，即使经常来往，也要谦顺恭敬，严守礼仪，不可有丝毫无礼。

---

① 博多：地名，今福冈县福冈市博多区。
② 宗怡：人名，其详细情况不明。

不可撒谎。即便是旁人所说之事，亦不可说不实之事。话多者令人生厌，且于己无益。己之所见所闻，他日若作为某事之证据，即便旁人问及，亦不可多言。批评、中伤他人之事，不附和别人所言，充耳不闻为上。

二、五十岁之前，不要祈求来世，老人尚可。可信净土宗、禅宗，此外皆不可信。尤其是天主教，即便道由①、宗怡如何相劝，亦不可信之。何故？皆因若十岁左右就早早信教，则总是担心遭神罚，故每天在祈求来世中度日，弃家而流连教会，胸挂念珠，得意的样子，甚不体面也。

此类信仰无益于家之繁荣。能知现世、来世者，十人中本无一人。大凡世间之人皆只思当前之事，鸟兽亦如此。故当世之人以勿失当世之名誉为要。

来世之事，连释迦牟尼亦不多知，何况凡人乎。故五十岁之前不可有祈愿来世之信仰。

（附）有人或想："人两岁、三岁或十岁、二十岁去世者有之，若未及四十、五十岁便死去，来世则何如？"此时，就看作两、三岁就死了吧。因两、三岁的孩子是不考虑来世之事的。

三、一生不得耍钱、玩双六棋②等赌博类游戏。四十岁前也不得习围棋、将棋③、武艺、谣曲、舞蹈。然五十岁以后，嗜好何种游艺都无妨。而此前则不得从事野外酒宴、钓鱼、赏月、赏花等外出游览之事。

邀请舞蹈、能乐④之名人演出，七天的剧目演两天左右即可。若参拜神社寺院，要携一名随从同往。半途而废之参拜，神佛定难接受。

四、四十岁以前，纵然些须小事亦不可铺张。凡事超过自己的能力而行之终归不好。商卖、储金之事，需付出不输于任何人之努力。然羡慕他人与中国、南蛮贸易获取利益，而过分投资，以船只通中国、南蛮之贸易

---

① 道由，即神屋道由，乃神屋宗湛（博多另一著名商人）之堂兄弟，迎娶岛井宗室之女为妻，也是该遗训留予的对象、作为养子继承宗室家业的德左卫门尉的父亲。
② 双六：一种游戏名称，又名升官图。
③ 将棋：日本象棋。
④ 能乐：日本代表性的古典戏剧。

者，一生都需慎重。银五百文、一贯左右①规模的投资，可凭宗怡之判断行之。即便如此，若达两贯左右，便应分散用于两处或三处，不可集中用于一处。其他诸事，满足自身一半之需求即可。

即便有人劝说"不必如此谨慎，还是积极些为好"，也不可乘机大出风头。

五十岁之前，凡事尽可能节制。工具、屋宅之新建并改建自不必言，品茶、剑、佩刀、服装等要力戒华美，丝毫不可有显露之意。尤不可拥有武具。如有人赠送衣物、刀剑，也应将其卖掉而换成金钱。

四十岁之前衣物应着棉服，不甚显眼之丝绸衣物亦可。居家修理要注意，加固墙壁与院墙的绳子到了腐烂的程度方可更换，不准另建屋宅。但过五十岁后，可凭本人判断而量力行之。

大凡人之将死多贫困。纵凭自身才能而积财富者，至其晚年仍能保有者十人、二十人中亦难有一个。况从父辈继承财产者更是将财产散尽，在贫困中迎来死亡。对此要有充分的觉悟。

五、四十岁前，不可频繁宴请客人或出席别人的宴请，款待双亲、兄弟并亲属及赴亲属之宴会，一年内一至两次即可，不可再多。尤慎夜间之宴席，即便是兄弟之邀请，也是不去为好。

六、不可觊觎他人之物，即便有人赠予，除亲属所赠外，亦不可接受。自己所持之物不可示人，珍贵之物妥善保存，不可卖弄于人前。

七、终身可交往者乃为热心商卖者，重视家业者，谨慎小心者，讲求信用者。不出风头，性格善良之人，与之亲密交往无妨。反之，不能与之交往者如争强好斗者，拨弄是非者，性格乖僻者，中伤他人者，以及追求奢侈者，酗酒者，不诚实者，巴结权势者，喜欢热闹者，醉心三味线与流行小调之者，话多嘴碎者。此类人等皆吾不愿与之同席者也。

（附）习武之人亦同。

八、终身不可频繁前往、逗留于无用之所。然对藩主家②则应随时令，

---

① 文、贯均为银之计量单位，一文约合3.75克，一贯约合3.75千克，一贯相当于一千文。
② 即福冈藩藩主黑田家。关原之战后，筑前博多归福冈藩所领。

携鲍鱼、鲷鱼等虽不珍贵却新鲜菜肴奉上。对井上周防、小川内藏①之宅，亦可偶尔拜访之。对其他人，皆在年初岁末拜访即可。

家中烧火用的劈柴和烤火用炭宜自家解决，引火柴等也需自身解决。于家中、后门集中废物。可将断绳、短蒿等切碎以充作葺屋之麻刀，长者可做绳。亦可收集五分②以上之木片、竹片等洗净充作薪炭，亦可收集五分、三分长度之纸屑做纸浆之用。不可于家中常忙于朝夕烧火、取炭等事，可勤拭家中并诸物之灰尘。认真思量吾之所为，细微之物亦不可浪费。

九、日常购物，小至薪炭，二、三分长之小杂鱼，大到去街上河边购物，买木材，也需亲自前往，尽量划价再买，并将物价牢记于心。以后，不管谁再去买，坐在家中就可知其贵贱，如此可防被佣人欺骗。神屋寿贞③从来都是亲自前往圣福寺④门前购买柴、炭等物。

日常生活最为紧要之物，乃薪、炭、油也，尤以薪为最。用量依烧柴方法不同而大有差异。一天中烧饭用度多少，煮汤用度多少，需大体知其量，并按其量交予女佣，一月用量便可知其大概。

薪柴之类，不可用生木或朽木，买干柴为宜。较之劈柴，树枝及木块甚好，茅草则更佳。造酒或做味噌时，一石⑤米耗柴多少，须亲自试之记之。用柴多少，出炭多少，也需试之，后则可按量交付柴薪并将炭回收之。

无论何种职业，若非自身劳苦所得，家之财产则难以保全。

十、造酒时，所用之米应亲自计量，若令他人计量，则需紧盯不放，此时片刻不可离开。须知凡下男、下女⑥皆盗贼也。造酒之时，浸米之所需加锁。蒸得之红小豆糯米饭也为易盗之物，即便剩饭也不可大意。

---

① 井上周防、小川内藏均为福冈藩藩主黑田家的家老，家老指幕府时代家臣之长。
② 分：长度计量单位，一分约合0.3厘米。
③ 神屋寿贞：另一博多豪商神屋氏始祖，宗室夫人的祖父，也是宗室敬仰之人。
④ 圣福寺：临济宗妙心寺派寺院。位于福冈县福冈寺博多区御供所町，荣西禅师于1195年（建久六年）建立，号安国山。
⑤ 石：一石约合180升。
⑥ 下男、下女：男女用人。

收抵押物之时，避免无用之长刀、短刀、武器及屋宅、幼儿，以及无用之茶具、田地等。

不可拥有过多之佣人，尤不可使用过多之女佣。夫人外出之际，女佣二人、男佣一人前往即可。汝等若生子，不可令其着华美服饰，孩童外出之际，乳母并女佣各一人随同步行前往即可。严禁携带伞、护身用刀具外出，戴自制小斗笠足矣。

十一、朝夕饭米每人一年定为一石八斗，如杂以蔬菜与大麦食之，则一石三斗、四斗足矣。一升味噌定量为百人份偏多，百一十人食之足矣。盐一升可定为百五十人份。

常做糠味噌、五斗味噌①食之，早晚将味噌研碎，令其充分出汁，其糟粕中入盐，取萝卜、黄瓜、茄子、冬瓜、大葱等蔬菜之皮屑腌制咸菜，佣人可早晚下饭，亦可予其盐渍根茎等食之。米价上涨之时，宜食菜粥。听闻神屋寿贞终年以菜粥为食。然若食菜粥，汝夫妇也需同样食之。即使食米饭，也宜先食菜粥。若不食菜粥，可思虑下人之感受。凡事皆如此留心，吾母亦是如此行之，故吾等年轻之时以宜与佣人吃同样之饭菜。

（附）不可贪恋美食，女子禁戴大棉帽子②。

十二、吾虽留有遗产，然需托付于宗怡，凭其判断谨慎行商卖之事。取部分遗产充作家产，若有廉价之商品可购入，或以抵押放贷，亦可以造酒维持经营。然断不可察物价有上涨之势而高价购入，廉价之商品购入后即便不立即售出也无妨。绝不可无抵押放贷，纵使熟人或亲属亦不可，言明此乃宗室所留之遗言也，无抵押则不予放贷。然平户（今长崎县平户市）之松浦家若有急需，则可与道由、宗怡议后行之，其余大名则一律不予借贷。

十三、人若有金，便生增殖家产之欲，进而不殆商卖，勤勉劳作，此乃世之本分也。然若有金时疏忽大意，随意购物，肆意行事，追求奢华，为所欲为，顷刻之间将家产散尽。此时惟有惶恐哀叹，实则已无回天之力，本应节俭而来之财务也丧失殆尽，除讨饭外别无他途。如此不自知之

---

① 用大豆、米糠、食盐制作的低质味噌。
② 大棉帽子：以蚕丝制作的头饰，原用于防寒，后用于婚礼之际遮盖新娘的头和脸部。

愚人，难以想像能领率众人。

人于有钱之时，宜将赚钱与增殖家产视为车之两轮认真应对。

即便竭力节约储蓄，日常衣食之花费不能省也。言及资金之源，武士有领地，而商人惟有商卖经营。抛弃本业，金钱财物将瞬间化为乌有。

纵使腰缠万贯，若一味挥霍，则犹如将财物抛于无底之洞也。此事甚为重要，切记。

十四、晨则早起，暮则早寝。无要紧之事而点灯熬油，实乃浪费。拜访他人，不论早晚皆不可久坐。

紧要之事，不可有一时拖延，即刻处理为要。勿有"稍等即办"亦或"明日再办"之想法。不误时日乃至关重要。

十五、一生须勤恳劳作，简单之事勿使唤他人，宜亲手为之。外出之时，悬砚箱①及褡裢亦须自己背负。三里、五里之路不必骑马，步行即可。商人者，尽量步行之人也。吾年轻之时从不骑马。

若外出，路程距离、马匹费、宿费、餐费、船费等均须逐一记录并牢记于心，倘他人外出便可知所需费用多少，也要将住宿处店主姓名记下。

外出之际，他人托付之物品买卖一律禁止，仅限于熟人、亲属等不得已之托。受托物品之买卖，不可从中提成。

十六、无论出席任种集会，若发生争吵、口角，则应速速离席回归。若当事者为亲属、兄弟则不得已……。另，无论何时，也不可前往有纠纷之场所。

若遭他人非礼，虽多少有些恼羞，也应装作无事之状不予回应，不与其冲突。纵被人误作胆小、卑怯者，也应以若违背宗室遗言十七条，则将遭神佛之惩罚应答即可。

十七、须终身夫妻和睦，相敬如宾，共同以家产为念，热心商卖，谨慎持重，凡事不可疏忽。夫妻相争，关系不和，则万事难以专一，终至败家。

吾死后，即刻更姓，改姓为神屋，岛井之姓自吾之一代而终。若不以

---

① 悬砚箱：江户时代商人所使用的木箱、上部可放置砚台，下部有抽屉可放置零钱及书籍等，乃是商家的必备之物。

神屋为姓，改姓前田亦可，此事委托于汝行之。①

（附）若身患疾病，则万事难遂。故每年应进行五、六次针灸治疗或常服药物。

以上十七条，并非为宗室，而是汝等终身应遵守之遗言也。

听闻古有一武门名将，常虑战败后之应对策，方取箭搭弓，进行作战。果如此，纵然兵败，亦国土未失，兵未被讨。

无此思虑之武士，则毫无此类担心，惟以肆意掠夺他国而战。若兵败，则自身领地被夺，己之姓名难存。《徒然草》中记有双六②高手之心得，"欲胜则不攻，不欲败而攻之"，同理也。

凡事先以家计为念，昼夜挂心。商卖之事毫不懈怠。若此，纵运气不佳损失钱财，尚可节省支出，以剩余之资东山再起。

不虑家计之余，肆意购物，随心所欲，将一日之内倾家荡产。故平素需有遭重创之备及对策，如此则符合双六高手之教也。

恕我冒昧，对于汝等而言，上述十七条堪比圣德太子之宪法③，每日诵读两至三次，不可有丝毫之忘却。终身不得有任何违背行径。将此遗言用熊野牛王之印④作誓书一份。吾过世时，放入吾之棺中。

遗言如上。

庆长十五年庚戌（1610）正月十五日

虚白轩　宗室

幸元子孙制词条目

解题

鸿池家是江户时代大阪的豪商，为关西商人的代表。鸿池家的先祖，

---

① 岛井宗室之家业继承人、养子德左卫门尉本为岛井之外孙，系神屋道由之子，故希望改姓神屋可以理解。至于也可以改姓前田，则事出不详。

② 古代的一种棋盘游戏。

③ 圣德太子之宪法：指圣德太子于 604 年制定的《十七条宪法》。

④ 指熊野神社等神社颁发的写有"牛王宝印"的护符，其背面作为写呈请文等文书的用纸。

乃为经历战国时期动乱的武家、曾统治山阴地区并与山阳的毛利氏争霸的尼子氏的重臣山中鹿之介幸盛。1578 年，山中鹿之介战死后，其次子山中新六幸元逃至摄津国（今大阪府内）川边郡鸿池村其叔父山中信直家。新六幸元十五岁时，始经营酿酒业，其后遂以该村村名鸿池为其姓氏和屋号，这便是鸿池家之始。当时的日本酒，皆为浊酒，鸿池屋经过不断改良，终于酿造出了清澈芳醇的清酒，并久负盛名。

新六幸元凭借出色的商业才华，于 1599 年在江户建立了清酒的仓储地。1619 年，又将经营范围扩展至大阪，在内久宝寺町开设了大阪店，大阪店在此后的经营中逐渐发展为鸿池家的总据点。1625 年，鸿池家开始经营海上沿岸航路的运输船。新六幸元的第八子善右卫门正成①继承家业后，鸿池家进一步发展。元禄年间（1688－1704 年），鸿池屋所拥有的船只已有百余艘之多。

鸿池屋 17 世纪中期起开始经营汇兑业务。此时的鸿池屋，经营业种从酿造业已扩展至海运业和金融业。18 世纪初期，鸿池屋还在大阪开垦鸿池新田，雇用佃农种植水稻、棉花等，其收入成为鸿池屋稳定收益之一项来源。

明治维新之际，鸿池家虽受重创，但仍顽强坚持了下来。其后并未发展为综合性财阀，而是主要经营鸿池银行（三和银行的前身）。

鸿池家在近代后没有制定成文的家宪，现存最早的家训是其始祖山中新六幸元于 1614 年（庆长十九年）制定的《幸元子孙制词条目》。《幸元子孙制词条目》其内容强调尊重道义、质朴俭约、精励家业。但据考证，《幸元子孙制词条目》中的内容多为后代所加。

正文

一

万端择正路，严守王法、国法。勿背仁义、五常之道。尊敬主君，孝顺父母，家内和睦，谦而不骄，家业第一。

---

① 善右卫门正成，（1608～1693 年，即庆长十三年至元禄六年），善右卫门这一名称除第二代喜右卫门外，世代袭名，故善右卫门正成又被视为山中（鸿池）善右卫门家的初代。

每日清晨，勤拭神棚、佛坛，精诚祈愿。当思每日一饭一衣皆赖天地、神佛、国主之守护，其恩情夙夜勿忘。

祭祖法事乃家之恒例，不可怠慢，宜勤于供养。无先祖则无父母，无父母则无己身。当代家业之繁盛，非自身之功劳，全赖先祖累代之积德、父母之教养也，其厚恩断不可忘。

先祖之牌位及墓地，若积尘甚多或杂草丛生，是本家家长之过失也。本家不正，则一家之法必乱。古治国安民之君，必先正其身然后方能治家、治国；亡国灭家之君主，必不正其身而下苦庶民。此类事例，诸书昭然有记。故家中诸人，皆应以端正己身为要。家族诸人皆需听命并效仿主人之言行，是故主人更应以慎行、正身为重。若己身不正却责罚家人，家人虽一时惧其威严似已顺服，然内心必大有不满，长此以往则家法必乱。故欲齐家者，切不可忘先修己身之圣言，严正家法，严以律己。

鸿池家所雇男女，纵使身份卑微之人，为使其将来能够自立，定要严加管教。否则，若其沾染不良习气，反害其身，此乃主人之失职也。身份纵然低微，亦父母双亲之爱子，双亲为其子弟择选奉公之主家时，必先考虑：此家虽轻闲然对将来不利；彼家家风严谨，吾子之奉公虽艰辛有加，然若利于将来，双亲必择后者。故须像奉公人之双亲、兄长一样怜爱之，教其识字、算术，严禁其它游乐之事。教其识字、算术乃诸家业之首要，而游乐必将有损家名。宜教其举止稳重、诚实待人、严守本业、勤俭持家。尽心培养之，使之成为他人效仿之楷模。经长期之奉公，或予其本金令其建立别家而独立，或令其回归故里，听任于奉公人自身。奉公人若沾染富家奢华之习，纵予其诸多本金许其独立，也必然令金钱散尽，止于一时之荣华而难以长久，反倒使其父母、家属憎恨主家，故须三思而后行。若不听主家之教诲而肆意妄行者，要尽速遣其回归故里，以免招致祸端。

二

即便年幼者，若终日沉迷于酒宴、游兴，必会怠慢家业且徒费金钱，此乃不知先祖之恩德、父母之厚爱者也。若不听劝告，则不予一钱令其净身离开主家。

禁止自家之男女佣人幽会，若有背于此而暗中私通者，无论双方过往表现如何，皆令其永久断绝往来。

全家所有人等，皆不可吵闹或高声争论。若有不通情理者，应诉之于年长者，听其判断。若有暴力行径或相互谩骂者，可不问情由关闭于另室，待过后处理。

人要以忍耐为要。佛语有云："忍之德，乃所有苦戒苦修所不及者也。"若汝怒而向人，则人亦怒而向汝。衣物、饮食、行住、坐卧，皆不可任性，而宜忍之。应谦而不骄，爱惜父母所授之身。

于武家亦或身份卑微者乃至乞丐，皆不应无礼或粗暴待之。

火灾、盗难等灾祸，万事皆由自身懈怠而起，此理务要牢记。

家中人等，不分男女上下，外出之际，应将行程之方向、路线告知于留守之人，以防外出之时另有它事发生而不知汝之去向。归宅之后，也应尽速详报所办事情之原委。

万般小事，当由本人定夺。然大事须经众人之商议后行之，如此，即便有所过失，亦应为全员之责。

不妄言而品行诚实者，行至何处皆令人心安。语多谎言而行为不端者，纵常在父母膝下，仍难有信用可言。

近来，行金银融通之事，亦或向他人借贷之际，常有陪同财东之手代游花街柳巷、召美女而行酒宴，而于席间商谈借贷之事。原本借贷乃因生计所迫，然费无谓之钱财而行款待之事，实闻所未闻也，故须慎重待之。夫酒过而失方寸，是故费金钱召美女行酒宴，令手代等醉而不醒，以此达借钱之目的。手代借酒势而穷尽豪言壮语，万事自己一人定夺，然酒醒后却困于前夜之狂言豪行，又将如何向主人言表？求借钱之行为，有为主家者，亦有不为主家者。即便商谈成功，也乃欺骗主人而有背奉公之道；若商谈不成，则一切费用付之于流水。故上述行径，纵巧言相辩，极力推托，若自我反省定然深感惭愧。此绝非批评他人，鸿池家人也需慎身谨记。汝等若有赴宴会之机，应尽速问明商谈之趣旨，于对方破费之前速做定夺。虽为他人花费而非自己受损，然己之所饮、所食者，皆天授之食禄也。人之享用之衣、食、住者皆天授之物，诸多古籍皆有明记。古来家业繁荣，无病无灾而长寿者，皆因敬畏天道，无私而常惜天授之物也。今靠父母所遗之财产或承主家关照而家业繁荣者，纵有无量之钱财，若失天之所授，或病身，或短命，则灾难诸多。虽曰过往之因果，然皆因不慎其身，速尽天之恩惠所致也。此言并非指责他人，实乃为子孙者断不可忘之事也。

吾所能自由支配之金钱，乃先祖、父母之遗产暂留存于己处，且须传之于子孙者也。若吾肆意浪费，乃大不孝之罪也。天地诸神断难宽恕，定招灭身之灾，故须谨记。纵身无分文，然吾心犹乐，皆因先祖、父母辛苦而累积之钱财也。纵然自身才能出众，积累了较他人更多之钱财，然每一钱绝非自身之累积，皆因自身亦为父母之遗产也。父母所授之身及所贮之钱，皆父母之遗产也。断不可将父母之遗产恣意浪费于花街柳巷。若有此类人等，必忠告之，望以重家业之人为楷模，磨砺自身。不怠家业而谨言慎行，善处世间之交际，和睦一族，勤于妻儿同族之教育，令父母心安并令子孙效仿，可使家名永久相传也。

三

茶、连歌、徘谐、弓、花道、围棋、象棋、能乐等，大凡游乐之事，因其乃世间交往之手段，些许习之非为不善。然古之兴家而立身出世者，以此为家之职业而精通者闻所未闻。沉迷于此等游乐之事，徒费时日，怠慢家业，及至没落其身，令先祖辛勤奠定之家业尽失，祭奠父母之牌位无安置之所，最终游荡于街市，而以家业繁盛时所习之技能讨食求生之事，近日常有见闻。吾非禁止一切游乐，但宜有所节制。

"不以恶小而为之，不以善小而不为"，此话出于中国汉朝昭烈皇帝①之敕语。大事由小事累积而成，长堤匮于蚁穴，此等谚语须牢记之。拖曳鱼网之绳索，内中有何物，一看便知，故凡事之根本最为重要，同理也。

居所及家具、衣物、饮食，皆不可嗜好奢华而恣意浪费金钱，应严守俭约之道。然将俭约常露于表面，故做穷苦状则反招众人非议。当今世界，应依身份而行之，万事不可哗众取宠。

和平之时常怀战乱之忧，今家虽富仍不可懈怠而安于现状，富时当思

---

① 指三国时蜀汉的刘备（161~223 年）。

穷困，饱时不可忘饥，懈而生怠、生奢也。

婚丧嫁娶等事，须依礼仪行之。席间所用菜肴，应与身份相当，万事严守俭约之道，不可有无谓之浪费。

鸿池家诸人，素日工作、所负之责，应以适度为宜。若工作有所过失，即便累有年功者也需降格处之。而勤于奉公且诚实者，纵是晚辈也应予以晋升。不宜嫉妒同僚之进步，而以他人之过取乐。以他人之过取乐，他人也必以汝之过为乐也。故应相互勉励，勤于工作，极力避免过失。

经营之余须修励学问。学问之于修身、齐家大有裨益。然不可偏重于学问而怠慢家业。凡学问有君子之学与小人之学之别。所谓君子之学，熟读经书，习圣人教诲，守为人正道，兼通诸传、历史，以古今之成败乱治而戒己、正己、守家，是为君子之学也。所谓小人之学，其志向只为不被人嘲，习诗文而博学只求为人所尊，通经、传、历史，皆因自身拙于此道而恐遭人耻笑，恣意褒贬古今之政事，效仿外国而自取名号，趾高气昂，怠慢先祖所留之家业，专事风流，诵月吟花，自远勤务，其甚者更是离家游历诸国而不知其踪。此乃修学问而不顾及家名也，须慎之。

吾勤于家业，一则无闲暇，二则天生愚钝，虽读书而难达正道。然吾行为端正，不怠家业，孝敬双亲，和睦家族，于兄弟、家人而言，吾之行为无愧继承人之职责，故定不会见弃于我，反能伸手相助。兄弟家人者，皆先祖之子孙也，懈怠对先祖之奉公，当与继承人同罪。

四

以上各条目，并非显耀于他家他门，乃鸿池家一族自戒者也。每年正月、七月，聚集一族，于先祖灵前诵读，此乃须严守之家法也。若有违背者，需听其解释，明了真相。若有不听劝告而肆意妄为者，则令其闭居于一室，禁其外出直至悔过。若有以花言巧语骗逃出监禁之室者，则将其逐出家门，以示惩罚。若男女佣人之所为，则将其不正行径告于双亲，并令其双亲尽速将其领回。有出入于吾家且行为不端之男女，吾家成员难免染其恶习，故而禁止其进入。然又难免有捏造事实者，故须究明真相，辨别正邪，而后禀于上司再行处置。若嫉妒他人而进谗言者，纵使一言也须不分上下区别而惩罚之。若有不守家法，自成家业而独立，远离本家而不拜先祖之牌位者，纵有千金，仍视其与不知报恩之兽类无异，当羞言其为鸿池家之子孙。家训之趣旨如上。

庆长十九年甲寅（1614 年）十月十日

山中新右卫门　幸元

宗竺遗训（概要）

解题

　　三井家是江户时期的豪商，明治初期的政商，后发展为日本最大的财阀。祖上原是近江（今滋贺县）佐佐木氏的重臣。江户初期，越后守三井高安之子高俊始在伊势松坂开设酒房和当铺，成为商人。至其四子高利（1622 — 1694）时，开始在江户和京都开设越后屋吴服①店，以"现钱交易，言无二价"的新商法而扩大了经营规模。高利之长子高平（宗竺）（1653 — 1737）继承家业后，于 1710 年建立"大元方"，统管家族事业，其功能与现今之股份有限公司类似。三井家除经营吴服店外，还经营汇兑业务，从而奠定了三井家繁荣之基础，成为江户时代最大的富豪。明治维新之际，三井家应时势而动，作为政商迅速发展起来。此后，以三井一族（共十一家，包括六个本家和五个连家）的三井合名公司为中心，形成了网罗金融资本、商业资本、产业资本的综合性财阀。战后，财阀解体，三井家遂与企业分离。

　　《宗竺遗训》由三井家第二代高平（号宗竺）制定于 1722 年，对以大元方制度为中枢的同族组织的基本精神、运营上的各种规定、经营方法、家族成员的自律等都有详细的规定。《宗竺遗训》在从订立到 1900 年重定《三井家家宪》为止的 180 年间，一直被作为三井家家法而被严格恪守。

正文

　　一、同族应以兄弟之情相交共勉，亲密共处。应知同族相争乃家族灭

---

　　① 吴服：和服。

亡之基也，不可不慎。

二、同族不应随意扩其范围，物各有度，若贪多则生纷纭，应深思，同族仅限于十一家。

三、勤俭以富家，骄奢以灭身，勤此慎彼，是为同族繁荣与子孙长久之基也。

四、凡婚姻、借债或债务担保等事宜，须经同族之协议后行之。

五、每年提取总收入之一定比例以为储蓄金，依各家之等级分配之，嫁人者亦应予之。

六、人终世不可不尽天职，故除不得已之外，断不可退之闲地以贪安逸。

七、本店要求各支店实施会计报告，并监察其内容，以图统一并防止紊乱。

八、事业经营之要，在于选用俊秀之才、有用之士并发挥其特长，须淘汰老朽，以雇用崭露头角之人。

九、志不专则业不成，依吾家累代之家业而立身出世足矣，断不可染指他业，尤严戒投机或放贷于大名。

十、己若不通其道必不能率他人，应令家族子弟从学徒之事习之，渐达深奥之际，则至支店代勤，实地任职。

十一、万事均需决断之力，商卖尤然。与其酿成日后之大损耗，不如忍一时之损失，降价出售。

十二、同族应相互戒饬，避免失误。若有敢行不义者，经同族协议后速速处分之。

十三、生在神国者，应崇神、敬君、爱国，以尽臣民本分，是为平素注意之事。

住友总手代勤方心得

解题

住友家是住友财阀的前身，其繁荣程度与三井、三菱齐名。具有近四百年历史的住友，其源流始于奠定其经营理念的先祖——住友政友和革新炼铜技术、实现住友家繁荣的苏我（泉屋）理右卫门。

住友家初代住友政友（1585 — 1652 年）是仕奉武将柴田胜家的越前丸冈（今福井县坂井郡丸冈町）城主住友政俊之孙，宽文年间（1661 — 1673）在京都经营医药和书籍。苏我（泉屋）理右卫门（1572 — 1636）是住友政友的姐夫，从青年时起便掌握了铜的冶炼方法，其后又掌握了"南蛮精炼"技术，从而完成了日本制铜业的一项重大技术革新。后来，住友政友将苏我理右卫门的长子苏我理兵卫友以作为婿养子迎入住友家，从此开始以炼铜为业，故苏我（泉屋）理右卫门作为住友家之业祖而深受尊崇。住友家从第三代住友友信（1647 — 1706）以后，本家历代家长均袭用"住友吉左卫门"之名。1691 年，至第四代住友友芳时，开始经营以别子铜矿（今属爱媛县宇摩郡）为中心的铜的采掘、冶炼和贩卖，逐渐形成近世豪商中少有的产业资本集团。1811 年，住友家取得了"铜山御用达"（即政府专用铜的承办商人）的地位。明治维新动乱之际，住友家铜矿经营难以为继，幸得总支配人（总管家）广濑宰平主持经营，引进新技术，改革营业机构和销售方法，并使住友铜矿的近代化事业得到发展。其后，逐渐形成以住友银行为中心，在金属、矿山、机械、化工、山林、仓储等方面多元经营的财阀，与三井、三菱相匹敌，战后曾被解散。

《住友总手代勤方心得》是住友本家第五代家长住友友昌之弟住友友俊（泉屋理兵卫）于 1750 年制定的。该家训以住友第一别家的身份，从侍奉主家的立场出发，对全体服务于住友家的佣人提出要求，实际上是住友家全体员工的服务守则。

正文

数日来，以吾为首之各别家众人聚集一处，商议住友家之全盘事务，改近年来混乱之风，立以俭约为要，求住友家永远繁荣之方针。诸位须铭记此意，万事不怠，忠节第一，侍奉住友家。

对铜之贩卖与精炼之法毫无知晓，碌碌无为度日，皆因不用心所致。今后手代亦须入炼铜所，学习铜之知识。可就此突然向手代发问，故平日需认真习之。

本家与各别家主人于店内出勤之际，作为手代，即便无特殊之事，亦应在厨房内等候。病人另当别论，其余人等皆不可退出。

不可在工作场所行围棋、将棋等事。休息室内或不显眼之处，可下围棋、将棋以为娱乐。

关于节约之事，虽已严加约束，然仍须再次强调。各人皆须认真考虑所在岗位之节约方案。

店铺乃町人对外营业之场所，当值时须讲究礼仪。然近来却马虎草率，手代与丁稚混杂，丁稚座于手代之上席。今后不可有如此行径，须严守礼仪。

今后，店内勿为家务之事，店铺乃对外营业之场所，不分昼夜，俱为工作场所，须谨记。

有手代、丁稚者，认为大致有读、写、算盘之技便可工作。然若不明道理，不明向主人奉公之本义，即便于读、写、算盘上出力颇多，仍无作为手代之觉悟，故下至丁稚，皆应认真思量如何忠勤奉公之事。

各自承担之事，宜令承担者自我判断，若可行，则依其意见处理。倘有不妥，再申明己意。若不令承担者阐明意见，则无法晓其能力。凡人皆有得失，世上绝无万事俱能之人。故所谓相互提携，无论善恶皆直言不讳是也。纵使其其意见有误，也乃其一生之教训，故不应有所顾虑。

对自幼即奉公于吾家之手代，可委以重任，然对能力不足者，则绝不可如此。此事不可疏忽。

不论自幼奉公之手代，亦或近年雇用之手代，凡忠勤奉公者，则无新旧之别。故应互相配合勤勉工作。

近年来启用者，若工作出色，亦可与自幼雇人之手代同样获晋升机会，故应努力工作。

手代等夜间外出，此事无需多言，个人应自重。倘若连此都无法恪守，其余大事恐如何教导也难以遵守。此辈无堪大用，须严肃处置。故须牢记禁止夜间外出之规章。

炼铜所远离本家，故常有违规之行径。故强调，今后将研究炼铜所之工作，眼下则要杜绝违规之行为，严肃风纪。

使唤丁稚，多粗心疏忽。然于町家而言丁稚极为重要。欲令其日后能忠诚勤勉，宜谨慎待之。尤应教其读、写、算盘之技。生病之时也需悉心照料。

对生病之手代，需悉心护理。看顾粗疏即是对主人之不忠。故万事须尽心考虑。

铜材装箱之际，本家之手代、丁稚要一同参加。近来常雇他人操作，今后须遵照规约行事。

手代立别家之时，有关娶妻之事须与本家商量，不得随意行之。

对炼铜所之工匠、帮手乃至半年雇期之男女下人，若多年来工作无恙，诚心奉公，宜在考察之后予其相应之待遇，其年老时也宜有所救济。应嘱其勤勉奉公。

对主尽忠虽属当然之事，然因此忠节而致主家繁荣，亦乃勤恳奉公者自身之繁荣也，故此心得至关重要。

以上各条，须严加遵守，不得有疏。

宽延三年（1750年）十月

理兵卫

本间家第三代光丘自戒三十条

解题

本间家是江户时代日本东北地区最大的商人家族，世居出羽酒田（今山形县酒田市）。江户时代中期以后，随着贸易往来的日益频繁，日本东北地区的经济得到了迅速发展，由此产生了一批具有相当实力的地方商人。江户时代后期一直到近代，本间家作为酒田本地发迹的商人，积聚了大量财富，是当时日本东北地区最为成功的地方商人，同时也是东北地区乃至全日本屈指可数的大豪商。

本间家的发迹之地——酒田，在江户时代与石卷（现宫城县石卷市）并称为东北地区的两大商贸港口。酒田是东北内陆地区货物进出之码头，此地向外输出最上川流域生产的稻米，向内则引进关西地区的盐、棉花、金属制品，津轻的木材、虾夷地（现北海道地区及东北部分地区）的海产品等。如此贸易往来频繁的港口城市，为本间家的发展和兴盛提供了舞台。

本间家的创始人本间原光（久四郎）（1673～1740 年）二十岁时，凭借其创立的店铺——"新潟屋"，与大阪、京都、兵库等地商人频繁进行贸易，积蓄了大量财富。享保年间（1716～1736 年），本间家已经成为当地较有实力的商人家族。1731 年，五十八岁的本间原光将家长之位让于长子本间光寿（庄五郎），为避免自己隐居之后发生财产纠纷，对所有的财产进行了分配。当时的财产总额共计 2551 两，次子和三子各得 300 两，四子和五子各得 100 两，原光自身隐居的费用为 200 两，剩余的 1500 两全部由光寿继承。光寿继承家业后，不负众望，将本间家发展为酒田最富有的商家。及至第三代光丘（1733～1801 年）时，成为本间家事业最为辉煌之时，不仅是当时屈指可数的大地主，还经营商业和金融业。本间家对统治阶层采取顺从态度，以保全自身，这已成为本间家传世之家风。明治维新后，本间家向新政府提供巨额资金，换来政府的保护，在仓库业、金融业方面又有了新的发展。

《本间家第三代光丘自戒三十条》制定年代不详。

正文

（一）

天明四年甲辰三月二十五日午前十时，始记录百往愿文定业书①。

宽政五年癸丑五月念日②，有三条祈愿。

结婚、嫁女之事需处理好。可贷款给八组之乡③中收入减少者。

以上两条，明辨之后而行之。

---

① 天明四年甲辰，即 1784 年；巳时，上午 10 时；百往愿文定业书，为了像前世决定的罪孽那样，反反复复在佛前祈愿而写就的文书。

② 宽政五年癸丑，即 1793 年；念日，同廿日，即二十日。

③ 八组之乡：指数村并在一起的区域。

上述三条定须完成，为此每日念佛二千五百次不可疏漏。

守每月斋戒十五日之规。

众人于内于外，均须依身份厉行节约，勿生怒气。

上述六行乃宽政五年补笔也。

（二）

第一，公事及私事，均勿向他人言及。

第二，家中不可无聊闲谈，对至交之人亦宜出口谨慎。

第三，人前勿信口开河，炫耀自夸，于家中亦需谨慎。

第四，不得对故交及家人造谣中伤。

第五，对武家之人无论身份贵贱，须出言谨慎。

（三）

第六，不得迁怒于外人、家人及佣人。

第七，切忌自以为是，傲慢无礼。

第八，勿多嘴多舌，对外人、家人、佣人皆应如此。

第九，着装之仪，以吾为首，全家皆应谨慎之。

（四）

第十，今后宜对神佛勤加礼拜。

第十一，辛勤劳作，不惜费用，厉行忠孝。

第十二，法事及官署公事，需全力完成。

第十三，需重视佛寺神社之布施。

第十四，收购稻米，需依其身份行之。

第十五，对亲戚之纠纷及贫困之人，要竭力予以帮助。

第十六，外地之大名借钱补贴家用，其他人以实物抵押借钱，均不得借之。

第十七，人活于世勿忘先祖，应恭敬祀之。

第十八，神佛恩情及威光，朝暮诵唱。

以上十八条。

（五）

清晨六时起床，巳时（上午十时）前驱除杂念，专心修行佛道。

清晨七时至晚九时，为定制工作时间。

斋戒之日，定为一、三、七、八、九、十一、十五、十七、十八、十九、二十、二十四、二十五、二十七、二十八日。以上十五日，自前夜酉时（下午六点）至当日酉时斋戒。

我等一生勿食鸟类及四足畜类。

我等一生勿食八幡芋①和柿子。

我等一生食荞麦面限三碗，生菓②限三个。

我等一生不食梅渍（养生用）③，吸烟者三年之内戒烟。

于宽政四年（1792年）卯月三日（四月三日）修改。

煎豆、板栗，除月圆（八月十五夜以及九月十三日夜）日外，三年不得食。

（六）

己力能为之事勿依赖家人及佣人。

武艺之练习不可荒废。

遵守承诺，约定之事不可草率。

与亲朋故友及兄弟和睦相处。

以上十二条。

上述总三十条，今后应心怀佛心而予以遵守。每月十八日毫无懈怠诵读百遍并跪拜。每朝六时起床，早餐之前于佛前礼拜，内外万事不得随意。

（七）

遵守先祖教训，常思佛恩及国恩之深广。于内于外，均应心存感激崇敬。仁、义、礼、智、信之德牢记于心。保持人品、身份和行事态度，明辨道义，每日不怠而勤务之。

---

① 芋头的一种。

② 生菓：日本式带馅的小点心。

③ 用盐或酒腌泡的酸梅，用于养生。

佐野屋菊池家初代·长四郎训戒

解题

菊池家，创业于江户时代中期，经营和服衣料及典当行业。初代菊池长四郎（号淡雅）1791 年出生于下野栗之宫（今枥木县小山市大字栗之宫），其父大桥英斋乃行医之人。十五岁时，长四郎成为宇都宫（今枥木县宇都宫市）商人菊池介介的养子，并继承了养父的佐野屋。长四郎后将家督之职让与菊池介介之子菊池荣亲，自己在江户元浜町（今东京都中央区日本桥大传马町）开设当铺、和服衣料店，一直以佐野屋为屋号，奠定了菊池家繁荣之基业，并制定了菊池家的家训与家法。长四郎不但厉行廉洁，还富有慈善之心。天宝饥馑时，长四郎曾隐瞒姓名，向栗之宫、宇都宫等地之穷人施以救济，在江户经商时也常施舍穷人以米饼等物。菊池长四郎去世后，其继承人菊池教中获得宇都宫藩士籍，投资开发温泉，开垦荒地。明治以后，继续从事典当业等。

正文

一 训戒——保福秘诀

1. 人有积万金之家者，必得天佑。若欲得天佑，必先孝养父母，尽忠节于先主，追慕祖先，勤于供养。垂恩惠于童仆，守信义于友朋。雍睦家族亲戚，赈济乡党邻里之穷乏，且自身及妻子眷属皆严守俭素之道，谦恭而畏天命，慎守国法，勤于家业，夙兴夜寝，不可怠慢。抚养家人，忠实教养，择才干者二、三人辅翼家道。对幼弱童仆耐心教导不可疏忽，及至成人则随其器量而擢用之。为商贾者需以诚意待客，勿问买卖多寡，均应以客商利益为念。商品采购现金付账，且以质量为第一，售出时勿贪高利。年年若有蓄金，其半施于阴德救济。令子孙读圣贤之书，明晓道理，家立规则，严整划一而遵守之。不可违背、疏忽。此乃得天佑之道也，否则一代之内难成万金之家。今人资产若达万金，当可分其为二，其半充作家业资本，余者购买山林、田圃，或于都会繁华之地购置宅地，经年累月若有增殖，则售出山林、田圃、宅地而从中获利。然其所得，不得用于家事，因其乃奢侈之源、败身之基也，故应谨慎处之。

2. 凡齐家者，同于治国，"用财以其道"，"佣人随其器择善而用"。故万金之家，无善理事之管家而不能存在。此等人宜择正直、有节义者任之。佣人使坏，利欲熏心，欺主败家，损害名誉之事不在少数，尤应引以为诫。对善理事之管家需厚加恩惠，为其娶良妻，造房屋，分钱财，多方关照。

3. 富家之所以衰败，非因天灾。水灾、火灾、歉收饥荒之类灾害，虽可致二、三年或四、五年收入减少，尚不至于破产。大凡破产者，多因主人日常行为不善。志意淫逸，侈于酒食，着华美衣物，贪耳目之欲，嗜好游艺，交放荡之友，营造居宅，好刀剑之饰，玩弄世之珍稀，于人前夸耀自大。凡此种种，皆属不德而为君子所贱之事也。

4. 有大志者，不为投机、赌博之商卖，纵使一时获大利。若将不义之财留于子孙，有何益哉？反而纵其骄奢淫逸，招致疾病以致祸败。若因误而失利，将忿恨横生于胸，耻于世人之诽笑，为此而发心疾及至缩天寿者，此种事例世上不可胜数。应慎之、戒之。

5. 继承先祖累世之财富者，不可恃一己之才智，而欲扩大家业，唯有安居保富，自然家业发达，财产增殖。正所谓"知足者富"是也。

6. 世代富庶之家，必有先祖之遗言，纵令其如同俗谚，然乃经艰难之境，中兴家道之人所作，并数代相传而以为箴言诫，必有其可敬之处。故不可疏忽，应谨慎服膺其言，严守祖宗遗训，使富盛之业不衰，以阴德立子孙繁荣之根基，进而教导子孙，图永久相续之道，是为天佑之真福，须反复叮咛寤寐思服之。

二　训戒——富贵自在

1. 人无不希望富贵，然求富贵有邪、正两途。以正道求之，则如探囊中之物而必得，以邪路求之，则似水中捞月而溺水，无果且反祸其身。圣人云："富贵在天"，己行若合天道，此二福（富、贵）自然得之，今示其大意于此。若得富贵，则应以其余力，赈恤穷乏，以此作为行仁惠之阶梯。世间之人若因听此言而尊圣人之道，求先贤之教，则可向师友学习四书、六经，究其蕴奥。

2. 饮食、衣物与住宅，人生不可或缺。无此三者度一日亦难。然耗无用之费，极尽奢侈华丽者，亦在此三者。是故此三者能俭，则凡事悉能俭之。衣、食、住三者行质素，乃无量之大德，无量之利益。然世人并不知此，反好易招华美之祸，岂不怪哉？《吕氏春秋》有名言曰：美食乃烂肠之毒，美女乃伐生之斧①。衣物、饮食、宅第之俭约，冥合天意，其人其家必能荣昌，生业日增财富，子孙多生贤者，家道遂兴隆繁盛。

3. 夫妇之别重乎礼。夫妇虽极亲昵，然因尊卑有差，道自然立之。若溺于夫妇昵情，夫不能教妇，妻不能敬夫，则阴盛阳抑，刚被柔制，乃家道衰退之始也。

4. 处世须以正德为本。用心做事，祈望健康。若因不德、不义而多财，反增过错，招致祸灾。然衣食不济，则易生歹心，故营生不宜过于粗略。

5. 训导子弟，当知苛严将有损恩义。然过于溺爱，流于懦弱，则将误子弟之终身。是故医书有云："小儿常带三分饥"，此乃初生婴儿至百岁寿者享福禄荣富之道也。

冈谷家家宪

解题

冈谷家是具有三百多年历史的名古屋五金商人。祖上本是丹波（今兵库县内）篠山藩的藩士，后移居名古屋。1669 年开设小五金店，后逐渐发展为名古屋豪商。明治维新后于 1877 年创立日本七宝公司，经营景泰蓝产品，兼营纺织、机械、银行等。其家宪由被尊为冈谷家"中兴之祖"的第八代冈谷总助（真纯）于 1836 年制定。

---

① 《吕氏春秋》本生篇原文为："肥肉厚酒，务以自强，命之曰烂肠之食；靡曼皓齿，郑卫之音，务以自乐，命之曰伐性之斧。"

正文

冈谷家训戒

孝顺父母。正本末，勿忘父母乃为吾身之本。应以孝心为本，牢记父母之恩德。

尊敬长上。以主从上下差别为本，居吾之上者，无论年之长幼，皆应尊敬之。

和睦乡里。一村和睦之本在于一家之和睦，一家和睦之本源自家人之心意。家中诸位人品端正、一心奉公，同僚之间自然和睦，亦可得他人尊敬。

教训子孙。年幼之时，须侍奉父母、尊敬长者，纵然些须小事也不可说谎。起居安静，工作无怠，谨言慎行，不随意外出，衣食不奢，以诚实守身。

各安生理。武士嗜武艺而勤于公役，农民勤耕作而上纳年贡，工匠精于家业而不失祖传之技，商人以商贾为本而以实意营之。此乃士农工商四民终生所守之道，曰本分也。

勿作非为。天下事物无可穷尽，然凡事必有是有非。顺理则谓之是，背理则谓之非。

天宝七年（1836 年）丙申初秋吉祥日　改正

冈谷真纯

冈谷家店则

一、尊守公家诸法度，严禁赌博。

二、勿将客人带入仓库。

三、对职人须热情，不得无礼。

四、每夜过十二时即巡视仓库。

五、奉公期间不得回家省亲。

六、不得向乡亲、亲属及客户借贷，亦不可充当借贷之中介人。

七、通信赠答等事项先向支配人禀报，经同意后方可行事。

八、严禁饮酒。

九、每夜十二时关闭门户并上锁。

十、来客或家人外出未归之际，宜将临街之右门上锁。

诸户清六遗言

解题

诸户清六（1845 — 1906）是幕末至明治初年活跃于伊势（三重县）桑名地区的商人。祖上原为伊势长岛的武士，其父诸户清五郎因经商失败，欠下巨额外债后病逝。年仅十七岁的诸户清六继承父业，开始经营米谷生意，并发誓在十年之内还清所有债务。诸户清六凭借顽强的毅力和聪明的才智，不仅实现了自己的誓言，在十年内还清了所有的债款，还扩大了经营范围。清六将从附近收购的稻米用船运至美浓、尾张等地出售，归程时则运回薪炭、大豆等物资在当地销售。至明治初年，其资本已达数万日元。随着废藩置县政策的实施，贡租开始实行货币交纳，米价因此暴跌，诸户清六乘机大量低价买进而获巨利，进而作为大藏省承认的御用米供应商而大发其财。清六还曾将伊势米和九州米出口至欧美，提高了日本米的国际声价，自身也获得了大量利润。诸户清六在经商的同时，大量购入山林，有日本"第一山林王"之称。

诸户清六一代筑就巨额家产，为图子孙家业长久，深感制定家训之必要，为此曾遍访全国的富豪，汇集各家家训并吸收其精华。然而家训尚未完成，清六即故去。后人将诸户清六遗言作为诸户家家训严格遵守，其家训内容体现了诸户清六生活俭约，甘立人之下风，善抓商机等经商和人生原则。

正文

一、勿忘时间即为金钱之道理。

二、较之顾及颜面，赚钱更为重要，若赚钱而致家富，颜面自然有之。

三、无论行至何处，应作贫困状，若显富有之态，必多赘费。作贫困状者其时虽会为人取笑，然日后必受人赞誉。

四、着装不可华丽而应尽量质朴，无垢之棉布衣物足以。

五、从维护身家考虑应选择平素交往之人。

六、即便一钱之金也应认真储蓄，轻易获得之钱必易失去。

七、勿买无益之器具。买后则希望为他人所欣赏，自然怠慢本职、妄费时日，不可不慎。

八、破产者多为巧言善辩而做事有始无终、不瞻未来者。

九、多见世人多得智慧。

十、装糊涂则聪明，装聪明则糊涂，以糊涂做事，以糊涂商卖。

十一、常立于人之下风，谦恭者必取胜。

十二、与他人进行商卖之谈判，己所期望之"决定"，决不可泄漏于他人。

十三、需留心两年后之事，侥幸所赚之钱，与暂存他人之钱财无异。

十四、行商贾之交易，需能识别对方之讨价还价，若无此能力则不必为商。

十五、欲成巨富，即便丁稚、下女之事也应尽力关心。小事不留意，终难成大事。

附录二

主要商家家训一览表*

公元纪年	日本年号	家训名称	制定者
1610 年	庆长十五年	岛井宗室遗书	岛井宗室
1614 年	庆长十九年	舟中规约	角仓素庵、藤原惺窝
1614 年	庆长十九年	幸元子孙制词条目	鸿池家始祖：山中新六幸元
1622~1694 年	元和八年至元禄七年	宗寿遗言	三井高利（宗寿）
1626 年	宽永三年	住友铜吹所取缔	泉屋吉左卫门
1627 年	宽永四年	长者教	不详
1585~1652 年	天正十三年至承应元年	文殊院旨意书（又称住友政友遗训）	住友政友
1670 年	宽文十年	白木屋宽文家法	初代：大村彦太郎可全中川治兵卫
1673 年	延宝元年	诸法度集	三井家
1673 年	延宝元年	子孙鉴	寒河正亲
1675 年	延宝元年	家内式法	三井高利
1684 年	贞享元年	榎本弥左卫门至三岁起之觉书	榎本弥左卫门忠重
1684 年	贞享元年	觉	初代：正野玄三
1688 年	贞享五年	日本永代藏（是年刊行）	井原西鹤
1695 年	元禄八年	家式式法帐	三井高平（宗竺）
1697~1761 年间	元禄十年至宝历十一年间	近江屋仁兵卫家事教训	斋藤全门（仁介）
1698 年	元禄十一年	山中家记	鸿池吉右卫门知贞

---

* 该表中所收集的商家家训，是笔者尽可能地查阅各种资料并经反复核对后制定的。需要说明的是，商家家训远远不止这些，这些只是流传于世并被学界整理后，见于家训资料集或研究论著中的。之所以制定该表，就在于它大致反映了近世时期商家家训的基本发展特点。

续表

公元纪年	日本年号	家训名称	制定者
1700 年	元禄十三年	矿夫取扱	住友家
1703 年	元禄十六年	支配勤集	中西宗助（朝荣）
1703 年	元禄十六年	立身大福帐	唯乐轩
1704 年	宝永元年	高富之家训草案	三井高富
1706 年	宝永三年	此度店店江申渡觉	三井家
1708 年	宝永五年	白木屋宝永御家式目	二代：大村彦太郎（安全）
1709 年	宝永六年	子孙大黑柱	月寻堂
1710 年	宝永七年	大元方勘定目录	三井家
1711 年	正德元年	家道训	贝原益轩
1712 年	正德二年	商人军配团	江岛其碛
1713 年	正德三年	商人职人怀日记（是年出版）	不详
1714 年	正德四年	奈良屋茂左卫门遗言状	神田安休（胜丰）
1714 年	正德四年	市田家家则	三代清兵卫
1716 年	正德六年	先祖之规范并家务	鸿池善右卫门宗利
1716 年	正德六年	诸条	鸿池善右卫门宗利
1716 年	正德六年	定	鸿池善右卫门宗利
1716 年	正德六年	先祖家范并家务	鸿池善右卫门宗利
1716 年	正德六年	宗利家训	鸿池善右卫门宗利
1716 年	享保元年	追书	鸿池家
1717 年	享保二年	中西宗助觉	中西宗助
1717 年	享保二年	山中家慎	二代：山中屋兵右卫门
1719 年	享保四年	町人囊	西川如见
1719 年	享保四年	名代元手银	三井家
1721 年	享保六年	住友长崎店家法书	泉屋吉左卫门
1721 年	享保六年	别子别子铜山店家法书	泉屋吉左卫门
1721 年	享保六年	旅买物式目	越后屋
1722 年	享保七年	商人家职训（该年出版）	不详
1722 年	享保七年	家传记（该年出版）	三井高平（宗竺）
1722 年	享保七年	商卖记（该年出版）	三井高治
1722 年	享保七年	宗竺遗训	三井高平（宗竺）
1722 年	享保七年	家法式目	三井治郎右卫门高远

公元纪年	日本年号	家训名称	制定者
1723 年	享保八年	白木屋享保定法	四代：大村彦太郎（胜全）
1723 年	享保八年	家定记录觉	鸿池善右卫门宗利
1724 年	享保九年	冥加训	关一乐
1726 年	享保十一年	冈本家遗言	冈本光子家
1727 年	享保十二年	商人夜话草	上河宗义
1727 年	享保十二年	大阪店（共同店）定目	下村家
1728 年	享保十三年	大丸家家训	下村彦右卫门
1728 年	享保十三年	町人考见录	三井高房
1728 年	享保十三年	觉	初代：小野善助（包教）
1730 年	享保十五年	世间手代气质	江岛其碛
1732 年	享保十七年	宗诚家训（又名宗利家训）	鸿池善右卫门宗利（法名：宗诚）
1733 年	享保十八年	关于别宅之规定	鸿池家
1733 年	享保十八年	町人考见录	三井高房
1734 年	享保十九年	町人常道	茂庵老人
1735 年	享保二十年	始末相续讲式目	三井高房
1736 年	元文元年	诸商人世代气质（该年出版）	江岛其碛
1736 年	元文元年	别家相续人之规定	鸿池家
1736 年	元文元年	松坂屋伊藤家掟书	五代：伊藤次郎左卫门（祐寿）
1736 年	元文元年	本店定目	下村家
1736 年	元文元年	家内式法帐	初代：柏原三右卫门（荣长）
1737 年	元文二年	渡世传授车	都尘舍
1737 年	元文二年	遗言	初代：小野善助（包教）
1738 年	元文三年	大丸下村家京都本店服务规则	下村家
1738 年	元文三年	商人平生记	伴祐佐
1739 年	元文四年	本间家初代·原光年始式礼定	初代：本间久四郎原光
1741 年	宽保元年	三家一致定法	下村家
1743 年	宽保三年	南部津轻铜山家法书	住友家
1745 年	延享二年	千切屋家训	千切屋治兵卫
1750 年	宽延三年	住友总手代勤方心得	泉屋理兵卫友俊

公元纪年	日本年号	家训名称	制定者
1750 年	宽延三年	住友铜吹所取缔	泉屋理兵卫友俊
1750 年	宽延三年	别家手代取缔	泉屋理兵卫友俊
1751 年	宝历元年	住友台所取缔方	泉屋理兵卫友俊
1751 年	宝历元年	住友江户出店定书	泉屋理兵卫友俊
1751 年	宝历元年	住友诸店心得方	泉屋理兵卫友俊
1752 年	宝历二年	主人心得之卷（是年编集）	下村家
1752 年	宝历二年	教训杂长持	伊藤单朴
1752 年	宝历二年	规矩录	下村家
1754 年	宝历四年	中村治兵卫宗岸家训	中村治兵卫宗岸
1755 年	宝历五年	柏原家条目	京都柏原家
1756 年	宝历六年	本间家三代目·光丘家法定书	本间久四郎光丘
1756 年	宝历六年	本间久左卫门自戒	本间家
1756 年	宝历六年	吉村家永代定目	吉村家
1757 年	宝历七年	商人生业鉴	岩垣光定
1758 年	宝历八年	矢代家家定	矢代仁兵卫家
1759 年	宝历九年	致手代之觉书	鸿池家
1759 年	宝历九年	我津卫	手岛堵庵
	明和年间	北总流山町觉	不详
1764 年	明和元年	家训录	松坂屋
1765 年	明和二年	本间三代目光丘 他出留守中家内制词觉	三代：本间久四郎光丘
1768 年	明和五年	伊藤吴服店家训录	十一代：伊藤祐惠
1769 年	明和六年	白木屋定法帐	白木屋
1770 年	明和七年	商家秘录	大玄子
1770 年	明和七年	本间家三代目·光丘家道训七条	三代：本间久四郎光丘
1770 年	明和七年	诸人立身始末鉴	木南堂
1772 年	安永元年	财宝速蓄传	后后荣轩金陵
1773 年	安永二年	若狭屋太郎兵卫家家训	若狭屋太郎兵卫
1773 年	安永二年	町家式目	大隐壮健翁
1774 年	安永三年	世间商卖教训鉴	木南子
1774 年	安永三年	富贵之地基	不详

公元纪年	日本年号	家训名称	制定者
1775 年	安永四年	常磐家之苗·福田家家训	二代：福田练石（玄儿）
1775 年	安永四年	商人黄金袋	大江匡弼
1775 年	安永四年	高崎店店则	市田清兵卫高崎
1776 年	安永五年	西村家千切屋家训	西村吉右卫门
1777 年	安永六年	町人正身	手岛堵庵
1779 年	安永八年	世间钱神论	田中友水子
1779 年	安永八年	致嗣子光道之教戒	本间四郎三郎光丘
1783 年	天明三年	六代盛富誓约	柏原孙左卫门（第六代）
1783 年	天明三年	大丸下村家店主致制造元、问屋之注意书	六代：下村正太郎正立
1786 年	天明六年	大丸下村家藤冈定宿致本店之取引誓书	六代：下村正太郎正立
1784 年	天明四年	本间光丘自戒三十条	本间光丘
1792 年	宽政四年	西村家象彦店家训	三代：西村彦兵卫
1792 年	宽政四年	西村家象彦店奉公人制度	西村家
1792 年	宽政四年	金持商人一枚起请文	初代：中井源左卫门良祐
1793 年	宽政五年	主从心得草	伴蒿蹊
1794 年	宽政六年	家业相续力草	土屋巨祯
1795 年	宽政七年	定书	鸿池家
1798 年	宽政十年	蓄财法之传授	胁坂义堂
1798 年	宽政十年	大丸下村家家训·主从心得卷（是年刊行）	大丸下村家
1799 年	宽政十一年	西川家定法	七代西川甚五郎利助
1799 年	宽政十一年	金持商人起请文	中井良祐
1800 年	宽政十二年	细则	西川家
1800 年	宽政十二年	反魂丹卖药人组并连带人等之心得谈	不详
1800 年	宽政十二年	三木与吉郎家江户店之式法	三木与吉郎家
1801 年	享和元年	西川家定法细则	西川家
1802 年	享和二年	不破弥三郎身控书事	不破弥三郎
1802 年	享和二年	山中家慎	二代：山中兵右卫门
1805 年	文化二年	金持商人一枚起请文	初代：中井源左卫门良祐

公元纪年	日本年号	家训名称	制定者
1808～1818 年	文化年间	奈良屋杉本家定	三代：杉本新左卫门
1805 年	文化二年	虎屋黑川家掂书写	虎屋黑川光朝家
1805 年	文化二年	虎屋黑川家店员掂书	虎屋黑川光朝家
1805 年	文化二年	中井家家法	中井源左卫门良祐
1807 年	文化四年	渡世肝要记	徽堂
1808 年	文化五年	中氏制要	二代：中井源左卫门光昌
1810 年	文化七年	水口屋小川店方掂书	名古屋小川家水口屋
1810 年	文化七年	七一别家真集讲	下村家
1811 年	文化八年	手津屋林田正助永代记录帐	手津屋林田正助
1812 年	文化九年	本间家四代目·光道遗训	本间光道
1812 年	文化九年	高田屋嘉兵卫书简	高田屋嘉兵卫
1813 年	文化十年	升小谈（该年出版）	不详
1814 年	文化十一年	住友家九代·吉次郎友闻之"俭约法"	泉屋第九代住友吉次郎
1814 年	文化十一年	住友家九代·吉次郎友闻之"俭约法个条书"	泉屋第九代住友吉次郎
1815 年	文化十二年	山本山家定目	山本山家
1816 年	文化十三年	川喜田家店定目	川喜田家
1816 年	文化十三年	商家必读国字解	堤正敏
1817 年	文化十四年	不破弥三郎定书	不破弥三郎
1819 年	文政二年	炭屋汤浅家相续讲	汤浅家
1819 年	文政二年	商人五行图	中风亭腰拔
1819 年	文政二年	内池家遗训	内池家
1822 年	文政五年	谷口家店则－家掂定目	谷口惣兵卫保恭
1823 年	文政六年	定目（致大阪店）（中井家）	三代：源左卫门
1825 年	文政八年	佐羽家家训	佐羽吉右卫门竹香
1827 年	文政十年	长井家定目	长井家
1828 年	文政十一年	钱屋五兵卫家宪	钱屋五兵卫家
1828 年	文政十一年	绘具屋手代昼夜心得事	绘具屋惣兵卫
1828 年	文政十一年	木村家家训	四代、五代：木村吉兵卫
1829 年	文政十二年	中井家家法－和合寿福讲	三代：源左卫门光瀗
1831 年	天保二年	东浦贺干鰯问屋桥本家家法	桥本家

公元纪年	日本年号	家训名称	制定者
1833 年	天保四年	殿村家诸事控	殿村家
1834 年	天保五年	俭约	柏原孙左卫门家
1834 年	天保五年	永绥吉邰捉	中井正治右卫门
1835 年	天保六年	鸠翁道话	柴田鸠翁
1836 年	天保七年	奥井家书信	奥井金六
1836 年	天保七年	冈谷家家训·店则	八代：冈谷总助（真纯）
1837 年	天保八年	矢谷家家训	矢谷玄通
1838 年	天保九年	松坂屋伊藤家掂书	松坂屋伊藤家
1839 年	天保十年	东浦贺干鰯问屋桥本家店改革定书	桥本家
1839 年	天保十年	钱屋五兵卫家定之事	钱屋五兵卫家
1840 年	天保十一年	致白木屋中登之众之条	白木屋
1840 年	天保十一年	日田博多屋广濑久兵卫大黑田记	广濑嘉贞
1842 年	天保十三年	柏原家天保十三年俭约令	柏原家
1842 年	天保十三年	白木屋明鉴录	白木屋
1842 年	天保十三年	平濑家壁书·觉	平濑家
1842 年	天保十三年	士农工商心得草	为永春水
1842 年	天保十三年	质素俭约现银大安卖	大和屋圭藏
1844 年	天保十五年	定法帐	西川甚五郎家
1844 年	天保十五年	出世之基础	染崎八郎
1845 年	弘化二年	矢野家文盲耻书	矢野家
1845 年	弘化二年	主从日用条目	池田义信
1846 年	弘化三年	家之掟（外村与左卫门家）	十代：外村与左卫门应信
1846 年	弘化三年	近江屋武田家三代目家名相续誓约书	近江屋武田长兵卫
	嘉永年间	示合之条目（小林家）	二代：小林吟右卫门
1849 年	嘉永二年	家内用心集（是年出版）	寂照轩笑月（顿宫正则）
1852 年	嘉永五年	引手茶屋近江屋半四郎誓书	近江屋半四郎
1854 年	嘉永七年	家业之定	杉浦三郎兵卫宗夕
1854 年	安政元年	见闻随笔（丁吟屋）	初代：小林吟右卫门
1855 年	安政二年	松坂屋伊藤家教谕书	伊藤祐良
1856 年	安政三年	心得书（外村与左卫门）	十代：外村与左卫门应信

续表

公元纪年	日本年号	家训名称	制定者
1856 年	安政三年	做法记（外村与左卫门）	十代：外村与左卫门应信
1856 年	安政三年	近江屋武田家分家·别家之誓约书	近江屋觉兵卫 尾张屋治兵卫
1857 年	安政四年	家掟	佐羽吉右卫门竹香
1858 年	安政五年	越后组示谈定书	不详
1863 年	文久三年	日田博多屋广濑久兵卫遗训	广濑嘉贞
1863 年	文久三年	吉村家家法定目书	吉村家
1864 年	元治元年	丁子屋小林家决定商法之事	德兵卫
1864 年	元治元年	店改规、奥改规、本宅改规	外村家
1866 年	庆应二年	家职要道	正司南躰
1868 年	庆应四年（明治元年）	追做法记	十代：外村与左卫门应信
1868 年	庆应四年（明治元年）	平生节俭之事	外市家

参考文献

一　日文参考文献

1. 家训集

北原種忠『家憲正鑑』家憲制定会、1917。

多賀秋五郎『宗譜の研究・資料篇』東洋文庫、1960。

日本経営政策学会『経営資料集大成 1・経営理念集・社訓社是集』日本
　　　総合出版機構、1967。

吉田豊『武家の家訓』徳間書店、1972。

吉田豊『商家の家訓』徳間書店、1973。

木屋進『家訓入門』日本文芸社、1973。

『三井事業史・資料篇・3』三井文庫、1974。

第一勧銀経営センター『家訓』中経出版、1979。

小澤富夫編訳『家訓』講談社、1980。

日本実業出版社『社是社訓実例集』日本実業出版社、1982。

組本社編集『商売繁盛大鑑』（24 巻）同朋舎、1984 ~ 1985。

須知正和『日本の家訓』日本文芸社、1985。

第一生命保険相互会社『社是社訓集』第一生命保険相互会社、1987。

小倉榮一郎『近江商人の理念』サンライズ出版、1991。

小澤富夫『武家家訓・遺訓集成』ぺりかん社、1998。

社会経済生産性本部『社是・社訓』生産性出版、1998。

山本真功『家訓集』平凡社、2001。

2. 研究资料

宮本又次『近世商人意識の研究』有斐閣、1941。

宮本又次『近世商業経営の研究』清文堂、1948。

川島武宜『日本社会の家族構成』日本評論社、1950。

堀江保蔵『近世日本の経済と社会』有斐閣、1958。

江頭恒治『近江商人』弘文堂、1959。

安良城盛昭『幕藩体制社会の成立と構造』御茶の水書房、1959。

加田哲二『武士の困窮と町人の勃興』小川書店、1961。

脇田修『近世封建社会の経済構造』御茶の水書房、1963。

大石慎三郎『日本近世社会の市場構造』御茶の水書房、1963。

石田一良『日本思想史概論』吉川弘文館、1963。

土屋喬雄『日本経営理念史』日本経済新聞社、1964。

中村吉治『社会史・Ⅱ』山川出版社、1965。

今井淳『庶民社会の倫理思想』理想社、1966。

福島正夫『日本資本主義と「家」制度』東京大学出版会、1967。

土屋喬雄『続日本経営理念史』日本経済新聞社、1967。

朝尾直弘『近世封建社会の基礎構造』御茶の水書房、1967。

竹中靖一・川上雅『日本商業史』ミネルヴァ書房、1968。

坂田吉雄『町人―その社会史的考察』清水弘文堂、1968。

宮本又次『鴻池家の家訓と店則』清文堂、1969。

京都府『老舗と家訓』京都府、1970。

宮本又次『大阪の研究』清文堂、1970。

安岡重明『財閥形成史の研究』ミネルヴァ書房、1970。

石井良助『商人と商取引』自治日報社出版局、1971。

玉城肇『日本家族制度論』法律文化社、1971。

西山松之助『江戸町人の研究』（4巻）吉川弘文館、1972。

宮田登『日本人の行動と思想・17・近世の流行神』評論社、1972。

源了圓『徳川合理思想系譜』中央公論社、1972。

土屋喬雄『日本経営理念史』日本経済新聞社、1973。

奈良本辰也『日本の歴史・17・町人の実力』中公文庫、1974。

中部よし子『近世都市社会経済史研究』晃洋書房、1974。

柳田国男『先祖の話』築摩書房、1975。

『日本思想大系・59・近世町人の思想』岩波書店、1975。

宮本又次『江戸時代の企業者活動』日本経済新聞社、1976。

安岡重明『日本の財閥』日本経済新聞社、1976。

玉城肇『日本財閥史』社会思想社、1976。

蔵並省自『日本近世史』三和書房、1976。

〔美〕J. hischmeier、由井常彦『日本の経営発展』東洋経済新報社、1977。

森川英正『日本型経営の源流』東洋経済新報社、1977。

中川敬一郎『日本的経営』日本経済新聞社、1977。

福尾猛市郎『日本家族制度史概説』吉川弘文館、1977。

川島武宜『イデオロギーとしての家族制度』岩波書店、1977。

宮本又次『日本経営史講座・1・江戸時代の企業者活動』日本経済新聞
　　社、1977。

高橋亀吉『日本企業と経営者発達史』東洋経済新聞社、1977。

津田秀夫『幕末社会の研究』柏書房、1977。

間宏『日本式経営』日本経済新聞、1978。

島武史『生きている商人』東洋経済新報社、1978。

藤田貞一郎、宮本又郎、長谷川彰『日本商業史』有斐閣、1978。

谷峰蔵『暖簾考』日本書籍、1979。

竹中靖一・宮本又次監修——その国際比較『経営理念の系譜』東洋文化
　　社、1979。

宮本又次『近世日本経営史論考』東洋文化社、1979。

桜井徳太郎『講座　日本民俗・7・信仰』有精堂出版、1979。

作道洋太郎など『日本経営史』ミネルヴァ書房、1980。

永原慶二『日本経済史』岩波書店、1980。

中野卓『商家同族団の研究』未来社、1981。

玉城肇『地方財閥と同族結合』御茶の水書房、1981。

中野忠良『日本的経営の秘密』紀尾井書房、1981。

家永三郎『日本文化史』（第二版）岩波書店、1982。

濱口恵俊・公文俊平『日本的集団主義』有斐閣、1982。

堀江保蔵『日本経営史における「家」の研究』臨川書店、1984。

小林正彬など『日本経営史を学ぶ』有斐閣、1986。

竹田聴洲『祖先崇拝』平楽寺書店、1987。

朝尾直弘『日本近世史の自立』校倉書房、1988。

宮本又次『住友家の家訓と金融史の研究』同文館、1988。

野田信夫『近代日本経営史』産業能率大学出版部、1988。

間宏『日本的経営の系譜』文真堂、1989。

峯岸賢太郎『近世身分論』校倉書房、1989。

島田燁子『日本人の職業倫理』有斐閣、1990。

中川敬一郎『企業経営の歴史的研究』岩波書店、1990。

辻本雅史『近世教育思想史の研究』思文閣出版、1990。

杉原四郎『日本の経済思想四百年』日本経済評論社、1990。

西江錦史郎『日本経済史』学文社、1991。

小倉榮一郎『近江商人の理念』サンライズ出版、1991。

山口徹『日本近世商業史の研究』東京大学出版会、1991。

尾藤正英『江戸時代とはなにか』岩波書店、1992。

三好信浩『日本教育史』福村出版社、1993。

由井常彦『清廉の経営』日本経済新聞社、1993。

藤井正雄『祖先祭祀の儀礼構造と民俗』弘文堂、1993。

山崎豊子『暖簾』新潮文庫、1994。

三戸公『「家」としての日本社会』有斐閣、1994。

林董一『近世名古屋商人の研究』名古屋大学出版会、1994。

茂木正雄『江戸商人の経営哲学』にっかん書房、1994。

宮本又郎など『日本経営史―日本型企業経営の発展』有斐閣、1995。

武田晴人『財閥の時代』新曜社、1995。

安岡重明・天野雅敏『日本経営史・1・近世の経営の展開』岩波書店、1995。

深井甚三『近世の地方都市と町人』吉川弘文館、1995。

安岡重明『財閥経営の歴史的研究—所有と経営の国際比較』岩波書店、1998。

宮林義信『江戸の生活と経済』三一書房、1998。

口羽益生『近江商人の里・五個荘』行路社、1998。

河村望『日本社会の近代化と宗教倫理』渓水社、1999。

西村圭子『日本近世国家の諸相』東京堂出版、1999。

吉田伸之『商いの場と社会』吉川弘文館、2000。

上村雅洋『近江商人の経営史』清文堂、2000。

末永国紀『近江商人』中央公論新社、2000。

大石学『江戸時代への接近』東京堂出版、2000。

林玲子『近世の市場構造と流通』吉川弘文館、2000。

桑田優『日本近世社会経済史』晃洋書房、2000。

宇田川勝『日本企業家史』文真堂、2002。

サンライズ出版編集部『近江商人に学ぶ』サンライズ出版、2003。

二　中文参考文献

1. 家训基本资料集

张海鹏、王廷元：《明清徽商资料选编》，黄山书社，1985。

张正明、薛慧林：《明清晋商资料选编》，山西人民出版社，1989。

张艳国等：《家训集览》，湖北教育出版社，1996。

郭孟良：《从商经》，湖北人民出版社，1997。

谢宝耿：《中国家训精华》，上海社会科学出版社，1997。

2. 研究著作

〔日〕永田广志：《日本哲学思想史》，版本图书馆编译室译，商务印书馆，1978。

王金林：《简明日本古代史》，天津人民出版社，1984。

〔德〕马克斯·韦伯：《新教伦理与资本主义精神》，于晓、陈维纲等译，三联书店，1987。

岳庆平：《家国结构与中国人》，中华书局（香港）有限公司，1989。

岳庆平:《中国人的家国观》,中华书局（香港）有限公司,1989。

〔美〕鲁思·本尼迪克特:《菊与刀》,吕万和、熊达云、王智新译,商务印书馆,1990。

王家骅:《儒家思想与日本文化》,浙江人民出版社,1990。

余英时:《中国近世宗教伦理与商人精神》,联经出版事业公司,1992。

陈其南:《家族与社会》,联经出版事业公司,1990。

〔日〕尾藤正英等:《中日文化比较论》,王家骅译,浙江人民出版社,1992。

史若民:《票号兴衰史》,中国经济出版社,1992。

张海鹏、张海瀛:《中国十大商帮》,黄山书社,1993。

施忠连:《传统中国商人的精神弘扬》,海天出版社,1993。

高寿仙:《徽州文化》,辽宁教育出版社,1993。

赵志伟、张振华:《传统中国商人的商贾透视》,海天出版社,1993。

〔日〕中根千枝:《纵向社会的人际关系》,陈成译,商务印书馆,1994。

吴廷璆:《日本史》,南开大学出版社,1994。

冯尔康:《中国社会结构的演变》,河南人民出版社,1994。

王磊:《徽州朝奉》,福建人民出版社,1994。

王兆祥、刘文智:《中国古代的商人》,商务印书馆国际有限公司,1995。

〔德〕马克斯·韦伯:《儒教与道教》,王容芬译,商务印书馆,1995。

丁钢:《近世中国经济生活与宗族教育》,上海教育出版社,1996。

王振忠:《明清徽商与淮扬社会变迁》,三联书店,1996。

张正明:《晋商兴衰史》,山西古籍出版社,1996。

〔日〕童门冬二:《经营之奥秘——日本历史名人启示录》,吴树文译,三联书店,1997。

李卓:《家族制度与日本的近代化》,天津人民出版社,1997。

田兆元:《商贾史》,上海文艺出版社,1997。

周颂伦:《近代日本社会转型期研究 1905－1936》,东北师范大学出版社,1998。

侯庆轩、王巍巍:《日本家的论理与现代化》,吉林人民出版社,1998。

尚会鹏:《中国人与日本人》,北京大学出版社,1998。

〔日〕新井白石：《折焚柴记》，周一良译，北京大学出版社，1998。

徐梓：《中华文化通志·教化与礼仪·家范志》，上海人民出版社，1998。

张正明：《晋商与经营文化》，上海世界图书出版公司，1998。

〔美〕贝拉（Robert N. Bellah）：《德川宗教：现代日本的文化渊源》，王晓
　　　山、戴茸译，三联书店，1998。

费成康：《中国的家法族规》，上海社会科学出版社，1998。

周晓光、李琳琦：《徽商与经营文化》，上海世界图书出版公司，1998。

杨孔炽：《日本教育现代化的历史基础》，福建教育出版社，1998。

韩立红：《石田梅岩与陆象山思想比较研究》，天津人民出版社，1999。

许华安：《清代宗族组织研究》，中国人民公安大学出版社，1999。

麻国庆：《家与中国社会结构》，文物出版社，1999。

唐力行：《明清以来徽州区域社会经济研究》，安徽大学出版社，1999。

杨知勇：《家族主义与中国文化》，云南大学出版社，2000。

刘金才：《町人伦理思想研究——日本近代化动因新论》，北京大学出版
　　　社，2001。

马敏：《商人精神的嬗变——近代中国商人观念研究》，华中师范大学出版
　　　社，2001。

吴灿新：《当代中国伦理精神：市场经济与伦理精神》，广东人民出版社，2001。

郭蕴静、王兆祥、刘文智：《明清商人社会》，山西古籍出版社，2001。

张德胜：《儒商与现代社会：义利关系的社会学之辨》，南京大学出版社，2002。

朱谦之：《日本哲学史》，人民出版社，2002。

黄鉴晖：《明清山西商人研究》，山西经济出版社，2002。

唐力行：《商人与中国近世社会》，商务印书馆，2003。

〔日〕永田广志：《日本封建制意识形态》，刘绩生译，商务印书馆，2003。

厉以宁：《资本主义的起源——比较经济史研究》，商务印书馆，2003。

徐少锦、陈延斌：《中国家训史》，陕西人民出版社，2003。

李卓：《中日家族制度比较研究》，人民出版社，2004。

周洁：《中日祖先崇拜研究》，世界知识出版社，2004。

〔日〕铃木范久：《宗教与日本社会》，牛建科译，中华书局，2005。

后　记

本书是在我的博士论文基础上修改而成的。2003～2006 年，我重回南开大学日本研究院，再次师从恩师李卓教授攻读博士学位。在我的博士论文写作过程中，无论是结构的安排，还是文章的思路，乃至遣词造句，恩师都给予了精心的指导。在论文定稿阶段，恩师更是在繁忙的工作中阅读了全文，并提出了许多修改意见。满纸"红批"，浸透着恩师的辛劳，倾注了恩师的心血。如果本书尚有一些可取之处，则皆得益于恩师的教诲和指导。

商家家训是日本传统文化宝库中的重要内容。我初涉这一领域，深感其内容精深，依自身微薄之功力承担这一研究，常感捉襟见肘。本书在资料的收集、整理以及日语翻译等方面，都有诸多不尽如人意之处。本书的研究内容涉及教育学、经营学、伦理学等多方面的知识，我虽尽可能多地利用相关学科的知识，但在对商家家训进行分析、论述、评价的过程中，深感自身相关研究理论基础薄弱，在对一些理论的驾驭方面还不够纯熟。此外，我原计划利用较大篇幅对前近代中日商人家训进行比较研究，但限于难以获取相关资料，仅在"终章"中谈了几点思考。上述不足或欠缺，需在以后的研究中逐步予以深化和完善。

在我的博士论文撰写期间，南开大学日本研究院不仅为我提供了良好的学习环境，还在有限的条件下为我提供了一次短期赴日查找资料的机会。感谢日本国际交流基金的资助，有力地保证了我博士论文的顺利完成。日本研究院的杨栋梁教授、米庆余教授、王振锁教授、赵德宇教授、宋志勇教授、郑昭晖老师等给予了我许多帮助和支持，在此对各位师长表示衷心的感谢。同为 2003 级博士研究生的同学有淳于淼泠、王慧荣、谭建川、乌兰图雅、向卿、李莹、李海英、王文中，三年来，我们彼此商讨论文的选题、结构，相互激励、促进，共同走完了三年的学业生涯，结下了深厚的友谊。每一次聚会、每一声问候都令我终生难忘，但愿这种友谊不会随着时间的流逝和工作地点的变迁而改变。

感谢天津社会科学院原院长张健研究员以及日本研究所全体同事对我在职攻读博士学位的大力支持。在博士论文答辩期间，北京大学的宋成有教授、刘金才教授对我的博士论文提出了宝贵的指导意见，在此表示衷心的感谢。在本人两次赴日期间，日本山梨学院大学的熊达云教授夫妇、我部政男教授、上条醇教授、小野寺忍教授、江藤俊昭教授、佐野惠津子女士、雨宫敏弘先生等在生活和科研上也给予了我很多帮助，在此深表谢意。

本书的出版还得到了"天津社会科学院 2018 年度后期出版资助项目"以及"天津市宣传文化'五个一批'人才"培养项目的经费支持，在此一并致谢。

最后，十分感谢社会科学文献出版社的任晓霞编辑对本书的出版做出的努力和提供的帮助。

程永明

2019 年 8 月于天津社会科学院

图书在版编目（CIP）数据

日本商家家训／程永明著. —— 北京：社会科学文
献出版社，2019.10
（天津社会科学院日本研究丛书）
ISBN 978 - 7 - 5201 - 5325 - 6

Ⅰ.①日…　Ⅱ.①程…　Ⅲ.①企业文化 - 日本　Ⅳ.
①F279.313

中国版本图书馆 CIP 数据核字（2019）第 171823 号

天津社会科学院日本研究丛书
日本商家家训

著　　者／程永明

出 版 人／谢寿光
责任编辑／任晓霞
文稿编辑／朱子晔

出　　版／社会科学文献出版社·群学出版分社 （010）59366453
　　　　　地址：北京市北三环中路甲 29 号院华龙大厦　邮编：100029
　　　　　网址：www. ssap. com. cn
发　　行／市场营销中心 （010）59367081　59367083
印　　装／三河市龙林印务有限公司

规　　格／开　本：787mm×1092mm　1/16
　　　　　印　张：16.5　字　数：252 千字
版　　次／2019 年 10 月第 1 版　2019 年 10 月第 1 次印刷
书　　号／ISBN 978 - 7 - 5201 - 5325 - 6
定　　价／89.00 元